拜德雅
Paideia

×

eons
艺　文　志

推特机器

为何我们无法摆脱社交媒体？

[英]理查德·西摩（Richard Seymour）著

王伯笛 译

上海文艺出版社

《鸣啭机器》
The Twittering Machine

保罗·克利
Paul Klee

1922年,现代艺术博物馆(The Museum of Modern Art)
©Photo SCALA,佛罗伦萨

To the Luddites

献给卢德工人

作者的话

在写作本书时,我决定避免使用参考文献和学术研究,以防这本书读起来像是一篇论战或者学术论文,我更希望它被当作散文来阅读。但是,如果读者想了解更多,或者只是好奇"他怎么知道这些?",本书最后附有参考书目以供查阅。如果您渴望对任何引言、统计数据或者事实进行查证,只需跳到最后,搜索相关语句的页码即可。[1]

---

[1] 在中译本里,为了方便读者查阅,原书以尾注形式呈现的注释均已改为脚注。——译者注

致　谢

这本书写于近乎与世隔绝的独处中。即便如此,若没有他人难能可贵的帮助,我不可能完成此书。

首先,我想特别感谢柴那·米耶维(China Miéville)和达维尼亚·汉密尔顿(Davinia Hamilton),他们仔细评阅了这本书的草稿,并提出了大量的建议、看法和挑战。我也想谢谢罗茜·沃伦(Rosie Warren)体贴细心的反馈。山姆·克瑞斯(Sam Kriss)十分熟悉推特机器,我从与他的交谈中获益匪浅。

我要对苏西·尼柯林(Susie Nicklin)表示衷心感谢,谢谢她看到这本书的潜力。我要谢谢我的经纪人卡罗琳娜·萨顿(Karolina Sutton)给予我的支持,以及我的编辑艾拉·瓦卡塔玛(Ellah Wakatana)给予我独具慧眼的指导。我还要感谢英迪格出版社(The Indigo Press)与柯蒂斯·布朗经纪公司(Curtis Brown)所有人的耐心帮助。

目 录
Contents

Foreword	iii	前　言
1. We Are All Connected	001	1. 我们彼此相连
2. We Are All Addicts	039	2. 我们都是瘾君子
3. We Are All Celebrities	091	3. 我们都是网红
4. We Are All Trolls	137	4. 我们都是喷子
5. We Are All Liars	183	5. 我们都是骗子
6. We Are All Dying	225	6. 我们都在消亡
Conclusion We Are All Scripturient	273	结　语 我们都是书写动物

前　言

电脑上的一切都在进行着书写。网络上的一切都在以网址、文件和协议的形式进行着书写。

—— 桑迪·鲍德温（Sandy Baldwin）
《网络无意识》(The Internet Unconscious)

《推特机器》是一个恐怖故事，虽然它所讲的技术本身不好也不坏。正如历史学家梅尔文·克兰兹伯格（Melvin Kranzberg）所说，所有的技术"不好也不坏，但也并非中立"[1]。

我们倾向于认为技术具有魔力：智能手机是我们的黄金通票，平板电脑是我们的神秘手写板。我们自己的异化力量在技术里找到了道德化的形式：要么是仁慈的精灵，要么是残忍的魔鬼。无论这些形式看上去是否有害，它们都是偏执的幻想，因为在这些形式中，我们都在被设备摆布。因此，如果这是一个恐怖故事，这其中的恐

---

[1] Melvin Kranzberg, 'Technology and History: "Kranzberg's Laws"', *Technology and Culture*, Vol. 27, No. 3 (Jul., 1986), pp. 554-560.

怖一部分与使用者有关：这一分类包括我，或许也包括本书的大部分读者。

如果说推特机器带给我们的是一连串灾难，如上瘾、抑郁、假新闻、喷子、网络霸凌、极右亚文化，那么这台机器只不过是在利用和放大那些在社会上已经普遍存在的问题。如果我们发现，尽管社交媒体常常令人厌恶，但我们却对此上瘾，或者正是这一特征导致了我们上瘾，就像我一样，那么这说明我们身上有些东西正在等待上瘾，而社交媒体加强了这一趋势。并且，如果纵然有诸多问题，但我们依然安居在社交媒体平台上——就像这世界上超过一半的人口那样——那么我们一定从中获得了什么。痛斥"浅薄"与"后真相"社会的道德恐慌文学单调乏味，这其中一定遗漏了某个有关这一主题的重要真相。

喜欢社交媒体平台的人，喜欢的往往是这些平台给予他们被倾听的机会，这削弱了媒体和娱乐公司以往在文化和意义方面享有的垄断地位。渠道并不平等，内容资金更充足的企业用户、公关公司、名人等能够为他们的影响力买单，但对以前没机会发声的人来说，社交平台提供的渠道仍能给予这些被边缘化的声音一个机会。平台奖赏敏捷、机智、聪慧、游戏，以及某些类型的创造力——不过，平台也奖赏更阴暗的乐趣，例如施虐癖与怨恨。

此外，如果说使用社交媒体会动摇政治体制，那么对那些一直以来被这类体制排除在外的人来说，这不见得是坏消息。曾经风靡一时的"推特革命"理念过分夸大了社交媒体在民众反抗中所起到的作用，而且这些反抗后来也被诸如伊斯兰国（ISIS）和男权活动家（Men's Rights Activists，MRA）杀手这样深藏在社交媒体中的黑暗势力所反超。不过，公民间的信息流动有时候的确关系重大，传统新闻媒体有时候的确不可靠，社交媒体带来的可能性有时候的确能够得到善用。有时候，一般来说，就是危机出现的时候。

不管怎么说，克兰兹伯格所观察到的关键在于，技术从来都不是中立的。而推特机器这个故事里的关键技术就是书写：一种将人类与机器以关系模式相联的实践，没有它，大部分我们称为文明的东西就不可能存在。作为我们生活方式的根本，书写技术的影响在社会与政治方面从来都不是中立的。任何一个经历过互联网兴起、智能手机普及和社交媒体崛起的人都会看到，一场不同寻常的转变已经发生。伴随着模拟书写到数字书写的转变，书写已经变得相当普遍。纵观历史，人类从未像现在这样写得如此之多、如此疯狂：发短信、发推文、在公共交通上用拇指打字、在工作间隙更新状态、凌晨三点在发光的屏幕上滑动点击。在某种程度上，这是发生在工作场所内的变化的延伸，以电脑为媒介的交流意味着书写在生产中的占比越来越大。另外，我们现在所进行的书写，事实上就是严格意义上的工作，只不过是无偿的。然而，这也表明了某种新的或得到释放的热情。

突然间，我们都成了书写动物——被不断书写的暴力欲望所占据。因此，这是一个有关欲望与暴力，也有关书写的故事。这还是一个探求书写对我们有何种文化和政治意义的故事。这并非权威的描述：在一个全新的技术政治体系的发展初期，这是不可能的。正如许多其他事一样，这本书只是尝试找出一种新语言来思考正在发生的事。最后，如果我们都将成为作家，那么这本书的故事就算是提出了一个勉强带有乌托邦意味的问题：如果不参与社交媒体，我们还能用书写来干什么？

1

We Are All

Connected

我们
彼此相连

在我们未来的电视民粹主义或网络民粹主义中,
只有一群特定公民的情感反应才被认为代表了人民的声音。

—— 翁贝托·埃科(Umberto Eco)
《永在的法西斯主义》(Ur-Fascism)

1922年，超现实主义者保罗·克利（Paul Klee）发明了鸣啭机器，在这幅画中，一排棍子形状的鸟紧紧抓着由曲柄把手转动的轴条，在这一发出刺耳叫声的装置下方，有一个通红的坑。现代艺术博物馆对这幅画的解释是："作为诱饵，这些鸟的作用是把受害者引诱进上方盘旋着机器的坑里。"[1] 如圣乐般婉转的鸟鸣，在通过某种方式被机械化后，被用作将人们打入地狱的诱饵。

I

起初是绳结。纺织物在文字出现之前就已经存在。

从大约五千年前开始，印加文明就使用奇普（quipu），即彩色绳结，来储存信息，通常是用于计数的目的。它们有时被称为"会说话的绳结"，人们能像阅读今天的盲文一样，通过熟练的手部动作来阅读这些绳结。然而，任何一种开始在某种程度上都是随意的，我们也可以从洞窟壁画讲起。

多尔多涅（Dordogne）的"中国马"已有两万多年的历史。这

---

[1] Paul Klee, Twittering Machine (Die Zwitscher-Maschine) 1922. MoMA: https://www.moma.org/collection/works/37347.

一形象十分朴素。马身上有一些凸起的物体，或许是矛，或许是箭。在马的上方盘旋着一个抽象的图案，看起来像是方形的草叉。这无疑是书写：因为岩壁表面的标记意在为他人呈现一些东西。我们也可以从泥版画、骨刻或木刻，以及象形文字讲起；或者，如果你对何谓书写的观念很狭隘的话，我们甚至可以从为人带来福祉的字母表讲起。

由绳结讲起只是想强调书写是物质的，以及我们的书写材料的质地如何塑造并刻画我们能够书写的内容，而这一点让书写不再无关紧要。

II

在 15 世纪，羊开始"吃人"。托马斯·莫尔（Thomas More）好奇为什么"本来如此温顺驯服、食量又小的动物"会变成食肉动物。[1] 他认为原因在于圈地运动。新兴的农业资本主义阶级发现，与其把土地租给农民，不如用这些地养羊，然后在国际市场上卖羊毛更赚钱。羊吃饱了，人饿死了。

在 19 世纪，卢德主义者（Luddites）告诫人们要当心另一个悖论：机器对人的暴政。卢德主义者都是纺织工人，他们发现工厂主不仅利用机器削弱工人的谈判地位，还借此加速对工人的剥削。在历史

---

[1] 摘自 Karl Marx, Capital, Volume I: *A Critique of Political Economy*, Dover Publications. Inc: Mineola, NY:, 2011, p.761.

上早期的工人运动[1]中，他们采取了唯一可用的破坏性策略：砸烂机器。但从长远角度看，收效甚微，因为工作的自动化程度不断提高，并处于管控之下。机器最终还是操纵了工人。

类似的事情正发生在书写上。历史学家沃伦·查佩尔（Warren Chappell）说，书写和印刷起初是一回事："它们都从留下脚印开始。"[2] 仿佛书写既是旅程，又是地图，记录着心灵所到之处。印刷品，大概是第一个真正意义上的资本主义商品。自从活字印刷机近六百年前被发明以来，印刷品就几乎一直是公共书写的主导形式。如果没有印刷资本主义，没有在印刷资本主义的促成下形成的"想象共同体"，现代民族国家应该就不会存在。[3] 现代官僚国家的发展进程应该也会受到阻碍。大部分我们所谓的工业文明，以及工业文明所依赖的科学技术进程，就算有，应该也会发展得更加缓慢。

不过现如今，与其他一切事物一样，书写正在围绕着电脑格式进行重组。数十亿人，尤其是那些来自世界上最富有的国家的人，比以往任何时候都更多地在手机、平板电脑、笔记本电脑和台式机上书写。而与其说我们在书写，不如说我们在被书写。这其实不是"社交媒体"的问题。"社交媒体"这个词的使用范围太广，已经挥之不去，但我们还是应该提出疑问。社交媒体是一种便于宣传的简

---

1 即卢德运动。——译者注

2 Warren Chappell & Robert Bringhurst, *A Short History of the Printed World*, Hartley & Marks: Point Roberts, WA, 1999, pp.9-10.

3 Benedict Anderson, *Imagined Communities: Reflections on the Origin and Spread of Nationalism*, Verso: London and New York, 2006.

单叫法。[1] 所有媒体,以及所有机器都是社交[2]性质的。历史学家刘易斯·芒福德(Lewis Mumford)说过,机器首先是社会性的,然后才是技术性的。早在数字平台出现前,哲学家吉尔伯特·西蒙东(Gilbert Simondon)就研究了工具如何造就社会关系。工具一开始是身体与世界间关系的媒介。通过一系列关系,它将使用者与其他使用者和周围的世界相连。此外,产生工具的概念模式又可以被转移到新的情境中,从而造就新的关系类型。因此,谈论技术就是谈论社会。

这是社交工业的问题。作为一种工业,它能通过生产和收集数据将社交生活以数字的形式客体化和量化。正如威廉·戴维斯(William Davies)提出的,它的独特创新之处在于,让社会交往变得可视,并易于进行数据分析和文本情感分析。[3] 这使人们的社交生活极易受到购买数据服务的政府、党派和企业的操纵。社交工业不仅生产社交生活,而且对社交生活进行编码。当我们把更多的时间花在对着屏幕打字上,而不是与其他人进行面对面交流时,这样的书写实际上就规划了我们的生活,因为我们的社交生活受算法和协议支配。西奥多·阿多诺(Theodore Adorno)在谈及"文化工业"(culture

---

[1] 马尔克斯·吉尔罗伊-维尔(Marcus Gilroy-Ware)敏锐地借鉴了托德·吉特林(Todd Gitlin)的"即刻宣传"(instant propaganda)这一概念来刻画这种短语能起到的作用。Marcus Gilroy-Ware, *Filling the Void: Emotion, Capitalism and Social Media*, Repeater Books: London, 2017, Kindle loc. 288.

[2] "social"既可译为"社会(的)",也可译为"社交(的)",具体翻译将根据语境做具体处理,例如,"social media"译为"社交媒体",与其相关的"social industry"也译为社交工业,此处作者强调的机器是以社交媒体为代表的机器,因此译为"社交",而非"社会"。——译者注

[3] William Davies, 'Neoliberalism and the revenge of the "social"', *OpenDemocracy*, 16 July 2013.

industry）时认为，文化正被普遍地商品化和同质化，这可以说是一种精英主义式的简化。就连好莱坞的生产线，都比阿多诺所认为的要更多元。相反，社交工业反而已经更进一步，让社交生活受制于一个不变的书写公式。

这就是书写的工业化，它事关影响我们如何使用社交媒体的编码（书写）、我们书写时产生的数据（另一种形式的书写），以及这些数据被用来塑造（书写）我们的方式。

III

我们在书写里泅水。用肖莎娜·祖博夫（Shoshana Zuboff）的话来说，我们的生活已经成为"电子文档"[1]。越来越多的现实正被置于芯片的监控之下。

虽然一些平台致力于让工业界的工作流程更清晰、更透明，从而更易于管理，但谷歌、推特与脸书等数据平台则将他们的目光转向了消费市场。他们强化监控，让一直以来无人问津的日常行为和隐藏在心底的愿望突然大量地暴露在众目睽睽之下。与之相比，价格信号和市场研究竟显得十分古怪。谷歌通过阅读我们的邮件、监测我们的搜索、在街景（Street View）上收集有关我们的居所和城镇的图像、在谷歌地图上记录我们的位置来积累数据。而且，根据其

---

[1] Shoshana Zuboff, 'Big Other: surveillance capitalism and the prospects of an information civilisation', *Journal of Information Technology*, 2015, No. 30, pp. 75-89.

与推特的一项协议，谷歌还能查看我们的推文。

社交工业带来了些许细微差别：他们根本不需要监视我们，而是创造了一个与我们进行书写交流的机器。这台机器利用我们与他人交流的假象作诱饵：我们的朋友、专业上的同事、明星、政客、皇室、恐怖分子、色情片演员——我们想跟谁交流都行。然而，我们并不是跟这些人，而是跟机器在交流。我们写给机器，机器在保留完数据记录后才为我们传递信息。

这台机器受益于"网络效应"（network effect）：向机器传送信息的人越多，机器能提供的好处也就越多，直到最后，不参与其中竟成为劣势。参与什么？参与这个世界上有史以来第一个公共的、实时的开放式集体书写项目。这是一个虚拟实验室，一台采用了简陋操纵技术的上瘾机器，这让人联想到行为学家 B. F. 斯金纳（B.F. Skinner）为了控制鸽子和老鼠，利用奖惩措施所造出来的"斯金纳箱"（Skinner Box）。[1] 我们都是这台机器的用户[2]，就像可卡因成瘾者也是可卡因的"用户"一样。

那么，每天进行数小时这样的书写能得到什么奖励？在劳动的大规模随意化形式下，写手们不再期望能获得工资或雇佣合同。那平台能为我们提供什么来代替工资呢？是什么让我们沉迷其中？认可、关注、转发、分享、点赞。

---

[1] B. F. Skinner, *The Behavior of Organisms: An Experimental Analysis*, B. F. Skinner Foundation: Cambridge, MA, 1991.
[2] 作者在这里使用了双关。英语中，社交媒体的"用户"与毒品的"使用者"是同一个词，即"user"。通过双关，作者其实是将对社交媒体上瘾和毒品成瘾进行类比。——译者注

这就是推特机器：它无关光纤电缆的基础设施，无关数据库服务器、存储系统、软件和编码。它是写手的体系，书写的体系，以及写手们栖居的反馈闭环的体系。推特机器凭借其高速、非正式和互动的特点蓬勃发展，比如为了鼓励人们快速且频繁地发推，推特平台的协议将发布长度限制在 280 个字符。一项研究表明，92% 的活动与参与行为都发生在推文发布后的第一个小时内。推文的更新速度极快，任何发布出来的推文，只要没有"迅速蹿红"，都会很快被大多数粉丝遗忘。由"粉丝""@"和推文串构成的系统，鼓励从最初的推文中展开对话，并且更偏爱连续不断的交流。这就是人们喜欢它的原因，也是它吸引人的原因：它就像短信，只不过是在一个公开的、集体的语境下。

同时，关键词和"热搜"凸显了所有这些协议对个人意见的大众化（用户们欣喜地用科幻小说里的"蜂巢思维"概念来描述这一现象）和炒作程度。短暂的集体狂欢是平台通常寻找的最佳切入点，什么话题都无所谓。对平台来说，狂欢的内容不那么重要：关键是要产生数据，这是目前为止所发现的最有利可图的原材料。就像在金融市场一样，波动能增加价值，所以越乱越好。

IV

从印刷资本主义到平台资本主义，"大数据"的鼓吹者在这个故事中只看到人类的进步。《连线》（*Wired*）杂志前主编克里斯·安德森（Chris Anderson）认为，数据的胜利预示了意识形态的终结、理论的终结，甚至科学方法的终结。[1]

鼓吹者们说，从现在开始，与其通过做实验或生产理论来理解我们的世界，我们不如从庞大的数据组中了解一切。对那些需要让自己听起来足够进步的营销手段来说，市场变得大规模清晰可见所带来的好处在于终结市场神秘主义。我们不再需要像新自由主义经济学家弗里德里希·哈耶克（Friedrich Hayek）那样，认为只有由自身手段支配的市场才真正知道人们想要什么。[2] 如今，数据平台比我们更了解我们自己，而它们能帮企业实时塑造并创造市场。这预示着一种全新的技术官僚秩序，在该秩序中，计算机将使企业和政府能够预测、回应并塑造我们的愿望。

这一荒诞又可疑的计划似乎根本说不通，除非我们在这种全新的书写条件下比以往任何时候写得都多。虽然对社交平台的使用情况的评估差异很大，但是以普通评估为例，一项调查发现，美国青少年每天盯着屏幕的时间长达 9 小时，他们与各种各样的数字媒体互动、写邮件、发推文、打游戏，以及看短视频。[3] 年长的几代人则是花费更多时间看电视，但他们盯着屏幕的时长与青少年相差无几——每天长达 10 小时。10 小时，比大多数人用来睡眠的时间都长。而在我们之中，起床后 5 分钟内就看手机的人数，在法国是五分之

---

[1] Chris Anderson, 'The End of Theory: The Data Deluge Makes The Scientific Method Obsolete', *Wired*, 23 June 2008.

[2] F. A. Hayek, *The American Economic Review*, Vol. 35, No. 4. (Sep., 1945), pp. 519-530.

[3] Hayley Tsukayama, 'Teens spend nearly nine hours every day consuming media', *Washington Post*, 9 November 2015.

一，在韩国则达到了三分之二。[1]

书写并不是我们唯一的活动。比如，我们将很多时间花在消费视频内容上，或者是购买稀奇古怪的产品。但我们会发现，甚至在这些事上，算法的逻辑意味着，某种程度上，内容经常是由我们集体书写的。正是"大数据"让这一切成为可能：就连搜索、向下滑动页面、停留、观看和点击都是我们书写的一部分。在由算法驱动的产品、视频、图像和网站构成的怪诞世界里——从 YouTube 上针对儿童的暴力色情动画片，到写有"保持冷静，继续强奸"的 T 恤衫，应有尽有——无意识的欲望以这种方式被书写进商品的新宇宙之中。[2] 这就是拉康（Lacan）口中的"现代计算机器"（modern calculating machine）：一台"远比原子弹还要危险的机器"，因为只要有足够的数据，这台机器就能通过计算掌控一个人行为的无意识原则，打败任何一个敌人。[3] 通过我们的书写，机器收集并汇总我们的欲望与幻想，再通过市场和人群特征将这些信息细分，然后将它们当作商品体验重新卖给我们。

我们越写越多，但书写只不过成了我们屏幕化存在的另一部分而已。谈论社交媒体，就是谈论我们的社交生活越来越中介化这一事实。友情与感情的线上代理——"点赞"等——虽然极大削弱了

---

[1] Deloitte, 'Global mobile consumer trends', 2nd edition, 2017 <www2.deloitte.com>.

[2] James Bridle, 'Something is wrong on the internet', *Medium.com*, 6 November 2017.

[3] Jacques Lacan, 'Seminar on "The Purloined Letter"', in *Écrits: The First Complete Edition in English*, W. W. Norton & Company: New York, 2006, p. 45。有关拉康在此处对控制论（cybernetics）起源的思考，参见 Lydia H. Liu, *The Freudian Robot: Digital Media and the Future of the Unconscious*, University of Chicago Press: Chicago, MI, 2011, Chapter Four。

1. 我们彼此相连

互动的风险，但也使互动变得更加阴晴不定。

V

社交工业巨头们喜欢宣称没有不能用技术解决的技术问题。不管问题是什么，总能找到工具解决：这就相当于他们的"秘诀"。[1]

脸书与谷歌都投资了检测"假新闻"的工具，路透社开发了自己的专有算法来定位不实信息。谷歌资助了英国一家名为 Factmata 的初创企业，以研发自动核对事实的工具——例如经济增长数值，或是去年抵达美国的移民人数。推特使用由 IBM Watson 设计的工具来针对网络霸凌行为，谷歌名为"对话人工智能"（Conversation AI）的项目则承诺，通过精密的人工智能技术揪出具有攻击性的用户。而当抑郁与自杀的问题越来越普遍时，脸书的首席执行官马克·扎克伯格（Mark Zuckerberg）推出了抵抗抑郁的新工具，扎克伯格甚至声称，人工智能可以比用户的朋友更早发现其自杀倾向。

然而，随着表示自己后悔协助创建这些工具的叛逃者越来越多，社交工业巨头们逐渐陷入困境。作为脸书的前高管，查马特·帕里阿帕提亚（Chamath Palihapitiya），一名加拿大风险投资家兼慈善家，心存愧疚。他认为，技术资本家"创造出来的工具正在把社会赖以

---

[1] 原文"one weird trick"指最初出现于广告行业的营销方式，通过钓鱼式标题（俗称"标题党"）吸引观众。这类广告销售的产品经常宣称拥有什么神秘的配方可以减脂或者治脱发。——译者注

运作的社交构造撕得七零八落"。他指责社交工业平台"短期的、由多巴胺驱动的反馈闭环"助长了"虚假信息、误导性陈述",并让操控者获得了一种无可估量的工具。[1]他说,这太可怕了,他的孩子"绝对不许用那种破玩意儿"。

如果你倾向于认为,无论社交工业有什么阴暗面,都像建筑物的三角拱腹一样,是意外的副产品,那你就错了。出生于维吉尼亚州的肖恩·帕克(Sean Parker)是一位亿万富翁黑客、文件共享网页 Napster 的创始人,也是脸书的早期投资人和该公司的第一任总裁。[2]而现在,他是一名"良心拒绝者"。[3]他解释说,社交媒体平台依赖一种"社会验证反馈闭环"来保证他们能尽可能多地垄断用户的时间。这"就像我这样的黑客会想出来的东西,因为你是在利用人类心理上的弱点。创始人、开发者……心里都清楚这一点。但我们还是这样做了"。社交工业创造了一台上瘾机器,这并非意外,而是合乎逻辑的手段,是社交工业向其风险投资人回报价值的途径。

另一位推特前顾问兼脸书前高管,安东尼奥·加西亚·马丁内

---

[1] Julie Carrie Wong, 'Former Facebook executive: social media is ripping society apart', *Guardian*, 12 December 2017; Alex Hern, '"Never get high on your own supply" – why social media bosses don't use social media', *Guardian*, 23 January 2018.

[2] Thuy Ong, 'Sean Parker on Facebook: "God only knows what it's doing to our children's brains"', The Verge, 9 November 2017; Olivia Solon, 'Ex-Facebook president Sean Parker; site made to exploit human "vulnerability"', *Guardian*, 9 November 2017.

[3] 原文"conscientious objector"原意为"良心拒服兵役者",本来指出于个人意愿或其他信仰原因拒绝履行兵役的个人,这一情况一般只存在于义务兵役制,而非志愿兵役制中。本文讨论的并非是兵役问题,作者只是借用这一概念表明存在有人出于个人想法明确拒绝社交媒体,因此在翻译时删去了原词中"兵役"二字。——译者注

1. 我们彼此相连

兹（Antonio García Martínez）解释了其中可能的政治影响。[1]加西亚·马丁内兹的父亲是一名在华尔街发家的古巴流亡者。作为脸书曾经的产品经理，他像帕克与帕里阿帕提亚一样，对自己的前雇主也没什么好感。他强调称，脸书有操控其用户的能力。2017年5月，《澳大利亚人》（*The Australian*）报纸刊登的泄密文件显示，脸书高管们正与广告商讨论如何利用他们的算法来分辨并操控青少年的情绪。压力、焦虑、挫败感都能被脸书的工具觉察到。根据加西亚·马丁内兹的说法，这些泄密不仅准确，而且还有政治后果。只要数据充足，脸书就能分辨出人群特征，并用广告实现精准打击："点击率"从不说谎。除此之外，正如公司内部流传的笑话所证实的那样，脸书只要在大选当天在关键地区发布投票提醒，就能轻而易举地"扰乱大选"。

这一形势根本就是史无前例，而现在它的发展速度之快，我们几乎无法知道自己身处何方。而且技术越发展，就会有越多层新的硬件和软件被累积，改变也就越难。这也就给予了技术资本家一种独特的力量源泉。正如硅谷专家杰朗·雷尼尔（Jaron Lanier）所说，当他们能直接操控我们对这个世界的体验时，他们也就没必要说服我们。[2]技术专家利用摄像头、智能手机和容量不断扩展的数字存储器来增强我们的感官。正因为此，一小批工程师就能"以令人难以置信的速度塑造人类体验的整个未来"。

---

1 Antonio García-Martínez, 'I'm an ex-Facebook exec: don't believe what they tell you about ads', *Guardian*, 2 May 2017.

2 Jaron Lanier, *You Are Not a Gadget: A Manifesto*, Alfred A. Knopf: New York, 2010, p. 11.

我们在书写，与此同时，我们也在被书写。更准确地说，作为一个社会，我们正被大量书写，以至于除非严重扰乱整个系统，否则我们无法按下删除键。但是，我们在给我们自己书写怎样的未来？

VI

当网络与即时通信崭露头角时，我们开始明白，我们所有人都能成为作者，都能发表作品，都能有自己的观众。只要能上网，就没人会被排除在外。

而好消息带来的信念是，这场书写的民主化将有利于民主。文本、文字将拯救我们，书写将为我们带来一个乌托邦、一种崭新的生活方式。近六百年来稳如泰山的印刷文化即将落幕，世界将迎来翻天覆地的变化。

我们将享有"创造性的独立自主"，不再受制于传统媒体的一言堂及其单向的意义输出。[1] 我们将通过在线网络与彼此交错相连，找到代替政党的全新政治参与形式。强权者还没来得及树立权威，就会在突如其来、蜂拥而至的人潮冲击下迅速瓦解。[2] 匿名制让我们能

---

[1] Manuel Castells, *Communication Power*, Oxford University Press: Oxford, 2009.

[2] Michael Hardt & Antonio Negri, *Multitude: War and Democracy in the Age of Empire*, Penguin Books: New York, 2004.

够摆脱日常生活的束缚，塑造新的身份，避开监视。曾有大量所谓的"推特革命"被错误地解读为，正是社交工业用户的教育背景让他们能超越老态龙钟的独裁制，使他们口中的这些"老年垃圾"名誉扫地。

接着，不知怎的，这种技术乌托邦主义却以一种相反的形式回归。匿名制的优势成为攻击性言论、受虐仪式化、恶毒的厌女症、种族主义和极右亚文化的保护色。创造性的独立自主变成了"假新闻"和新形式的资讯娱乐。网民变成了动私刑的暴民，经常互相残杀。独裁者与其他专制统治者不仅学会了如何使用推特，甚至掌握了推特极具诱惑力的语言游戏，就像所谓的伊斯兰国，该组织"业务精湛"的网络媒体专业人员知道该如何用尖酸又极度敏感的口吻装腔作势。美国更是选出了第一个"推特治国的总统"。网络理想主义沦为了在网上怀疑世间一切的愤世嫉俗。

而潜伏在这一切背后的无声巨物，就是由全球企业、公关公司、政治党派、媒体公司、名人人设，以及其他与大部分流量和关注度都脱不开干系的人或物构成的网络。他们也更像是《终结者2》（*Terminator 2*）里的高级机械人，能成功地对人类声音进行音调一致的完美模仿，或漫不经心，或讽刺，或亲切。根据美国的法律，这些公司是法人，它们同样拥有被精心制作出来的个性：它们会想你、爱你，它们只想博你一笑：求你回来。

与此同时，知名度对那些有能力最大限度利用它的人来说，被提升到全新艺术形式的高度；但对其余几乎所有人来说，它却是盛满了毒酒的圣杯。如果将社交工业比作一台上瘾机器，那么与其成瘾行为最接近的就是赌博：一种被做了手脚的彩票。每一个赌徒都有那么几个自己深信的抽象符号——骰子上的点数、数字、着装、红色或黑色、水果机上的图案——这些符号让他们知道他们是谁。但大多数情况下，答案简单又粗暴：你输定了，你将空手而归。真正的赌徒会在押注，甚至是压上自己一切的豪赌中获得一种反常的快乐。在社交媒体上，你划拉几个词、几个符号，然后按下"发送"，掷出骰子。而互联网将通过"点赞""分享"和"评论"的计算，告诉你你是谁、你命运几何。

有趣的问题是，是什么让人如此上瘾？理论上说，每个人都有可能中大奖；实际上看，并非每个人都有同样的概率。我们的社交工业账户设置就像是博眼球的企业一样。如果现在我们所有人都是作家，那么我们书写并不是为了钱，而是为了获得被阅读的满足感。蹿红，或者"热点"，就相当于意外之财。但有时，"获胜"有可能是能发生的最坏情况，不温不火的"点赞"与认同可能以迅雷不及掩耳之势变成愤怒与指责的血雨腥风。如果普通用户没有足够的资源来充分利用"蹿红"，他们也就基本没有任何资源来为负面知名度带来的口诛笔伐降温，这可能包括从个人信息泄露——恶意发布私人信息——到复仇式色情（revenge porn）的任何事。我们或许被当成微型企业，但我们并不像企业那样拥有公关预算或者社交媒体经理。就连富有的明星都会因小报的攻击而受到永久性伤害——那么在火车上、在工作时间上厕所时发推文的人，又该如何应对互联网上的小报丑闻，以及底层掠食文化的衍生形态呢？

2015年的一项研究调查了人们尝试戒掉社交工业失败的原因。

调查数据来自一组报名参加"戒脸书99天"的人。[1]他们中的许多人虽然下定决心要戒掉脸书，但连最初的几天都没坚持住。许多成功戒掉脸书的人其实只是转移了自己的癖好，因为他们还在别的社交网络平台上拥有账户，比如推特。而那些成功远离脸书的人通常更开心、更不在意别人对自己的想法，这也就暗示了，社交媒体成瘾一方面是对抑郁症的自我治疗，另一方面则是为了在他人眼中塑造一个更好的自己。事实上，这两个因素未必毫无联系。

对那些想塑造自己的人来说，社交媒体的推送起着标题党的作用。[2]推送会点亮大脑的"奖励中心"，所以，如果我们在不同平台上积累的指标没能传达足够的认可，我们的心里就会不好受。这方面的上瘾与老虎机或智能手机游戏的效果相似，也就是文化理论家韩秉哲（Byung-Chul Han）所说的"资本主义的游戏化"（gamification of capitalism）。[3]但它不只是让人上瘾那么简单。无论我们写什么，都将为了获得社会认同而被校正。我们不仅追求与同龄人保持一致，而且某种程度上，为了获得"点赞"，我们只关注同龄人写的东西，因为只有这样我们才能有话可回。或许这就是经常被讥笑为"释放道德信号"（virtue-signalling）的源起背景，更不用说激烈争论、过

---

[1] Eric P. S. Baumer, Shion Guha, Emily Quan, David Mimno, and Geri Gay, 'Missing Photos, Suffering Withdrawal, or Finding Freedom? How Experience of Social Media Non-Use Influence the Likelihood of Reversion', *Social Media and Society*, 2015.

[2] Mike Elgan, 'Social media addiction is a bigger problem than you think', *CIO*, 14 December 2015.

[3] Byung-Chul Han, *Psychopolitics: Neoliberalism and New Technologies of Power*, Verso: London and New York, 2017.

度反应、自怜自艾和吃瓜群众这些典型的社交工业群体特征。

然而，我们不是斯金纳的老鼠。就连斯金纳的老鼠都并非真的是斯金纳的老鼠："斯金纳箱"里的老鼠所展示的成瘾行为模式只出现在被孤立、脱离其正常社交环境的老鼠身上。[1] 对人类来说，上瘾，如同抑郁一般，有其主观含义。马库斯·吉尔罗伊－维尔（Marcus Gilroy-Ware）对社交媒体的研究表明，我们在推送中所面对的，是使我们能够驾驭自己情感的享乐刺激、各种情绪和兴奋源——从被挑起的愤怒（outrage porn）到被挑逗的味蕾（food porn）再到真正的色情片。[2] 然而，此外，我们也的确会对网络生活的痛苦产生依赖，这是一种永久的愤怒与对抗状态。某种意义上，我们的网络人设与德国超现实艺术家汉斯·贝尔默（Hans Bellmer）所描述的"虚拟牙齿"（virtual tooth）类似。[3] 牙痛难忍时，常见的反应是攥紧拳头，紧到指甲甚至都扎进皮肤里。这样，牙痛感就能通过创造一个"虚拟的兴奋中心"而被"混淆"并"分散"。这样，虚拟牙齿仿佛从真正的疼痛中心吸走了血液和神经能量。

也就是说，如果我们感到疼痛，自残可能不失为转移疼痛的一种方法，就好像疼痛减轻了——虽然事实上疼痛并没有减少，我们的牙痛依旧存在。因此，如果我们沉迷于一台声称除其他功能外，

---

1 Bruce K. Alexander, 'Addiction: The View from Rat Park', 2010 www.brucekalexander.com.

2 Marcus Gilroy-Ware, *Filling the Void: Emotion, Capitalism and Social Media*, Repeater Books: London, 2017.

3 Hans Bellmer, *Little Anatomy of the Physical Unconscious, or The Anatomy of the Image*, *Dominion*: Waterbury Centre, VT, 2004, p. 5.

还能告诉我们别人是怎样看我们的机器——或者说能向我们展示自己的某一版本、某一在线代表人设——这就意味着，我们与他人的关系已经出现了问题。抑郁症在全球范围内增加——这是目前全世界分布最广的疾病，自 2005 年以来患病人数增长了约 18%——而社交工业则使很多受这一疾病困扰的人情况恶化。[1] 年轻人中，抑郁症与使用 Instagram 间的关联尤其紧密。但社交工业平台并没有发明抑郁症，而是利用了它。要想削弱社交平台的控制，我们就必须考察其他地方还出现了什么问题。

VII

如果说社交工业是一种注意力经济，其回报的分配方式与赌场如出一辙，那么获胜可能是一个人能遇到的最坏情况。正如许多用户从自己的经历中学到的那样，并非所有知名度都是好事。

2013 年，一名来自英格兰北部城市赫尔（Hull）的 48 岁瓦工被发现在一座墓园上吊身亡。斯蒂芬·罗德汉姆（Steven Rudderham）被脸书上一群匿名的私警认定为恋童癖。[2] 在没有任何正当理由的情况下，有人复制了他的账户头像，做了一条指责他"下流变态"的标语。

---

[1] Laura Entis, 'Depression is Now the World's Most Widespread Illness', *Fortune*, 30 March 2017.

[2] Steve White, 'Steven Rudderham: Dad falsely accused of being paedophile on Facebook found hanged', *Mirror*, 24 May 2013; Keith Kendrick, 'Dad "Driven to Suicide" by Facebook Trolls Over False Paedophile Claims', *Huffington Post*, 14 August 2014.

这则标语只用了 15 分钟就被转发了数百次；罗德汉姆在连续三天收到仇恨邮件、死亡威胁与阉割恐吓后选择了自杀。

就在发生这件事的几天前，来自俄亥俄州托雷多（Toledo）的查德·雷斯科（Chad Lesko）不仅多次被警察骚扰，还受到当地居民的欺辱，原因是这些人认为他是强奸了三个女孩和自己年幼儿子的通缉犯。[1] 这一虚假的指控源于他前女友设置的一个马甲账户。讽刺的是，一直以来遭受父亲虐待的其实是雷斯科。这样的霸凌在社交工业上越来越常见，但这并不总是出于蓄意中伤。来自温哥华的加内特·福特（Garnet Ford）与来自费城的特里兹·杰弗里斯（Triz Jefferies）都是在社交媒体上被人肉的受害者，只因他们被误认为是通缉犯。[2] 福特因此丢掉了工作，而杰弗里斯在自家被一群暴民围攻。

这些案例或许有些极端，但它们触及了众多被社交平台这一媒介加剧的尽人皆知的问题，从"假新闻"到恶意挑衅与霸凌，再到抑郁和自杀。这些案例对社交平台的运作方式提出了根本疑问。例如，为什么会有如此多的人倾向于相信"假新闻"，就像那是真的一样？为什么没人能制止这些人，指出报复心理让他们的行为变得癫狂？除了目睹他人失败，甚至是死亡能享受到的幸灾乐祸外，参与者还

---

[1] Camille Dodero, 'Viral Facebook Post Alleges Man Is a Wanted Rapist, But He's Not', *Gawker*, 24 May 2013.

[2] Doug Ward, 'Man wronly accused through social media of Surrey homicide', *Vancouver Sun*, 12 October 2011; Jessica Hopper, 'Wrong Man Shown in Wanted Photo for Philadelphia "Kensington Strangler"', ABC News, 21 December 2010; Stephanie Farr, 'Wrong Man Shown in Wanted Photo for Philadelphia "Kensington Strangler"', *Philadelphia Inquirer*, 21 December 2010.

期望能从中获得怎样的快感？

虽然社交工业被看作每个人都能平等享有的东西，虽然它也的确可能如此，但它同样能够轻而易举地就颠倒权威等级惯例与事实来源。除了别人的话，那些动私刑的暴民没有任何东西能为他们的行动信念提供理由。控诉的匿名度越高，越有效。匿名将控诉与控诉者，以及任何能让人有机会评估或调查的环境、背景、个人历史或关系分离开，它让集体愤怒的逻辑占了上风。超过某一限度后，个人参与者是否真的愤怒不再重要。控诉本身将代替他们表现出愤怒，它有了属于自己的生命：一个翻滚着的、毫无目的地砸向四面八方的破坏球；一种貌似没有躯体的声音；一番没有加害者的骚扰；一位虚拟的人肉总司令。真实性的标准不仅被颠倒，更脱离了人作为证言真相来源的这一传统观念。

虚假指控就是典型的"假新闻"。它将正义问题牵连其中，然后号召人们选边站。但由于大部分人并不知道发生了什么，也就没人能针对被控诉的内容发起反抗。这让围观者只能选择噤若寒蝉，或者采用暴民的思维方式来为自己打掩护，"多亏老天有眼……"而选择后者，至少还能让你从这些麻烦中捞点儿"赞"。

社交工业没有发明动私刑的暴民，也没有发明公开审判。早在推特出现前，私警们就已经在到处寻找可供折磨的可疑恋童癖、强奸犯和杀人犯。在能用智能手机直接散播谎言之前，人们早就以相信不实之言为乐。办公室政治与家里都充满了我们在网上看到的窃窃私语和霸凌。要想让网络上的暴民、喷子和恶霸缴械投降，我们就得知道为何这些行为在别处也如此普遍。

那么，社交工业改变了什么？它无疑让普通人毫不费力就能散播谎言，让随机的霸凌行为不费吹灰之力就能围攻其骚扰目标，让匿名化的错误信息轻而易举地就能以光速传播。但最重要的是，推特机器以一种全新的方式将问题集体化了。

VIII

2006年，名叫米切尔·亨德森（Mitchell Henderson）的13岁男孩自杀身亡。在他去世后的几天里，他的家人、朋友和亲戚纷纷来到他的 MySpace 页面，在这个虚拟空间里缅怀、悼念他。[1]

没过几天，他们被一群网络喷子盯上了。这些人一开始是消遣亨德森去世前几天丢了 iPod 这件事，接着他们开始发帖暗示称，亨德森因为消费受挫而轻生，是愚蠢、任性的行为："第一世界的问题"。有人在网上的一个帖子里附上了这个男孩在现实中的墓碑照片，上面放着一个 iPod。不过，真正让他们陷入狂喜的，是他们给毫无防备的这一家人所带来的困惑与愤怒。对他们来说，这家人越愤怒，整件事就越好笑。

十多年后，来自田纳西州的11岁男孩基顿·琼斯（Keaton Jones）制作了一个令人心碎的视频。视频里，他讲述了他在学校遭

---

[1] Mattathias Schwartz, 'The Trolls Among Us', *New York Times*, 3 August 2008; Whitney Phillips, 'This Is Why We Can't Have Nice Things: Mapping the Relationship between Online Trolling and Mainstream Sulture', MIT Press: Cambridge, MA, 2015, pp. 28-30.

受到怎样的霸凌。[1] 他的母亲，金伯利·琼斯（Kimberley Jones），将该视频发布在她的个人脸书页面上，视频很快就传遍了各个社交平台。从贾斯汀·比伯（Justin Bieber）到史努比狗狗（Snoop Dogg）的众明星纷纷加入了支持这个孩子的阵营，还有陌生人为琼斯一家人发起了众筹。

对这个故事持有一些怀疑是完全合理的。毕竟，Upworthy[2] 风格由来已久，虽然在这种有感染力、富有同情心的热门内容中，很多算不上编造，但也被加工处理过了。此类视频倾向于利用情感强化常见的道德观念。例如，在一段广为人知的热门视频中，一位无家可归之人用自己收到的捐款为他人购买食物（而不是花在酗酒这种恶习上），这段视频在被辟谣前筹到了13万美元。然而，没人对基顿·琼斯的故事表示出任何怀疑，人们似乎对此信以为真。

不过，几乎就在人们对琼斯的支持纷至沓来的同时，事件出现了反转。社交媒体侦探在金伯利·琼斯的脸书账户搜寻一番后，发现了她举着美国南北战争时期的南方邦联旗（confederate flag）微笑的照片，以及她对科林·卡佩尼克（Colin Kaepernick）的美国橄榄球联盟反种族主义抗议口出恶言的帖子。根据一个Instagram假账户上发现的资料，她还公然发表过种族主义言论。有未被证实的谣言指出，琼斯被霸凌是因为他在班里使用了种族主义词汇。做出这一

---

[1] 'How is a bullied child like "Milkshake Duck"?', *BBC Trending*, 17 December 2017; Joana Williams, 'Poor bullied Keaton Jones has become a Milkshake Duck, the latest viral victim of fake celebrity compassion', *Daily Telegraph*, 12 December 2017.
[2] Upworthy 是一家"热门"内容网站，专门发布"振奋人心""鼓舞人心"的视频和故事。——译者注

指控的推文被转发了成百上千次。一个名为"吉顿·科恩斯"（Jeaton Kones）的模仿账户，更是因为用刻板的南方"白垃圾"色调刻画琼斯而爆红。

琼斯的遭遇就是社交媒体用户们所说的"被奶昔鸭了"[1]。他成为一个逐渐壮大的亚人群中的一员，这些人在被网络崇拜5分钟后，因为被人发现了不光彩的事或被造谣中伤，而迅速遭到憎恨。但在这种情况下，网络已经不是第一次凭借其可疑的道德托辞，变得甚至比校园里最残忍的恶霸都还要更无情、更自私。就像理想化一个人本身就已经包含某种潜在的暴力与惩罚，仿佛这种自作多情的理想化就只是为了最后看着这些人失败——捧你就是为了毁了你。

与此同时，与网络霸凌相关的一系列儿童自杀事件中，最近的一起发生在美国。据阿香提·戴维斯（Ashawnty Davis）的父母所说，她在学校遭到霸凌。[2] 她发现自己与同校另一个女孩打架的视频，在被上传至一个社交媒体软件后被疯转。戴维斯因为该视频经受了巨大的焦虑。事发两周内，她被发现在衣橱里上吊自尽。这些事件发生的时间距离如此之近，让人感到不安，也引起了人们的警觉。如果最终导致琼斯选择自杀的是"网络"，它会停止吗？它能停止吗？如果说网民们不只是攻击一家悲伤欲绝的人，而根本就是给他们带来不幸的罪魁祸首呢？

---

[1] "奶昔鸭"（milkshake-duck）指，因积极正面或值得同情的事在网络上短暂流行甚至爆红，但深挖后却被发现黑历史的人，其过往中不光彩的事常与社会或政治意识形态有关（来源 urbandictionary.com）。——译者注

[2] Doug Criss & Laura Diaz-Zuniga, 'Parents say 10-years-old daughter killed herself because of bullying', CNN, 2 December 2017.

1. 我们彼此相连

亨德森的故事与琼斯的故事的关键区别在于，前者中的网络喷子属于意识到自己毫无道德观念的亚文化边缘人群，指责这些人很容易。而在第二起事件中，虽然喷子也毫无疑问地参与其中，但他们的行为与上百万其他社交媒体用户的行为掺杂在一起。同情、认同、情感窥视、感觉自己在参与一件重要的事混杂在一起，驱动了这些用户的行为，但这一混合体最终却发展为愤恨、不信任与轻蔑。恶意挑衅被普遍化了。

喷子与大多数用户的一个不同点或许在于，喷子完全清楚成百上千条小打小闹式的推文或转发足以累积的影响力，并对此加以利用。大多数参与围攻琼斯的人最多只花了几分钟做这件事，这并不是一场有组织的活动：他们只是那群人中的一部分。他们是"热门话题"里小数点后的几位。就个人而言，他们对整个事态的责任通常微乎其微，因此，也就无所谓是否对他们的阴暗面及其惩处、攻击他人的倾向太过放纵。但是，在经过推特机器的刺激与召唤之后，这些琐碎的虐待行为却变得骇人听闻。

正如喷子们的口号所标榜的那样，"我们中没人像我们所有人一样残忍"。

IX

举这些不同寻常的案例也存在风险，这样做可能会合理化一种对网络的道德恐慌，从而为国家审查制度正名。用"法治"（rule of law）驯化他们也许是对俄瑞斯忒斯式愤怒[1]的传统回答。[2]基于传统书写等级的假设认为，书写的权威来源于处于等级顶端的成文宪法或神圣文本。一个社会能接受什么、不能接受什么都取决于这部权威、庄严的文本。当然，法治从未如自由主义者期望的那样对愤怒起到有效的约束作用。20世纪中期，美国的麦卡锡追随者搜捕迫害反对派这件事就表明，在自由主义国家的运作方式中，传播无端的政治恐惧有多么容易。[3]

但现在发生的情况是，资本主义的数字化正在扰乱这些古老的书写等级，这导致了制造排除异己与道德恐慌，以及进行惩罚与羞辱的权力被移交与下放。法国情境主义者居伊·德波（Guy Debord）将"景观"（spectacle）定义为，通过形象对社会现实进行调解；不过，景观不再由庞大的中央集权官僚体制组织，而是被下放到广告、娱乐，当然还有社交工业手中。[4]这不仅孕育了新的信息生态和新的公共领域形式，也同样改变了公愤的模式。社交工业并没有摧毁古老的书写权威的权力，而是在此基础上添加了由邻里监督、24小时全天候资讯娱乐频道与股票交易构成的独特组合体。它将全景监狱

---

[1] 俄瑞斯忒斯（Orestes）是古希腊神话中的人物，阿伽门农之子，因为父报仇杀母而受到复仇女神的惩罚，后被女神雅典娜赦免。——译者注

[2] 参见 Martha Nussbaum, *Anger and Forgiveness: Resentment, Generosity, and Justice*, Oxford University Press: New York, 2016。

[3] 参见 Corey Robin, *Fear: The History of a Political Idea*, Oxford University Press: New York, 2006。

[4] Guy Debord, *Society of the Spetacle*, Rebel Press: London, 2014.

效应（panopticon effect）与金融市场的炒作、按键推送、赶时髦和波动结合在一起。

可是，自由主义国家在应对社交工业方面的记录却不尽如人意。自由主义国家更倾向于将社交工业与网怒的逻辑混为一谈，而非遏制前者。对网上言论做出过激反应的法律案件众所周知。在英国声名狼藉的"#twitterjokertrial"（推特玩笑审判）以失败告终。在这起案件中，28岁的保罗·钱伯斯（Paul Chambers）因在推特上开玩笑而被政府当局抓捕、审讯并定罪。[1]因不满当地机场关闭，钱伯斯以明显讽刺的口吻"威胁"称要将机场"炸翻天"。对钱伯斯的定罪在一场公众运动后被撤销，但那时他已经丢掉了自己的工作。相比之下，阿扎·阿哈迈德（Azhar Ahmed）的案件虽鲜为人知，但其荒诞程度应该并不亚于钱伯斯的案件。出于对阿富汗战争的愤怒，阿哈迈德发帖称"所有士兵都该死、该下地狱"。[2]虽然他有资格发泄自己的情感，但法院并不这样认为，他最终因"发布极端攻击性言论"而被定罪。

警察仅因社交媒体上的怒火就采取行动的案件或许更能说明问题。一名就读于伦敦东南的史密斯学院的学生巴哈尔·穆斯塔法

---

[1] Nick Cohen, '"Twitter joke" case only went ahead at insistence of DPP', *Observer*, 28 July 2012; Owen Bowcott, 'Twitter joke trial became confrontation with judicial establishment', *Guardian*, 27 July 2012.

[2] 'Azhar Ahmed sentenced over Facebook soldier deaths slur', BBC News, 9 October 2012.

（Bahar Mustafa）就遇到了这样的事。[1] 作为学联中当选的负责人，她为少数族裔的女性以及非二元性别的学生组织了一场集会。由于白人男性被谢绝参加这场集会，保守派学生在社交媒体上发起了旨在曝光穆斯塔法的"逆向种族主义"（reverse racism）的活动。群情激愤之下，作为她逆向种族主义的证据，她被指控散播带有讽刺标签"#killallwhitemen"（杀光白人男性）的推文。虽然穆斯塔法坚称她从未发布过这则推文，但她依旧遭逮捕。英国皇家检控署不认为这是网络上无关紧要的琐事，而是尝试起诉她，但在意识到赢面很小后撤销了起诉。不过，社交平台上已经因此掀起了愤怒的末日风暴，穆斯塔法不仅受到针对她的种族主义攻击，甚至还收到了要求她"自杀"或者献出自己以供他人"强奸"的邀请。但无论是这些推文，还是绝大多数这样的帖子，都未招致任何指控。愤怒被随意发泄在那些被认为破坏了社交媒体品位和礼仪界限的个人身上，而法律却与这种群情激愤为伍。如是，这些愤怒往往并没有得到法治的惩戒，而是被放大。

这意味着，只要能在媒体上引起轰动，即兴的公开羞辱就能影响官方的反应。而且，正是因为社交工业创造出了一种全景监狱效应，即所有人每时每刻都受到潜在的监视，所以任何人都可能突然被孤立，成为杀鸡儆猴式的惩罚对象。对网络群体来说，这种效应制造的巨大压力逼迫每个人与自己同龄人的价值观和道德观保持一

---

[1] Taylow McGraa, 'Exclusive: Bahar Mustafa Speaks to VICE After the Police Drop "#KillAllWhiteMen' Charges", *Vice*, 3 November 2015; Charlie Brinkhurst-Cuff, 'I'm glad the CPD saw Bahar Mustafa's #killallwhitemen tweet in context', *Guardian*, 5 November 2015.

致。但就连与同龄人保持一致也并非万无一失，因为每个人都能调查他人。在网络上唯一成功保持一致的方法，就是成为极其乏味且普通的人。就算一个人的整个线上人生只分享过"正能量"段子、"励志"语录和火爆的标题党视频，也不能保证就不会被半路杀出的网络喷子们当作合适的攻击目标。喷子们有计划地在他们的目标中搜索"可利用性"，所谓"可利用性"（exploitability）就是指一个人从悲伤到发帖的任何弱点，无论是女性还是黑人。[1] 而恶意挑衅则是对普通行为的风格式夸张，尤其是在网络上。

并非每个人在利用和惩罚弱点的时候都按部就班，但很多人仍有意无意地这样做。而人类将侵略的乐趣与美德混为一谈的倾向更加剧了这种现象。已故作家马克·费舍尔（Mark Fischer）通过"吸血鬼城堡"（Vampire Castle）这一巴洛克隐喻刻画了这种现象的进阶版本。[2] 费舍尔写到，在城堡里，善意的左翼分子以"封杀"某种错误行为之名，允许除籍、圈内一致性与揪着别人的过错不放这样的恶趣味存在。政治上的过错，或者仅仅是分歧，都成了可被利用的特征。既然没人是纯洁无瑕的，既然身处社交工业的前提条件就是要不断暴露自己，那么从某种角度来说，我们的网络存在就是一张可利用特征的列表。

而当某一位用户的可利用特征成为新一轮集体愤怒的依据时，

---

[1] 关于"可利用性"的讨论，参见 Whitney Phillips, *This is Why We Can't Have Nice Things: Mapping the Relationship between Online Trolling and Mainstream Culture*, MIT Press: Cambridge, MA: 2015。

[2] Mark Fisher, 'Exiting the Vampire Castle', *OpenDemocracy*, 24 November 2013.

这些特征就会激起人们的关注,增加社交媒体平台的流量和波动性,从而提升其经济价值。

X

"语言是神秘的",宗教学者凯伦·阿姆斯特朗(Karen Armstrong)写道,"词语被言说之时,缥缈之物化为肉身;言语需要化身——呼吸、肌肉控制、舌头与牙齿。"[1]

书写需要自己的化身——手眼协调,以及能让痕迹被留在物体表面的某种技术形式。我们将自己的一部分转化为比我们更经久的有形文字。这样,以后的读者就能如谢默斯·希尼(Seamus Heaney)所说的那样,呼吸"属于另一时空的生命之气息"[2]。通过书写,我们给予了自己第二个身体。

虽然我们之于这个星球的历史长河来说不过是沧海一粟,但身为"拥有强烈书写欲望"的动物,我们的存在也有令人不可思议之处。早期的书写理论几乎无法抑制对书写的神圣看法——如《提摩太书》(Book of Timothy)所描述的,"神注入的气息"。苏美尔人将书写连同木工与金属制品一起,视为来自神的馈赠——与其相映成趣的是印加文明的观点,即书写仿佛就是另一种技艺、另一种织物般的存在。而埃及词汇"hieroglyph"(象形符号),直译过来就是"神的书写"。

---

[1] Karen Armstrong, *The Bible: A Biography*, Atlantic Books: London, 2007, p. 1.

[2] Seamus Heaney, 'A Kite for Aibhin', *Human Chain*, Faber & Faber: London, 2010.

古希腊人则对书写展现出一种饶有趣味的疑虑，他们担心书写会切断他们与神圣的口述文化间的联系，当书写充当了记忆的装置，书写就鼓励了懒惰与欺骗。不过，他们同样认同文本的神圣性，因为文本承载了一种与观点的联系。宗教历史学家大卫·法兰克福特（David Frankfurter）曾写到，古希腊人将他们的字母表中那些代表声音的字母看作"宇宙元素"，唱出这些字母能将人带入一种完美状态。[1] 如此看来，书写不仅被视为记忆、计数的方法与技艺，还被理解为音符、圣诗。

书写与观点之间的关系一直被历史神话混为一谈。美籍波兰裔文字学家 I. J. 格尔伯（I. J. Gelb）是冷战期间与他同时代的学者中的典型代表，他的理论主张书写的最终目的是表现言语，因此字母表是最先进的书写形式。[2] 在字母表中，每一个字母都代表一个声音，或是一个语音元素。在其他书写系统中，元素可能包括单个元素就能表现整个词语的字符（logogram），不包含言说所需的发音参照就能表现一个概念的表意符（ideogram），或者书写元素看起来就像其所指代事物的象形符（pictogram）。作为一则现代性的进步神话，对字母表优越性的假设是建立在通过字母表，人们能写下无穷多无限复杂的表述这样一个事实之上的。

今天，围绕我们的大部分书写所表现的并不是言语。比如地震测量、电路图与编织图、如今的电脑程序和网络编码与脚本——这

---

[1] David Frankfurter, 'The Magic of Writing and the Writing of Magic: The Power of the Word in Egyptian and Greek Traditions', *Helios*, Vol. 21, No. 2, 1994.

[2] I. J. Geld, *A Study of Writing*, University of Chicago Press: Chicago & London, 1952.

都是当今文明的原书写（ur-writing）——大部分都由语音元素构成。除此之外，我们的网络书写因其依赖非字母元素——表情、对勾、箭头、指针、货币符号、商标、路标等——快速传递复杂信息的特点，也越来越像字谜。事实上，讽刺的是，社交平台上的书写本想利用非字母符号来更好地呈现言语。我们言说之中只能通过面对面的实时对话才能传达的那部分腔调、语气和表现，往往无法通过字母构成的书写进行表达，或者只有辅以大量的阐释与小心谨慎才行。表情符号与表情包的节俭表达，意在为表达观点多提供一条省事儿的途径。

XI

1769年，奥匈帝国发明家沃尔夫冈·冯·肯佩伦（Wolfgang von Kempelen）完成了他的第一个说话机（Sprechmaschine）模型。

肯佩伦试图制造一台相当于肺、声带以及唇齿之和的机械装置，这台机器要能发出像人声那样在听觉上丰富多彩的各种声音。通过连续不断地设计木箱、风箱、振动簧片、阀门和皮袋，这位发明家竭尽全力，试图让他的机器说话。每一次，机器都只是用它愚笨的皮制嘴巴嘟囔几下，发出的声音与人声相差甚远。

再现言语的问题最终通过电话得到了有效解决。对着传统电话讲话，声波撞击隔膜使其振动。隔膜压在一个装满微小碳颗粒的小杯子上，当碳颗粒被挤压在一起时，就会传导一股低压电流。隔膜被压得越低，碳颗粒就聚集得越紧，电流就越大。这样一来，通过一股微弱电流，声音就能与身体分离开，不可思议地出现在世界的另一端。

某种程度上，这也算是一种书写形式。声波在隔膜上刻下一个图案，而碳颗粒将这一图案转变为传播声音所需的电流信号。但这一切不会留下任何永久性痕迹。而计算机的发明——经过书写指令编程后就能执行一系列逻辑操作的装置，通过改变书写等级改变了这一切。当你用老式打字机或者纸笔书写的时候，你在物体表面留下的是真实、有形的记号。就算被机械化，这些记号的模样也绝非完美，其中可能存在拼写错误和标歪了的标点符号。而当你用计算机书写的时候，拼写与标点错误往往会被注意到，字母也被写得尽可能完美。但你所看到的"字迹"，其实是仅作为理念存在的虚拟表象，它是一套完全不同的书写系统在经过诸如复杂的电子电路和飕飕旋转的光盘后才生成的。

我们对电脑、智能手机和平板电脑的整个体验，就是被设计用来隐藏我们目之所及即是书写这样的事实。在软件工程师约耳·斯波尔斯基（Joe Spolsky）看来，我们遇到的是一系列"抽象泄露"（leaky abstraction）："对某种在幕后运行的复杂事物所做出的简化。"[1] 也就是说，我们所看到的"文档""文件夹""窗口"或"文件"都是抽象的。作为一种视觉上的简化，它们呈现的是电器元件根据书写指令所执行的一系列逻辑操作。我们所看到的"提醒"和"来源"其实

---

1 Joel Spolsky, 'The Law of Leaky Abstractions', *Joel on Software*, 11 December 2002.

是软件编写码运行的简明视觉图。之所以存在"泄露",是因为虽然这些抽象不论看上去还是用起来都很完美,但它们所代表的复杂程序事实上会出现失误,也的确存在失误。就像在《黑客帝国》(*The Matrix*)里,书写程序为我们的消费安排图像:我们看到的不是符号,而是由符号编码而成的牛排。作为诱饵,图像掩盖了所有媒介——音乐、照片、声音、形状、空间、动图——其实早已被翻译成书面数据语言这一事实。

不过,当我们开始与推特机器通过书写进行交流时,一个颠覆书写与观点间传统划分的新问题就这样始料未及地出现了。推特机器擅长通过以计算机为中介的书写格式来再现书写中通常遗失的言语元素。不仅节奏、口吻、语调和神情这样的细微差别能通过表情符号和其他手段得以省时省力的传达;在一般对话中,参与者也都同时在场,这使讨论能实时展开,不存在通信或邮件带来的滞后。因此,这样的对话不仅随意、对社会常规没有严格要求,而且会假设参与者之间存在许多共通之处。社交工业渴望以同样的速度和不拘礼节来给人参与对话的印象,好让观点能够被传达。

不过,推特机器事实上制造的是一个全新的混合体。观点在被赋予了新的书面存在之余也被大众化了,它不可思议地脱离了个体,获得了属于自己的生命:无限、令人印象深刻、戏谑、多变、混乱、通俗,而有时又令人恐惧。鸟鸣的圣洁之声并未汇集成一首合唱,而是发出了机械人的咆哮。

XII

考虑到这种大众化，社交媒体上对个人解放讨论的痴迷更显得讽刺。社交工业所做的就是以新的方式分割个人——你一个人就能容纳如此多的企业号、个人号、专题号——然后再定期将这些碎片重新聚合成转瞬即逝的崭新集体：为了营销目的，被称为"群"的集体。

所谓的个人解放还有另一面，"新自恋主义"、自拍杆，以及没完没了的更新状态。说实话，自恋无时不在，这根本算不上什么罪过。如果说书写能给予你第二个身体，那这个身体在某种程度上其实就是被升华了的孤芳自赏。可是，"斯金纳箱"的结构所假定的理想实验对象，是一个必须不断获取认同数据、否则就会陷入抑郁的极度脆弱的自恋者。

推特机器邀请用户为他们自己构建有创意的新身份，但这实际上与企业竞争并无二致。那些长久以来就被边缘化、被压迫的人能借此增强自己的自主感，但这些身份的生产和维护也因此变得势在必行又费时费力。社交媒体平台使自我本身变成了对刺激持久不断的回应。没人能真的拒绝或延迟回应；所有一切都必须在被遗忘之前，在这个时间线上发生，在此时此刻发生。

生活在社交平台上，意味着处于一种不断分神的状态，如瘾君子一般沉迷于与社交媒体保持接触，要知道都有哪些平台、应该如何使用。但这也相当于把精神分析学家路易·奥芒特（Louis Ormont）所说的"观察的自我"围绕成一个精巧的全景监狱，以便让自我监视成倍增加。[1]这是社交工业生产方面的核心。事实上，从某种意义上来说，社交工业不过就是生产——生产无休止的书写生产，这种方式比血汗工厂的效率更高。作为一名电影理论家，乔纳森·贝勒（Jonathan Beller）认为，有了互联网后，"观看即劳动"。[2]更确切地说，观看与被看都是不可抗拒的劳动诱因。

我们的劳动到底是为了什么？一个新民族的诞生之痛。如果说印刷资本主义发明了民族国家，那么对许多人来说，他们选择的平台就是他们的国家、他们的想象共同体。教育系统、报纸和电视台仍遵循国界线。但是当社会学家们描述线上"生活世界"的扩散时，这些松散多孔的界限显然与国界线的关系不大。

那么，如果说一种新兴国家正在诞生，这是什么样的国家？而它又为什么看上去一直处于爆发的准备期？

---

[1] Louis R. Ormont, 'Cultivating the Observing Ego in the Group Setting', *International Journal of Group Psychotherapy*, Vol. 45, No. 4, 1995.

[2] Jonathan Beller, *The Cinematic Mode of Production: Attention Economy and the Society of the Spectacle*, Dartmouth College Press: Hanover, NH, 2006.

2
We Are All / Addicts

我们都是
瘾君子

行为主义的现代理论并没有错,问题是,这些理论可能成真,
它们可能确实为现代社会中的某些明显趋势提供了最佳概念。

——汉娜·阿伦特(Hannah Arendt)

记住这点:打败玩家的不是赌场,
赌场只不过给了玩家一个打败自己的机会。

——"希腊人"尼克·丹多洛斯(Nick "The Greek" Dandolos)

噢,这肯定会让人上瘾。

——软件工程师兼推特联合创始人
多姆·萨格拉(Dom Sagolla)的第一条推文

I

2017年，脸书"点赞"按键的开发者之一，乔纳森·罗森斯坦（Jonathan Rosenstein）删除了他的脸书应用程序。他对自己参与制造的东西感到担忧。他对《卫报》（*Guardian*）表示，点赞时响起的"悦耳叮当声不仅是一种虚假的快感，还产生了意想不到的负面后果"[1]。这本该是朋友间互相表示友好的快乐按键，但它反而让用户上瘾、变得焦虑和痛苦。这个按键就是网络可卡因。

莉亚·波尔曼（Leah Pearlman）曾是脸书的一名用户，她也参与设计了"点赞"按键，并被这一诱惑所吸引。[2] 不过，通知的红点所承诺的快感从未被满足过。"只要查看通知，我感觉就很糟"，波尔曼解释说，"无论有没有通知，感觉都不怎么好。不论我们希望看到的是什么，事实上看过之后都无法真正满足心里的预期。"为了自己的精神健康，她把她的脸书账户托管给一名员工。

许多社交工业和科技界高管都对他们自己的技术表示抗拒。马

---

[1] Paul Lewis, '"Our minds can be hijacked": the tech insiders who fear a smartphone dystopia', *Guardian*, 6 October 2017.

[2] Victor Luckerson, 'The Rise of the Like Economy', *The Ringer*, 15 February 2017; Julian Morgans, 'The Inventor of the "Like" Button Wants You to Stop Worrying About Likes', *Vice*, 6 July 2017.

克·扎克伯格的脸书账户由员工运营；苹果公司的史蒂夫·乔布斯（Steve Jobs）不允许他的孩子们接触 iPad；而他的继任者，蒂姆·库克（Tim Cook）不让他的侄子使用社交网站。苹果公司的设计策划师乔尼·伊夫（Jony Ive）警告称，"经常使用"技术就算过度使用。[1] 技术界一直以来都善于为其制造的问题提供有利可图的解决方案。智能手机用户现在能够用他们的上瘾装置交换一系列极简主义的替代品，这些替代品就像老式手机一样，只具备有限的短信和通话功能，但其中一些的最初售价甚至比用户想要替换的智能手机价格还要高。

不过，上瘾机器是如何被发明出来的？就像风险资本家的资助者偶然发现其盈利模式一样，社交工业平台其实也是偶然发现了这样的技术。但是让人上瘾的潜力一直都存在。脸书的创始人马克·扎克伯格对利用偷窥乐趣和社会竞争乐趣的社交技术一直都拥有灵敏的嗅觉。作为他的早期网站之一，Facemash 使用了哈佛大学用来展示学生照片和信息的在线名册（facebooks）[2]。扎克伯格从这些网页获取照片后，邀请用户比较照片的"热辣程度"，然后打分。与另一个名为 Hot or Not 的网站类似，Facemash 每次向用户展示两张照片并邀请他们投票选出"谁最热辣"。该网站后来被学校勒令关闭，理由是扎克伯格没有获得使用这些照片的许可。然而，此网站在被移除前已经收集到了 2.2 万张投票。

---

[1] Mark Sullivan, 'Jony Ive says "constant use" of iPhone is "misuse"', *Fast Company*, 6 October 2017.
[2] 不作为专有名词使用的"facebook"指美国大学特有的、提供学生基本个人信息和照片的索引网站，旨在帮助学生认识彼此。——译者注

2004年，扎克伯格携被称为"在线目录"的thefacebook.com回归。该网站将Friendster.com的一些功能特性与哈佛名册的格式结合在一起。简单的用户界面和极简主义的设计暗示该网站只是一个社群工具，与挑逗无关。但是，根据大卫·柯克帕德里克（David Kirkpatrick）在《脸书效应》（*The Facebook Effect*）一书中所记录的该平台历史，早期用户均表示对此网站着迷[1]："我停不下来。""我学不进去。我上瘾了。"这个网站不单单是在线目录，对学生来说，它更是人肉搜索和社交攀比的源头，让人欲罢不能。该网站的早期使用者之一，朱莉亚·凯莉·黄（Julia Carrie Wong）在其发表于《卫报》的文章中写道，该网站将"有用的信息与色情娱乐"结合在一起，并同时彻底改变了社交互动模式，让"人气变得易于量化"，这种方式很阴险。[2]

今天，最成功的应用程序与平台所依赖的是我们热衷于心甘情愿地分享关于自己的信息。扎克伯格最初声称，让他感到不解的是，人们竟愿意透露给他如此之多且如此详细的数据。他告诉一位在哈佛的朋友："大家就这样把信息提供给我。我不知道其中的原因。他们'信任我'。这些蠢货。"[3] 他无意中利用了人们乐于自我炫耀的复杂心理。最明显也是最常遭到诟病的，一方面是乐于显摆的自恋，

---

[1] David Kirkpatrick, *The Facebook Effect: The Inside Story of the Company That Is Connecting the World*, Simon & Schuster: New York, 2011, p. 118.

[2] Julia Carrie Wong, 'I was one of Facebook's first users. I shouldn't have trusted Mark Zuckerberg', *Guardian*, 17 April 2018

[3] Josh Halliday, 'Facebook: Mark Zuckerberg college messages reveal steely ambition', *Guardian*, 18 May 2012.

2. 我们都是瘾君子

另一方面是热衷于与他人攀比竞争。但推特的早期创始人之一，诺亚·格拉斯（Noah Glass）却指出了另一个层面：人们使用社交网络是为了不再感到那么孤单。这样，无论他们正在经历什么——地震、失业、离婚、吓人的新闻或者就是无聊——他们总能找到倾诉对象。社会缺失之处，网络取而代之。

而这些乐趣则在"网络效应"（network effect）下翻倍。使用网络的人越多，网络对每位用户的价值也就越高。扎克伯格很早就心知肚明，他将用这样的方式建立自己的网站。正如他对《哈佛校报》（*The Harvard Crimson*）所说的，"该网站的特质是，只要每个用户都能让自己的朋友加入其中，他们的用户体验就会提高。"[1] 不仅其他大学纷纷迅速注册加入，该网站的数据规模与客观性更是在短短一年的时间内就吸引了广告商的注意。2005年，新视镜唱片（Interscope Records）发行格温·斯蒂凡尼（Gwen Stefani）的单曲"Hollaback Girl"时，他们找到了脸书。[2] 脸书并没有像广告商那样，使用被存储在用户本地终端上的数据（cookie data），而是向新视镜唱片保证，他们的广告将被精准投放到一个特定人群中：大学啦啦队队员。结果是，那个秋天，"Hollaback Girl"这首歌回荡在各个橄榄球球场。紧接着，脸书做出了两个决定：2006年年底，他们向公众开放了其服务，此举共为他们积累了1 200万用户；同时，为了分析找出这

---

1 Alan J. Tabak, 'Hundreds Register for New Facebook Website', *The Harvard Crimson*, 9 February 2004; 也可参见 Tom Huddleston Jr., 'Here's how 19-year-old Mark Zuckerberg described "The Facebook" in his first TV interview', CNBC, 17 April 2018。

2 David Kirkpatrick, *The Facebook Effect: The Inside Story of the Company That is Connecting the World*, Simon & Schuster: New York, 2011, p. 319.

个巨大数据金库里存在着怎样的模式，脸书的工程师们着手开发算法。脸书假惺惺地说他们不会出售用户数据，但他们其实打算用这些数据来量化、操纵和销售用户的注意力。

脸书对广告商来说颇具吸引力，但它同时也是一个大型的公共实验室。2007年，这家网站已经拥有5 800万用户，通过研究用户资料，来自哈佛大学与加利福尼亚大学的专家团队收集了有关用户品位、价值观及其互动方式之间如何关联的信息。哈佛大学社会学教授尼古拉斯·克里斯塔基斯（Nicholas Christakis）认为，这预示着行为科学的大学传统将重获新生，他对《纽约时报》表示，光是数据规模就意味着"一种新的社会科学工作方式……我们今天拥有的这种数据规模，我们的前人连做梦都想不到。"[1]

不过，威廉·戴维斯（William Davies）指出，行为主义研究只有在"实验参与者不知情"的前提下才有效。[2] 参与者对实际情况了解越多，实验结果的可靠性就越低。这方面最声名狼藉的莫过于科研人员为了研究"情绪感染"而以脸书用户为对象所进行的一项实验。2014年公布的结果显示，70万用户在不知情的情况下成为脸书新闻推送的操纵对象。但脸书的声誉因此遭受的负面影响却相对有限，而社交平台企业也在继续向科研人员有偿提供海量数据。

"点赞"键是脸书做出的最大改动，这一功能也使脸书的"斯金

---

[1] Stephanie Rosenbloom, 'On Facebook, Scholars Link Up With Data', *New York Times*, 17 December 2007.

[2] William Davies, *The Happiness Industry*, Verso: London and New York, 2015, pp. 241–243 and 253.

纳箱"倾向变得更为激进。不过，脸书并没有发明这种工具，当时Reddit 已经在使用"顶"（upvote）这一功能，而推特从 2006 年开始就允许其用户"喜欢"（favourite）推文。2007 年，社交聚合型网站 FriendFeed 第一次使用了"点赞"（like）。就在 FriendFeed 推出其专属的"点赞"功能之时，脸书就于 2009 年收购了该网站。这与微软在 1990 年代将小公司"扼杀在摇篮里"和"切断其供给线"的做法如出一辙。[1] 面对那些与脸书自身设计在性能方面发生部分重叠但体量较小的竞争对手时，脸书通过将其产品占为己有和收购来扼杀一个可能对它产生威胁的市场。

根据波尔曼的说法，引入"点赞"功能是为了改变用户行为。这也是社交平台网站上许多新功能背后的驱动因素。例如，Instagram 为旧照片或者是不再被用户青睐的照片推出了"封存"（Archive）功能，这样做就能掐灭用户删除这些照片的念头，从而为平台保住了内容。与此类似，脸书一直在寻找"轰动"或是"棒"这种能在评论区取代冗长的情绪表达，不费力气又能被量化的情感表达方式。与其在一张婚礼照片下方写十条"恭喜"，还不如留下一百个"赞"。这样就能鼓励人们更频繁地更新状态。"点赞"还以脸书现有的人气量化技术为基础，使人们能用可衡量的方式快速、客观地进行社交攀比。

说"点赞"功能奏效绝对是低估了这一功能，因为它彻底改变了脸书。"点赞"让用户参与度激增，截至 2012 年 5 月，凭借 10

---

[1] Declan McCullagh, 'Knifing the Baby', *Wired*, 5 November 1998; Bruce Sterling, *The Epic Struggle of the Internet of Things*, Strelka Press: Moscow, 2014, Kindle Loc. 200.

亿活跃用户量,脸书已经富到单靠其潜在利润就能进行首次公开募股的程度。其他社交工业平台也在"点赞"功能带来的好处面前纷纷败下阵来,他们一个接一个地将这一套照单全收:2010年的YouTube与Instagram,2011年的Google+,2015年的推特。在社交工业平台的背景下,一种新型工业模式正在诞生,而"点赞"功能的问世,就是这一工业稳固其地位的过程中的决定性时刻。

在注意力经济的竞争中,"赞"就是"斯金纳箱"这种奖惩管理机制的核心。"赞"就是对上瘾经济划算的安排。

II

无论我们是否觉得我们上瘾,这台机器都会把我们当作瘾君子来对待。平心而论,上瘾就是我们与推特机器的关系模式。问题是,没人知道我们上的是什么瘾。

"点赞"有什么好上瘾的?直到最近,医学与心理学机构还是把滥用药物当作所有成瘾类型的范例。以美国为代表的政府认为,毒品使用者都是对自己的生活缺乏控制的化学奴隶,并以此名义发动了一场"毒品战争"。这一观点沿袭自19世纪晚期和20世纪初期的戒酒运动,当时酒精被视作摆布饮酒者的魔鬼。后来这一观点扩展至所有娱乐性用药,无论该药物能否致人上瘾。

不过，药物上瘾只占所有成瘾类型的五分之一。[1]过去几十年间涌现了大量针对各种上瘾人群的互诚协会——匿名戒博客、匿名戒债、匿名戒赌等。1990年代以来，对所谓"网瘾"的担忧持续增加，紧接着是对"社交媒体上瘾"的担忧。对社交媒体上瘾的研究以赌瘾为模板，[2]身为心理学家与网瘾中心创始人的金伯利·杨（Kimberly Young）是这一领域的早期先驱。作为研究赌瘾的公认专家，她注意到那些将自己的人生押注于闪烁荧光屏上的人，与那些将自己的房产押注于手中扑克牌上的人具有相似之处。两方都没有使用任何药物，但他们都呈现出上瘾的典型状态。

杨努力寻找一系列意味着上网"过度"的症状：如果使用者对某一媒介过度关注，如果他们花费在该媒介上面的时间不断增长，如果缩短时长让他们感到焦虑、情绪化或易怒，又或者如果他们使用这一媒介来回避个人问题或焦虑感，那么这些人就存在网瘾问题。根据他们的问卷答案，使用者会被打分，分数显示他们的上瘾程度有多严重。随后在社交媒体上瘾方面所开展的研究，关注的也是为了逃避现实或者管理情绪而"过度"使用社交平台，从而造成不良后果甚至是失去控制的问题。

但这些都还未被确立为临床范畴。《精神疾病诊断与统计手册》（*The Diagnostic and Statistical Manual of Mental Disorders*，DSM）被誉

---

[1] Bruce Alexander & Anton Schweighofer, 'Defining "addiction"', *Canadian Psychology* Vol. 29, No. 2:151–162 April 1988.

[2] Kimberly S. Young, *Caught in the Net: How to Recognise the Signs of Internet Addiction – and a Winning Strategy for Recovery*, John Wiley & Sons: New York, 1998; 也可参见杨的网瘾中心网站 <www.netaddiction.com>。

为美国精神病学界的圣经,该手册从未认同过网瘾,而是一直倾向于从使用药物的视角来理解上瘾。就连现在,这本手册还是不会使用赌博上瘾这一表述,而是称"赌博失调"(gambling disorder)。就算该手册打算改变其看法,仍存在一个问题,这个问题与该手册临床范畴面对的问题相同:描述一组行为并不能解释这些行为如何互相关联,或者它们的成因是什么。我们可以用上瘾来描述某种现象,只因为它与其他被我们称为上瘾的现象相似。然而,这并不意味着我们明白究竟何谓上瘾。要想拨开概念的重重迷雾,我们需要一种新语言。

III

上瘾关乎的是注意力。对社交工业的大佬们来说,这一点不言自明。我们专注于让我们自我感觉良好的东西,专注于"奖励"。而在注意力经济中,为了操控我们在现实中的注意力,社交工业平台正在发动一场无休止的战斗。

脸书的首任总裁肖恩·帕克的看法与众多研究的观点一致,他们都认为社交媒体平台通过利用人们对"多巴胺冲击"(dopamine hit)的渴望来操纵人们的注意力。[1] 平台机器定期以"赞"的形式制造冲击,也就是用闪烁的通知红点让平台用户达到高潮,就像对老

---

[1] Olivia Solon, 'Ex-Facebook president Sean Parker: site made to exploit human "vulne-rability"', *Guardian*, 9 November 2017.

虎机上瘾的赌徒看到三盏灯亮起时一样。人类学家娜塔莎·道·舒尔（Natasha Dow Schüll）根据自己对赌博的研究认为，一旦这些非自然生成的大量多巴胺奖励涌入大脑，"我们就丧失了自由意志"[1]。面对人类演化过程中从未遇到过的洪流，我们的大脑因毫无准备而"变得不知所措与不堪一击"。美国国立药物滥用研究所的负责人诺拉·沃尔考（Nora Volkow）强调，"上瘾关乎的就是多巴胺。"[2]

不管这一理论是真是假，基于多巴胺理论的技术貌似都奏效。亚当·阿尔特（Adam Alter）是一名研究网瘾的心理学家，他在筛查了追踪智能手机使用情况的应用程序 Moment 所收集的数据后，发现约 88% 的用户"平均花在其手机上的时长占到他们清醒时间的四分之一"[3]。让他大吃一惊的是，他的数据显示，他自己每天花在手机上的时间是三个小时，平均每天拿起手机 40 次。而他的行为或许还算相对适中：一项 2013 年的调查发现，手机用户平均每天查看手机 150 次，其他研究表明这其中包括 2 617 次触摸、轻触或者滑动屏幕的行为。[4] 最近的一项调查甚至发现有十分之一的人会在发生性行为的过程中查看手机。[5] 但对阿尔特来说，正如对我们大多数人来说一

---

[1] Mattha Busby, 'Social media copies gambling methods "to create psychological cravings"', *Guardian*, 8 May 2018; 也可参见 Natasha Dow Schüll, *Addiction by Design: Machine Gambling in Las Vegas*, Princeton University Press: Princeton, NJ, 2014。

[2] Abigail Zuger, 'A General in the Drug War', *New York Times*, 13 June 2011.

[3] Adam Alter, *Irresistible: The Rise of Addictive Technology and the Business of Keeping Us Hooked*, Penguin: New York, 2017.

[4] Joanna Stern, 'Cellphone Users Check Phones 150x/Day and Other Internet Fun Facts', ABC News, 29 May 2013.

[5] '1 in 10 of us check our smartphones during sex – seriously', *Daily Telegraph*, 13 May 2016.

样，这个诱饵如此不易察觉又如此引人入胜，以至于上钩的猎物甚至都没发现它的嘴其实正紧紧地挂在钩子上。

但并不是所有人都认可多巴胺这一共识。马克·刘易斯（Marc Lewis）是一名神经科学家，也曾对海洛因上瘾，他以感人的笔触描写了他自己是如何逃脱毒瘾的，这些记述为研究上瘾做出了极大贡献。在他的《欲望生物学》(*The Biology of Desire*)一书中，他认为上瘾不在于服用这种或那种药物，而是"积极重复"某种想法或行为。[1] 产生该想法或行为最初可能是因为想要爽一把，或受到想要逃避抑郁的鼓动。然而，一旦这样的想法或行为被重复的次数足够多，它就能获得属于自身的动机。

刘易斯表示，考虑到大脑的工作方式，这是有可能的。数十亿组织思维与情绪的神经细胞不断经历变化：细胞死去、新细胞诞生。一些神经元突触通过实践活动变得更高效，从而使突触间的联系更紧密，另一些则不然。通过重复某种想法或行为，我们让与之相关的突触和细胞繁荣生长，而未被使用的细胞要么死去，要么效力减弱。这样我们就改变了"大脑的线路布局"和需求的"神经系统路线"。一种行为被我们重复得越多，我们的大脑为进一步重复所得到的训练也就越多。于是，我们就创造了一条认知隧道（attention tunnel）[2]。正如刘易斯所说的，"燃在一起的就会连在一起。"

---

[1] Marc Lewis, *The Biology of Desire: Why Addiction is Not a Disease*, Scribe: London, 2015.

[2] 认知隧道指当我们过度关注眼前的事物时，就会失去对注意力的控制。这一方面表现为我们对被关注之物的体验相当强烈，另一方面体现为我们更难转移注意力，因此更容易忽视处于认知隧道之外的事物。——译者注

在另一层面上，即意义层面上，上瘾也可以被理解为一种受挫的爱。这种对某物出于热情的依恋，缓慢地占据一个人的头脑，并且范围逐渐扩大。这种依恋对其他爱好、抱负与梦想拥有一票否决权：当注意力是经济稀缺品时，它占据注意力；当生活中的目标只剩下与这一对象保持接触、紧随其后时，它就已经攫取了我们的独创性。这对让我们不停书写的推特机器来说是一件有利的事：在注意力经济中，与其说上瘾是灾难的根源，不如说它是一种生产方式。

任何能以这种方式截获我们注意力的东西一定都是被强烈幻想的对象。例如，在瘾君子文学的历史中，药物是神奇的、如童话般的存在，能无中生有，无视自然法则。至少，起初看上去的确如此。比如，托马斯·德·昆西（Thomas De Quincey）著名的《一名英格兰鸦片吸食者的自白》(*Confessions of an English Opium-Eater*)一书以其乌托邦式的主调而显得独树一帜。[1] 吸第一口时，他发现了"幸福的秘密"、"发自最深处的复苏"、一道"充满天赐之乐的深渊"、"内部世界的末日"、"被塞在品脱瓶里的……便携销魂丸"。他发现的是魔法豌豆、生金蛋的鹅、能纺出金子的亚麻：简而言之，一种情感上的丰盈。这笔奖赏只能与海洋般无垠的幸福相提并论，为了追求这种幸福，所有信仰的神秘主义者都在肉体与精神上承受了非同寻常的苛求。

然而，当高潮退去，幻象也越来越昏暗。天主教神秘主义者兼诗人，弗朗西斯·汤普森（Francis Thompson）吟诵的《罂粟花》(*The*

---

[1] Thomas De Quincey, *Confessions of an English Opium- Eater and Other Writings*, Oxford University Press: Oxford, 2013.

Poppy）是他"凋零的梦"的源泉，而他也似乎因为这种神奇之物成了一具不幸的躯壳：

> 昏睡的花朵在麦田里摇晃着它的脑袋，
> 装满沉重的梦，正如麦穗里装满了面包。
> ……
> 我将自己无欲无求的头颅挂在众人之中，
> 我的果实是梦想，正如他们的是面包
> ……
> 爱啊！我陷入了时间的魔爪：
> 而残存于这片叶子韵律之中的
> 是我在这世间所珍视的一切——
> 我凋零的梦，我凋零的梦。

他的头颅，也就是那些梦真正的根源，就像那朵花一样，因为鸦片萎靡不振，成了一颗"无欲无求"的茧。他将自己剩余的创造力归功于药力。瘾君子往往会沉迷于他们上瘾的对象。他们认为自己的力量来源于这一对象，并设想它拥有它其实根本没有的伟大力量。与此同时，他们自己却遭受着极度的主观贫乏：瘾君子上瘾的对象有多丰富，他就有多贫乏。

表面上看，推特机器也具有类似的神奇特质。技术从来都不只是技术，而是一个永远充满激烈情感依赖的世界。[1] 推特机器承诺为

---

[1] 精神分析学家谢利·特尔克（Sherry Turkle）在这一点上颇具洞察力。参见 *Alone Together: Why We Expect More From Technology and Less From Each Other*, Basic Books: New York, 2011。

我们提供不受限制、访问一切的权限，让我们能超越纯粹肉体的限制。这正是20年前通信公司MCI销售互联网的方式。人们能够进行"心与心"之间的交流，没有种族、性别、年龄、疾病的限制。广告扣人心弦地推荐称："这里只存在心灵。乌托邦？不……互联网。思想、心门与生活敞开之地。"[1] 这是数字克林顿主义，一种单薄的自由乌托邦主义。站在神奇鸦片虚弱的阴影里，互联网承诺的是生存的富饶、青春永驻的不朽，以及超越身体本身、变化多端的可塑性。这种富饶的名字叫作联系性能（connectivity），一种真正神奇的物质。

社交平台集中表达了这一理念，将其变为一种商业模式、一种存在的理由。脸书的首个视频广告提醒我们宇宙的"浩瀚无垠与隐秘，让我们疑惑，我们是否是唯一的存在"[2]。广告接着说，我们创建联系来"提醒自己，我们并不孤单"。联系是"一个伟大民族"的根基所在，"只有建立联系，人们才能为自己创造栖身之所"。言外之意就是，通过联系的力量，社交平台将成为民族的构建者。"推特革命"刚开始时，同一种神奇之物也被指望能够力压旧政权、促成民主剧变。

然而，就像赛博朋克作家布鲁斯·斯特林（Bruce Sterling）指出的，联系不一定就代表了富饶与充裕。[3] 某种意义上，最珍视联系的是穷人。这并不是老生常谈意义上的"穷人喜欢他们的手机"：没有

---

[1] 这段被称为"国歌"的广告被广泛引用。详细分析请参见 Lisa Nakamura, '"Where Do You Want To Go Today?": Cybernetic tourism, the Internet, and transnationality,' in Nicolas Mirzoeff, *The Visual Culture Reader*, Routledge: London and New York, 2002。

[2] 很遗憾这段广告现在已经找不到了。其细节描述请参见 Tim Nudd, 'Ad of the Day: Facebook', *Adweek*, 4 October 2012。

[3] 布鲁斯·斯特林摘自 Virginia Heffernan, *Magic and Loss: The Internet as Art*, Simon & Schuster: New York, 2017, p. 25。

强势群体会拒绝智能手机与社交媒体提供的机遇，只不过他们使用这种机器的方式不同。但任何如此高度重视联系的文化，其社交生活一定是匮乏的，就像痴迷于幸福的文化事实上却因抑郁痛苦至极。上瘾率猛增的背景，正是被布鲁斯·亚历山大（Bruce Alexander）称为晚期资本主义中永远存在的"心理社会错位"（psychosocial dislocation）的状态，即生活被市场法则与竞争占领的状态。[1] 就好像是，社会关系在被资本主义的混乱颠覆之后，被上瘾的关系取代了。

在社交工业成瘾的典型场景中，这种社交贫困的本质能被看得一清二楚。我们经常利用智能手机来远离社交环境，但我们并没有真的离开。这就好比我们既孤独又为亲密关系所威胁。我们一边发展出模拟对话意识的方式，一边却只盯着手机——这种技巧就是众所周知的"低头刷手机"（phubbing）。用克里斯托弗·波拉斯（Christopher Bollas）的话来说，我们体验着这种怪异又超脱的"统一无距离感"（uniform distancelessness）。[2] 我们变成了网络里的节点，与"智能"设备并无二致，只不过是为了信息碎片而存在的接力点：平板电脑、手机与我们，说不清谁是谁的延伸。当人类关系让我们失望时，我们宁愿选择机器。[3]

---

[1] Bruce Alexander, *The Globalization of Addiction: A Study in Poverty of the Spirit*, Oxford University Press: Oxford, 2011.

[2] Christopher Bollas, *Meaning and Melancholia: Life in the Age of Bewilderment*, Routledge: London and New York, 2018, p. 49.

[3] 谢利·特尔克的研究发现，愿意选择机器人作为恋人或性伴侣的人数多得惊人，原因在于，机器人没有只会在人类伴侣身上出现的怪癖。*Alone Together: Why We Expect More From Technology and Less From Each Other*, Basic Books: New York, 2011.

IV

过去的二十年间，在富裕国家内——主要在欧洲与北美——发生了若干互不相关的社会变化。首先，在几乎所有这些社会中都能发现，包括性暴力在内的所有形式的暴力急剧减少。[1] 几乎与此同时，这些社会内的酒精与尼古丁消费也在下降，考虑到这些消费长期以来都是社会消费的一部分，这一下降几乎可以说是崩盘。[2] 最后，年轻人的性行为也大幅减少，虽说这免不了性行为被嘲笑为好色所带来的影响，但与前人相比，年轻人在性方面的自由度毕竟更高，因此他们在这种情况下却更加回避性本身才让人觉得奇怪。

这些趋势的一个共同点在于，它们都显示出社交方面的衰退。其他数据也证实了这一点。通过对美国后千禧年一代（post-Millenials）所做的研究，心理学家简·特温吉（Jean Twenge）发现，这一代人外出、

---

1 有关这些证据的概况，参见 A. Tseloni, J. Mailley, G. Farrell, & N. Tilley, 'Exploring the international decline in crime rates', *European Journal of Criminology*, 7(5), 2010, pp. 375–394; 以及 Jan van Dijk, A. Tseloni and G. Farrell, *The International Crime Drop: New Directions in Research*, Palgrave Macmillan, 2012。尽管人们试图将犯罪率下降与财产安全的改善或治安手段的改变联系在一起，但这种解释无法说明犯罪率下降的趋势如何能如此普遍与持久。我认为这一现象说明我们的社会状态已达到某种更深的层次。

2 例如，参见 'Under-25s turning their backs on alcohol, study suggests', BBC News, 10 October 2018; Linda Ng Fat, Nicola Shelton and Noriko Cable, 'Investigating the growing trend of non-drinking among young people; analysis of repeated cross- sectional surveys in England 2005–2015', *BMC Public Health*, 18 (1), 2018; Sara Miller Llana, 'Culture shift: What's behind a decline in drinking worldwide', *Christian Science Monitor*, 3 October 2018; Denis Campbell, 'Number of smokers in England drops to all-time low', *Guardian*, 20 September 2016; 'Adult smoking habits in the UK: 2017', Office for National Statistics, 3 July 2018; 'Why young people are now less likely to smoke', BBC News, 7 March 2017; Frank Newport, 'Young People Adopt Vaping as Their Smoking Rate Plummets', Gallup, 26 July 2018。

约会或者发生性行为的可能性要远低于他们的先辈。[1]她指出，这一趋势与智能手机自2011至2012年以来的普及息息相关。烟酒，就像我们熟知的咖啡一样，一直被用作社会交往的道具。精神分析学家达里安·里德（Darian Leader）认为，我们刚一抛弃香烟就拿起了手机不是意外——就好像要是没有什么媒介，我们就不知道该怎样面对彼此一样。[2]不过，智能手机并非社会交往的道具，而是一条出逃路线，我们用它来联系根本不在场的人；或者，手机只作为书写的痕迹存在，就像是机器里的幽灵一般。

当网上的垃圾变得过多时，有关充实的幻觉可能让我们将自身的社交贫困误体验为丰富，就像空想文学中，互联网与社交工业被幻想为"后稀缺"（post-scarcity）[3]的社会状态。当爱慕之情与因浪漫而产生的兴奋之情都能像"免费货"一样，通过"赞"和"匹配"这样的物化形式被累积，这种错误的体验就如同许多幻觉一样，也能在现实中找到一些根据。[4]然而，就像许多童话故事那样，这是穷人的幻想、穷人用来实现愿望的方式。社交媒体并不是社交贫困的原因，就像毒品不是社会贫困的原因一样。它们只是比烟酒更精致

---

[1] Jean Twenge, *iGen – Why Today's Super-Connected Kids Are Growing Up Less Rebellious, More Tolerant, Less Happy – And Completely Unprepared For Adulthood*, Atria Books: New York, 2017.

[2] Darian Leader, *Hands: What We Do With Them – And Why*, Penguin Random House: London, 2016, Kindle Loc. 686.

[3] "后稀缺"或"后匮乏"，是指资源、商品、服务等大量存在的社会状态，既不再存在任何匮乏或稀缺，货币也将不复存在。——译者注

[4] 这种时髦理论的其中一个版本，参见 Jeremy Rifkin, 'The Rise of Anti-Capitalism', *New York Times*, 15 March 2014。

复杂的解药。

不过，推特机器是一个技术政治体制，以其独有的方式吸收任何试图挑战这种痛苦状态的新生欲望。文学批评家雷蒙德·威廉斯（Raymond Williams）曾写到，某些技术促进了"移动私有化"（mobile privatization）。[1] 尽管电气化与铁路建设是公共事务，但汽车与个人音响却同时既是移动的，又将这些公共事务与自给自足的个人或家庭联系在一起。硅谷对这一逻辑的使用则更进一步，它将私有化扩展至大部分公共领域，并要求我们以个人为单位参与其中。与此同时，它取代了之前自我疗愈的形式。当医药巨头们以药物为"噱头"给社会焦虑开出的药方不再奏效之时，科技巨头们宣称"他们的应用程序可以解决这些问题"。精神分析学家克莱特·索莱尔（Colette Soler）写道，"倾听技术史无前例的发展，并没能真正帮到处于焦虑中的孤独之人，而是将他们作为目标受众。"[2] 推特机器就是一种用来倾听孤独之声的超大型技术——向政治家喊话、谴责名人、咒骂某位首席执行官——可能性应有尽有。

与其将上瘾简化为某种化学体验，我们不如先来思考一下上瘾可能解决了什么问题。马库斯·吉尔罗伊-维尔在将社交媒体比作一个我们每次看进去都能有新发现的冰箱时，勾勒了一幅有趣的画面。那里面或许有一管已经空了一半的浓缩番茄膏、一盒过期的酸奶，

---

[1] Raymond Williams, *Television: Technology and Cultural Form*, Routledge: London and New York, 2003, pp. 19–21.

[2] Colette Soler, *Lacan: The Unconscious Revisited*, Karnac Books: London, 2014, Kindle Loc. 3239.

或是昨晚的剩饭。[1]虽然我们其实并不饿，但我们至少还明白饥饿是怎么一回事儿，可我们不一定明白最开始支配我们走向冰箱的那种莫名的不满到底是什么。我们当然可以将这种含混的欲望当作饥饿感，在吃饱喝足后就会消失。但我们吃的到底是什么？

V

对社交工业巨头来说——其实是对众多行业来说——上瘾为什么会成为如此有用的经济模型？它又是如何与这台机器的信息政治相互协作的？这对机器与用户间的关系又意味着什么？这些问题的答案从20世纪中期行为主义对自由意志的反抗中就可见一斑。这是一场带有不同寻常的乌托邦意味的反抗。

其中的矛盾之处在于，既然以自由意志观念为核心的自由主义市场是我们所处的体系，那么我们理应能够在规则之内决定我们想要什么——英国哲学家托马斯·霍布斯（Thomas Hobbes）将这种规则意味深长地比作"游戏法则"[2]。或许我们决定不了规则，但我们能决定什么时候下注、什么时候掏钱。表面上看，这的确就是我们在社交平台上的所作所为。没人逼我们参与，也没人吩咐我们要发什么、"赞"什么或者点什么。可是，我们与机器的互动是被规划好的。

---

[1] Marcus Gilroy-Ware, *Filling the Void: Emotion, Capitalism and Social Media*, Repeater Books: London, 2017, Kindle Loc. 610.

[2] Thomas Hobbes, *Leviathan*, Oxford University Press: Oxford and New York, 1998, p. 230.

社交媒体的批评者，如杰朗·雷尼尔，认为用户体验被设计得与行为主义的先驱 B. F. 斯金纳发明的"斯金纳箱"，或者叫"操作性条件反射箱"（operant conditioning chamber）十分相像。在这个箱子里，实验鼠的行为被灯光、噪音和食物这样的刺激因素所左右。每一种刺激因素都有"强化"（reinforcement）效果，其中正强化通过奖励某些行为，负强化则通过惩罚其他行为来实现。在斯金纳箱中，实验对象通过训练学会如何表现。假如这种模式被应用在手机程序、游戏和社交工业中，那么这或许显示出近几十年来，行为主义者的理念已经通过商人与政策制定者获得了令人意想不到的新生。

斯金纳不仅是一名能与巴甫洛夫（Pavlov）、桑代克（Thorndike）和华生（Watson）等人相提并论的行为学家，还是一名激进的社会改革家。[1] 对他而言，放弃自由意志的神话，通过刺激因素认真塑造行为，从而将社会当作一个精心设计的实验室来重新进行规划，是一种乌托邦式的诉求。这一点让他在同时期的政策制定者与学者中显得独树一帜，因为对后者来说，行为科学应当起到稳固社会秩序、帮助美国在冷战中击败苏联的作用。哈佛的行为学家与美国军队关系密切，而斯金纳本人也在"二战"期间与军方有过合作。[2] 在他的

---

[1] Daniel W. Bjork, 'B. F. Skinner and the American Tradition: The Scientist as Social Inventor', in Daniel W. Bjork, Laurence D. Smith and William R. Woodward, eds., *B. F. Skinner and Behaviorism in American Culture*, Lehigh University Press: London, 1996; Daniel N. Wiener, *B. F. Skinner: Benign Anarchist*, Allyn & Bacon: Boston, MA, 1996.

[2] Kaya Tolon, 'Future Studies: A New Social Science Rooted in Cold War Strategic Thinking', in Mark Solovey and Hamilton Cravens, *Cold War Social Science: Knowledge Production, Liberal Democracy, and Human Nature*, Palgrave Macmillan: New York, 2012; Robert L. Solso, *Mind and Brain Sciences in the 21st Century*, MIT Press: Cambridge, MA, 1999.

主要实验之一"鹈鹕计划"(Project Pelican)中,斯金纳试图用他的"操作性条件反射"理论训练鸽子驾驶飞机,以及发射极其危险的导弹,以避免飞行员受伤。该项目出人意料的成功,但从未得到实施。[1] 不过,冷战期间,斯金纳对当时十分普遍的反共情绪持怀疑态度,因为反对测试核武器,他还遭到了美国政府的猜疑。与改造苏联社会相比,他更感兴趣的是改造美国社会。

为了改造美国社会,斯金纳必须打破在他看来危害极大的"自由"与"意志"神话。他称这些概念根本就是一派胡言:因为它们描述的并非可观察的现实。其他用来解释精神状态的术语也被他认为是谬论。在《科学与人类行为》(*Science and Human Behavior*)一书中,斯金纳坚称情感只是行为的"虚构原因",也是一种对行为不科学的描述。[2] 所有这些状态都能被重新描述为,被好因素或坏因素刺激产生的行为,即"正强化"或"负强化"。例如,沮丧可以被理解为实验对象因未获得习惯的强化因素而产生的行为。孤独则是一种特殊形式的沮丧。斯金纳并不是不相信存在精神状态,而是与大多数行为主义者一样,他认为精神状态不可知。只要他有途径能够近距离观察行为,他就没有必要对精神状态做出任何推断。[3]

---

[1] 有关"鹈鹕计划",又称"战鸽计划"(Project Pigeon),参见 C.V. Glines, 'Top Secret WWII Bat and Bird Bomber Program', *Aviation History*, May 2005; James H. Capshew, 'Engineering Behaviour: Project Pigeon, World War II, and the Conditioning of B. F. Skinner', in Laurence D. Smith and William R. Woodward, eds., *B. F. Skinner and Behaviorism in American Culture*, Lehigh University Press: London, 1996。

[2] B. F. Skinner, *Science and Human Behavior*, The Free Press: New York, 2012.

[3] 问题就出在这里。正如威廉·戴维斯(William Davies)指出的,这种不可知论只有在"不可知论者私下拥有大规模监控能力"的情况下才能自圆其说。William Davies, *The Happiness Industry*, Verso: London and New York, 2015, p. 254.

2 . 我们都是瘾君子

这种方法中潜在的乌托邦观念认为，不必要的伤害能通过规划人类行为来避免。斯金纳在他的畅销科幻乌托邦小说《瓦尔登湖第二》(*Walden Two*)中首次勾勒了这一观点。[1] 不仅该书的标题呼应了亨利·戴维·梭罗（Henry David Thoreau）的浪子哲学，[2] 斯金纳还在书中表达了些许对19世纪无政府主义的兴趣。但书中的乌托邦社群更像是弗朗西斯·培根（Francis Bacon）《新亚特兰蒂斯》(*New Atlantis*)一书中的"本色列"国（Bensalem），一个被致力于启蒙的科学种姓制度统治的新世界殖民地。相比之下，直接统治瓦尔登湖第二的并不是科学家，而是行为工程学：一种通过操控环境来生产良好公民的算法。此算法可被持续更新，以囊括最新的科学研究，它还将摆脱与"自由意志"学说相关的道德主义和胁迫。既然选择由强化因素决定，那么不好的行为所反映出来的就是系统的故障。为了保证工人有更多的时间进行创造，惩罚不复存在，性爱的限制减少，工作量也大幅下降。

斯金纳反复尝试研发能够实现其想法的技术。例如，他在战后开发了一台旨在消除课堂上错误的教学机器，并将其推向市场。此台机器能很快提出问题，或者提供需要填空的句子。学生们在条形纸上标出答案以供机器辨认与评估。这是行为主义科技的完美体现，因为它将用户当作学习机器来对待。为了保证用户的注意力，它还改变了刺激因素的节奏与模式，这与脸书为了吸引用户所使用的算

---

[1] B. F. Skinner, *Walden Two*, Hackett Publishing Company Inc.: Indianapolis, IN, 2005.

[2] 梭罗的《瓦尔登湖》记述了他在瓦尔登湖畔生活期间复杂的心路历程，这本书被认为是超验主义的经典作品。——译者注

法大同小异，脸书通过改变用户接收的来源内容有效地"教导"用户应该如何在这台机器上表现。在斯金纳看来，机器能消除人类教师的任意性与效率低下，它还能通过教导学生做出正确选择来改变他们的行为。

这样做的一个问题显然是，许多东西虽然能被教授，但无法很快得到验证。有关历史日期、数学公式和首都城市这样的知识可被验证，但诸如批判分析这种更复杂的事根本就不在机器的知识范围内。如果不存在正确答案，学生就必须学会如何犯错。他们必须忍痛割爱，放弃认为自己无所不知的错觉。[1] 另一个问题在于，我们不是学习机器。那么一台教学机器对我们不学无术的那部分又能有什么办法？要如何教导我们改变自身不听劝、对不切实际的幻想和愚蠢的热情乐此不疲、不顾现实、无视一切警告只沉迷于自我毁灭的那部分？行为主义要么对这一日常情况毫不上心，要么将其当作研究过程中的不便来对待。然而，或许正是这块非理性的核心，人类身上的这种奇怪现象，才让我们获得了最初的学习欲望。

不过，教学机器最严重的问题还是政治问题。《瓦尔登湖第二》中的社群由弗雷泽（Frazier），一位仁慈的暴君监管。在维护其技术时，弗雷泽辩解称，除了他的方法，就只剩下通过像纳粹那样的邪恶活动来管理社群成员。这种比较只能说明弗雷泽实施的是专制统治。我们并不能通过科学研究知道什么是好的、人应该如何生活，

---

[1] 这方面的讨论，参见 Marshall Wise Alcorn Jr., *Resistance to Learning: Overcoming the Desire Not to Know in Classroom Teaching*, Palgrave Macmillan, 2013; K Daniel Cho, *Psychopedagogy: Freud, Lacan, and the Psychoanalytic Theory of Education*, Palgrave Macmillan, 2009; Stephen Appel, ed., *Psychoanalysis and Pedagogy*, Bergin & Garvey: Westport, CT, 1999。

这只是幻想。在这个幻想之中，意义被技术取代，社会生活中的所有异见、分歧和令人不快统统被替换为平稳的表象与进程。（晚期资本主义美学，尤其是智能手机与应用程序的美学，对平稳与流畅所表现出的痴迷或许并非巧合。[1]）这需要对整个人口持续不断地进行无孔不入的监控，并把他们当作实验对象来操纵。然而，幸福生活的秘诀并不能为我们所知，因为它对每个人来说都不一样。因此，在科学与技术规则的背后，势必隐藏着制定这些决策的暴政。现实世界中试图效仿瓦尔登湖第二的一小批社群取得了不同程度的成功，但其中一个主要弱点在于，社群领导者往往认同书中弗雷泽仁慈的专制统治。[2]

激进的行为主义制造出拙劣的乌托邦与有害的理论。1970年代初，在心理学领域内，行为主义被更热衷于研究精神状态的认知方法赶超。尽管如此，有害的理论有时却能开发出有用的技术。例如，教学机器或许无法知道有关人类欲望的一切，但只要有足够的数据，一台高度精密的机器就能学会如何操纵人类。通过了解常见的行为模式，机器能够学会如何"教导"理智、如何以独特的方式训练大脑的注意力。诚然，行为主义的观点得到了追捧。在心理学领域失守后，当时正积极进行还原论转向的行为主义观点在神经科学内慢

---

[1] Byung-Chul Han, *Saving Beauty*, Polity Press: Cambridge, 2018.

[2] Richard Feallock and L. Keith Miller, 'The Design and Evaluation of a Worksharing System for Experimental Group Living', *Journal of Applied Behavior Analysis*, Vol. 9, No. 3, 1976, pp. 277–288; Kathleen Kinkade, *A Walden Two Experiment: The first five years of Twin Oaks Community*, William Morrow, 1973; Hilke Kuhlmann, *Living Walden Two: B. F. Skinner's Behaviorist Utopia and Experimental Communities*, University of Illinois Press: Champaign, IL, 2010.

慢传播开来。到了1990年代初，脑科学家已经开始相信精神状态能通过大脑的物理结构得到解释，而大脑的这一结构又能通过遗传学与环境得到说明。相较于苦苦思索理智、意义与动机的复杂性，将大脑当作一个有机体来研究就足够了。这一看法不仅与行为主义有关条件反射的观点一致，甚至可以说，该看法本身就是在行为主义的强烈影响下生成的产物。[1] 而且这种看法对医药巨头们极其有利，比如，如果说像抑郁或焦虑这样的精神状态能被理解为化学状态，那么这就意味着，这些精神状态能被"快乐"药丸医治。

行为主义同样激发了行为经济学，这门学科的巨大影响力不仅触及政府核心，还扩展至诸如娱乐、赌博和科技这样的高利润行业。作为一名商人与行为经济学家，尼尔·艾尤尔（Nir Eyal）认为，成功的行业正是利用这些科技来让顾客上瘾：他将其称作商业的"沉迷模式"（Hook Model）。[2] 这种模式利用"奖励"在顾客的头脑中植

---

[1] Henry L. Roediger, 'What Happened to Behaviorism', Association for Psychological Science, 1 March 2004; Richard F. Thompson, 'Behaviorism and Neuroscience', *Psychological Review*, Vol. 101, No. 2, April 1994, pp. 259–65. 行为科学对神经科学以及心理学的影响之大绝不是言过其实。尤其是神经科学，在1990年代取得巨大进展后，其威望有目共睹。在学科综合方面还有一些有趣的新尝试，如尝试结合神经科学与精神分析。参见 Eric R. Kandel, *Psychiatry, Psychoanalysis, and the New Biology of Mind*, American Psychiatric Publishing, Inc.: Arlington, VA, 2005。然而普及度更高的，实则是一种具有误导性且意识形态十足的还原论，它让社会成见获得了表面上的科学合理性。参见 Cordelia Fine, *Delusions of Gender: The Real Science Behind Sex Differences*, Icon Books, London: 2005。另外，当权者的策略还容易得到这种还原论的理论支持，这是因为通过将人类行为简化为大脑行为，还原论让人类行为变得非常容易被控制。参见 Suparna Choudhury and Jan Slaby, eds., *Critical Neuroscience: A Handbook of the Social and Cultural Contexts of Neuroscience*, Wiley-Blackwell, Oxford: 2016; 以及 Nikolas Rose, *Neuro: The New Brain Sciences and the Management of the Mind*, Princeton University Press: Princeton, NJ, 2013。

[2] Nir Eyal, *Hooked: How to Build Habit-Forming Products*, Penguin: New York, 2004.

入一种"内在触发因素"。比如,如果因孤单、无聊或沮丧而产生的轻微痛苦能让我们不假思索地拿起手机,那么这就是一种内在触发因素:我们上钩了。不同寻常的是,艾尤尔的理论基础采用了一种激进的观点,即"'自我'并不存在。你只是一系列你过去的经历与习惯"[1]。对一家企业来说,持续盈利的最优方案就是在定义那些经历与习惯的队列中打头阵。

斯金纳的乌托邦就紧随在推特机器之后。尽管如所有企业一样,社交工业巨头们声称他们只是提供了人们想要的东西,可他们的技术却假设我们根本不知道我们想要什么。但就算他们觉得我们知道自己想要什么,他们也没有任何理由提供给我们这些东西。机器不是民主体制,它甚至连市场都不算;而我们则既非顾客也非选民。用杰朗·雷尼尔的话说,我们是数字"农奴";用布鲁斯·斯特林的话说,我们是"封建领土上的牲畜"。[2] 对民主化的奢求,让我们被这样的承诺引诱进我们所安身的这个实验室,这个现实生活的操作性条件反射箱。在互联网初期,我们被许诺可以"有事就问杰夫斯"[3],而现在,我们有各种"工具"和"虚拟助手"可供挑选。在此基础上,我们中数以百万计的人都步入了一张监控网,在这里,我们是

---

[1] Laura Entis, 'How the "Hook Model" Can Turn Customers Into Addicts', *Fortune*, 11 June 2017.

[2] Jaron Lanier, *You Are Not A Gadget: A Manifesto*, Alfred A. Knopf: New York, 2010, p. 117; Bruce Sterling, *The Epic Struggle of the Internet of Things*, Strelka Press: Moscow, 2014, Kindle Loc. 32.

[3] "Ask Jeeves"是1990年代成立于加利福尼亚的搜索引擎ask.com的别名,该搜索引擎最初包含一个名为杰夫斯(Jeeves)的虚拟人物,负责回答用户提出的问题。——译者注

提供无休无偿劳动的奴隶。我们甚至还会收到被巧妙分配的"微任务"（microtasks），却浑然不自知。为了登录自己的邮箱，我们需要输入某些字母或数字来"证明我们是人类"，而每次填写这样的验证码时，我们都有可能是在帮某家公司对档案进行数字化。[1] 在这个新兴世界中，"参与"和"反馈"的幌子被用来从顾客身上榨取免费劳动力。

肖莎娜·祖博夫认为，从自由的角度来看，这种新的"监控资本主义"比全景监狱还要糟糕。[2] 全景监狱意在教我们与主流规范保持一致，但这种权力至少还承认我们有可能不随大流。相比之下，监控资本主义中的观察与操控机制根本就不包含心理自决的设计假设。一致性与机械融为一体，成为刺激－反应秩序和因果关系的一部分。

斯金纳的技术与后冷战科学世界观结合在一起，企业与政府利用不易察觉的社会微工程学来武装自己，再加上几十年的科学研究与现如今的大数据扶持——社交工业中的教学机器已然成为一台上瘾机器。而且现在看来，操作性条件反射箱最适合的地方不是教室，而是赌场。

---

[1] Moshe Z. Marvit, 'How Crowdworkers Became the Ghosts in the Digital Machine', *The Nation*, 5 February 2014.

[2] Shoshana Zuboff, 'Big Other: surveillance capitalism and the prospects of an information civilisation', *Journal of Information Technology*, 2015, No. 30, pp. 75–89; Shoshana Zuboff, *The Age of Surveillance Capitalism: The Fight for a Human Future at the New Frontier of Power,* Profile Books, 2019.

VI

> 要是有人能将每年浪费……在欧洲赌桌上……所有能量与热情都储存起来会怎样?
>
> ——路德维希·伯恩（Ludwig Börne）[1]

赌徒与社交媒体瘾君子间的类比很难避免。谷歌的前设计伦理学家崔斯坦·哈里斯（Tristan Harris），将智能手机称作"口袋里的老虎机"[2]。大部分手机应用程序使用"间歇性变量奖励"让用户保持上瘾状态。奖励因为不断变化而充满不确定性：你得拉动操作手柄才能看到你会得到什么。亚当·阿尔特补充说，"点赞"功能的发明则让用户每次发帖都变成了赌博。根据其对赌博机的研究，娜塔莎·舒尔也对这点表示赞同。[3]

今天的赌场不再是老派黑帮大佬们组织的阳刚骰局和牌局。轮盘桌上的赌徒们能强词夺理地狡辩称，他们乐于冒险是因为这代表了与同行竞争的荣誉。然而，最近几十年间，最受青睐的赌博形式已经从赌桌转移到老虎机。而构造复杂的数字老虎机早已不再是曾

---

[1] 摘自 Walter Benjamin, *The Arcades Project*, Harvard University Press: Cambridge, MA: 1999, p. 514.

[2] Tristan Harris, 'The Slot Machine in Your Pocket', *Der Spiegel*, 27 July 2016.

[3] "用户每次分享照片、链接或更新状态时，都是在赌博。" Adam Alter, *Irresistible: The Rise of Addictive Technology and the Business of Keeping Us Hooked*, Penguin: New York, 2017, p. 118; 舒尔（Schüll）摘自 Mattha Busby, 'Social media copies gambling methods "to create psychological cravings"', *Guardian*, 8 May 2018。

经那个吃硬币的单柄强盗[1]了。如今，赌徒们再也不能在摊牌时体会自己的男子气概，在他们面前的只是一个用来显示概率与回报排列组合的互动界面，该界面利用类似于电玩的用户体验设计技术来诱发愉悦感。为了让玩家一直赌下去，赌博机具备一系列让玩家觉得自己在频繁赢钱的装置。但这些往往都是"被赢钱掩盖的损失"，因为赢来的钱总比花出去的少。但赢钱甚至不是赌博的目的。舒尔发现，当我们赌博时，我们的目的是要保持联系。[2]正如一名赌博成瘾的人所解释的那样，她赌博并不是为了赢，而是为了"待在赌博机周围，这样就不用操心其他事"。赌博业意识到了人们想逃离社会现实的这种欲望。因此，这种欲望被称为"时间滞留装置"（time on device），而赌博机的所有一切都被设计用来培养这种欲望。

"时间滞留装置"准确地指出了上瘾的关键特征。赌场一直以来都不允许日光透进来，也禁止摆放任何能传递时间感的物件：没有窗户、没有钟表、定点餐食被不间断供应的点心和饮料取代。今天，有些对赌博机上瘾的赌徒甚至宁愿尿在一个纸杯里也不愿离开机器寸步。[3]酒吧和鸦片馆也曾有遮蔽日光的历史，这样就能让顾客不受时间的打扰，轻松地自我享受。时间中断感是众多上瘾类型所共有

---

[1] 早期的老虎机（slot machine）需要玩家投币使用，别名"one-armed bandit"，直译为"独臂强盗"。这个别名一方面源于当时的机器一侧装有供玩家操纵的手柄，另一方面是因为老虎机能让玩家在短时间内输光所有钱。——译者注

[2] Natasha Dow Schüll, *Addiction by Design: Machine Gambling in Las Vegas*, Princeton University Press: Princeton, NJ, 2014, pp. 18–32.

[3] Natasha Dow Schüll, *Addiction by Design: Machine Gambling in Las Vegas*, Princeton University Press: Princeton, NJ, 2014, p. 33.

的特征。一名前赌徒这样说道："我唯一记得的就是在一种催眠状态中生活了四年。"[1] 舒尔将这种状态称为"机器区"（machine zone），即日常现实"在机械节奏的重复过程中被中止"[2]。对许多赌博成瘾的人来说，面对时间的正常流逝只会让人感到难以承受的压抑。马克·刘易斯也提起过，他曾经就连刚吸完毒后，都无法面对"没有跌宕起伏的一天"[3]。

同为完全被设计成操作性条件反射箱的推特机器，却不需要任何赌场或鸦片馆使用的权宜之计。因为推特机器上的用户为了进入一个与众不同、不受时间影响的时区，早已中断了工作、无聊的午餐、令人焦虑的社交场合以及糟糕的性生活。我们在推特机器上的所作所为，与我们登录平台时发现我们在逃避的事息息相关——毕竟，这些事往往一点儿也不令人兴奋。而没有必要遮挡窗户是因为屏幕发出的光已经盖过了日光。

推特机器处理时间的方式也有所不同。对赌徒来说，唯一重要的时间节奏是一连串与命运的邂逅，也就是手气不错时接二连三的赢钱。[4] 对药物上瘾的人来说，不论是鸦片带来的"稳定"效果还是

---

[1] 摘自 Jim Orford, *An Unsafe Bet?: The Dangerous Rise of Gambling and the Debate We Should Be Having*, Wiley-Blackwell: London, 2010, p. 58.

[2] Natasha Dow Schüll, *Addiction by Design: Machine Gambling in Las Vegas*, Princeton University Press: Princeton, NJ, 2014, p. 34.

[3] Marc Lewis, *Memoirs of An Addicted Brain: A Neuroscientist Examines His Former Life on Drugs*, Public Affairs: New York, 2011, p. 295.

[4] "这种沉醉取决于游戏本身的特殊能力是否足以在快速连续的现实中，通过激怒沉着冷静的头脑，让赌徒在每一次赌博时，都能表现出完全不同的反应。赌徒们尽可能在最后一刻下注的倾向体现了这一点，也就是当剩余的时间只够他们做出单纯反射性动作之时。" Walter Benjamin, *The Arcades Project*, Harvard University Press: Cambridge, MA, 1999, pp. 512–513.

酒精带来的逐步增长、加强，直至最后失去知觉，重要的是高潮的节奏。另一方面，社交平台用户的体验则被规划成一种类似催眠的律动。用户被拖入实时的信息流中，并被告诫要不断保持领先优势。因此，推特强调的不是发帖的时间与日期，而是帖子的存在时间，这就是推特平台上的货币：4分钟前，或12小时前，诸如此类。

这种类催眠状态，根据数字化理论家大卫·贝里（David Berry）的说法，与早期股市中被称为"收报机催眠"（ticker trance）的状态惊人的相似。[1] 金融投机者在全神贯注地观看股市行情纸带[2]传递出的信号时，会对实时信息流中的每一个细微变化保持警惕。这就是说社交平台上的时间戳，就像股市行情纸带上的编码信息一样，都是关于游戏状态的信息，这些信息让用户能根据情况下注。

如果说社交工业平台与赌场如出一辙，那么赌博在新自由主义时代中现存的延伸就是这类平台的基础。尽管战后对赌博业的管理采取了专制作风，但过去40年间法律体系却逐步变得宽松。[3] 英国的这一改变始于罗斯柴尔德勋爵成立的皇家博彩委员会，并在2001年博彩评估机构对赌博提出基本上全面自由化建议时达到巅峰。今天，大多数英国人都会以不同形式参与赌博，最常见的就是国家彩票。美国与加拿大也经历了类似的转变，而欧盟委员会也曾施压像意大利、奥地利和法国这样坚决不妥协的国家，要求其解除对博彩业的

---

[1] David Berry, *Critical Theory and the Digital,* Bloomsbury: New York, 2014, p. 80.

[2] 早期股市用类似于电报机的机器将股价、成交量等信息打印在纸带（ticker tape）上。——译者注

[3] Jim Orford, *An Unsafe Bet?: The Dangerous Rise of Gambling and the Debate We Should Be Having*, Wiley-Blackwell: London, 2010, pp. 3–44.

官方限制。

所有这一切都与金融自由化同时发生,其中资本活力越来越依赖押注与股市的衍生品押注。而金融化与科技之间存在一种逻辑趋同。金融领域是资本主义中电脑化程度最高的领域,交易软件的使用导致大量精力被用于"系统游戏化"——2010 年 5 月,一位交易员用算法反复对股市进行了约 1.9 万次"恶搞"押注后,短暂地造成了万亿美元的损失。

在文化上,将生命看作彩票,认为只有少数内行人才明白其中奥秘的观点,不仅作为一种民间社会理论广为流传,更是常被用来解释人们的不幸。这种将赌博与命运以及神的审判相关联的看法,可以追溯到对赌博最早的表述方式。正如已故文学家贝蒂娜·克纳普(Bettina Knapp)的解释,将赌博比作一种占卜手段、一种用来了解上帝想让我们干什么的方式,在神道教、印度教、基督教和《易经》中都有迹可循。[1]《圣经》中多处提到用抽签来辨别神的旨意。同样,当我们发推、更新状态或发图时,我们也几乎不能控制被我们发布的内容将在怎样的语境下被阅读与理解。这,就是一场赌博。

老套的观点认为,社交工业平台对"社会认可"的管理十分精确。但这就好比认为,赌博就是为了回报。每一篇发出去的帖,就相当于为了窥探当代神意而抽出的签。我们发帖其实是为了询问意见,可当我们告诉机器有关我们自己的事时,不论我们试图达到的目的是什么,我们征求的都是评判。而每个下注的人都认为自己会输。

---

[1] Bettina L. Knapp, *Gambling, Game and Psyche*, SUNY Press: Abany, NY, 2000。詹姆斯·乔治·弗雷泽(James George Frazer)也在其经典著作中提到了将赌博当作一种测神意或占卜的类似做法,参见 *The Golden Bough*, Heritage Illustrated Publishing: New York, 2014。

VII

输钱输到倾家荡产对嗜赌成性的人来说是家常便饭。但奇怪的是，这种自毁特征却被流行的"多巴胺"上瘾模式排除在外。在多巴胺理论中，行为主义与神经科学的研究成果被结合在一起，提出了上瘾是由正强化因素造成的行为结果：比如，多巴胺与肾上腺素的猛增导致行为被重复。而戒瘾过程中令人难以承受的戒断症状则进一步从负面强化了行为重复。[1]

的确，上瘾具备明显的生理影响。一项有关"网瘾"的调查发现，网瘾的戒断症状与戒毒过程中的反应十分相似：心跳加速、血压上升和焦虑感增加。[2] 不过，多巴胺的作用并不完全如人们想象的那样。据神经科学家罗伯特·萨波尔斯基（Robert Sapolsky）的解释，最新的研究发现，与多巴胺相关联的并不是愉悦之感，而是欲望和期待。[3] 多巴胺让我们渴望拥有某些东西，但无法让我们获得兴奋。用人类学家海伦·费舍尔（Helen Fischer）的话来说，多巴胺顺着"欲望的

---

[1] 想要了解这种十分普遍的说法，请参见 G. F. Koob, 'Negative reinforcement in drug addiction: the darkness within', *Current Opinion in Neurobiology*, 23(4), August 2013, pp. 559–63; Marc J Lewis, 'Alcohol: mechanisms of addiction and reinforcement', *Advances in Alcohol and Substance Abuse*, 9(1–2), 1990, pp. 47–66。

[2] Phil Reed, Michela Romano, Federica Re, Alessandra Roaro, Lisa A. Osborne, Caterina Viganò & Roberto Truzoli, 'Differential physiological changes following internet exposure in higher and lower problematic internet users', PLOS ONE, 25 May 2017.

[3] Robert Sapolsky, 'Dopamine Jackpot! Sapolsky on the Science of Pleasure', 2 March 2011, 讲座内容参见 <www.youtube.com>。

神经化学之路"流淌。[1]与多巴胺相关的并非愉悦之感,而是欲望。上瘾,则是那些已无法产生欲望之人对欲望动的手脚。

到目前为止,行为主义的假设还能自圆其说。不过,生理模式不能解释上瘾:因为需要得到解释的其实正是生理模式本身。另外,有目的的行为重复虽然从化学的角度解释了瘾为何物,但无法充分解释瘾从何而来。如果说瘾是一种热情、一种跑偏了的爱好,那么单从医学的角度解释上瘾,就如同单从医学的角度解释爱好一样,未能抓住其中的要点。因为所有的体验都具备某种生物化学特征,所以在这个层面上进行描述是合理的。然而,体验若是被简化为化学反应,那么这种理解无疑忽视了体验的关键所在:意义。

心理学家斯坦顿·皮尔(Stanton Peele)与精神病学家阿奇·布罗德斯基(Archie Brodsky)认为,上瘾是在一种情感关系失败时被塑造出来的另一种情感依赖。[2]至于你依赖的是一个人、一套信仰还是一种物质,则是与环境相关的偶发事件。社会阶层、文化与童年经历都能让你对不同事物产生不同的依赖,而要想摆脱有害的嗜好,你或许得找到一种更好的依赖、一种新的方式来消耗热情。这样一来,恢复健康就不再被视为有幸逃离某种疾病,而是代表了一种有创造力的行为。马克·刘易斯说,成功戒瘾的人所用的方法都很"独特且富有创意"。他们不仅是在计划一条戒瘾之路,更是在学习一种

---

[1] Helen Fisher, *Anatomy of Love: A Natural History of Mating, Marriage, and Why We Stray*, W. W. Norton & Company: New York and London, 2016, p. 95.

[2] Stanton Peele and Archie Brodsky, *Love and Addiction*, Broadrow Publications, New York, 2014.

全新的生存方式。[1]

有如此众多戒掉毒瘾的人选择皈依宗教并非偶然，因为宗教能在极大程度上消耗热情。（帕斯卡尔认为，宗教对赌徒来说是一种终极赌注。）上瘾（addiction）的拉丁语词根addicere，源于罗马法中的一个技术术语。成瘾（to be addicted）是指被托付、被交付。但在近现代早期，其意思发生了转变：使人上瘾（to addict）意味着献身、奉献或牺牲。成瘾表达的意思变成了致力于某事，通常用来形容使命感或责任感。但矛盾在于，这种瘾所包含的是自愿放弃选择，正如任何受到使命感召的人所做的那样。这与瘾君子在化学的奴役下，健康状况与道德自主严重受损的可悲形象大相径庭。而这表明心理学家杰弗里·沙勒（Jeffrey Schaler）的论断是正确的，他认为问题在于我们选错了上瘾对象。[2] 我们的瘾，是放错了地方的热情：我们爱错了对象。不过，推特机器所代表的又是哪种感召？我们为何会为一种将自己标榜为我们的仆人以进行销售的技术奉献自身呢？

VIII

某种程度上，我们对推特机器的热情是在没有我们知情同意的情况下发生的。毕竟，谁又说得清上瘾与正常使用间的区别到底是

---

[1] Marc Lewis, *The Biology of Desire: Why Addiction is Not a Disease*, Scribe: London, 2015, p. 59.

[2] Jeffrey A Schaler, *Addiction is a Choice*, Open Court: Chicago & Lasalle, 2009, pp. xiii–xiv.

2．我们都是瘾君子

什么？推特机器越扩张，我们的生活被其殖民的程度也就越高，"过度"与"正常"行为间的界限就越模糊。

随着社会依赖社交平台实现日常目标的程度越来越高，例如社交、娱乐、找工作与恋爱，经常使用这些平台的行为也就越合理——而非病态，切断这些平台使用途径所引起的焦虑也就越严重。想一想智能手机，作为平台互动方式的技术基础，它在短短几年内就占领了我们的生活。自从黑莓（BlackBerry）手机开始流行以来，它与上瘾行为的关联从其绰号中就可见一斑，该手机的重度使用者将其戏称为"可卡因莓"（CrackBerry）[1]。智能手机就像我们以前使用的移动电话与个人电脑一样，我们跨过了一道隐形的科技文化之门，随之也就踏上了一条不归路。

智能手机是我们通向世界的大门，也是我们逃离此时此刻的良机。它掌管着我们的信用卡、音乐、杂志、有声读物、地图、电影、游戏、票和钥匙；它是我们的领路人；它让我们与家人、同事和躲也躲不开的网络霸凌者保持联系；我们用手机约会、订餐。用亚当·格林菲尔德（Adam Greenfield）的话说，智能手机将我们的日常生活分解成处于不断更新中的"不安又分裂的片段"[2]。我们无时无刻不把手机带在身边，并保证其电量充沛。就好像终有一天，它能带来我们一直翘首以待的信息。

所有这一切仰仗的不是什么无意识的基础，而是一层又一层实实在在的物质基础设施。被我们抽象地称为"云"的技术，开始于

---

[1] "Crack"是对强效可卡因的另一称呼。——译者注

[2] Adam Greenfield, *Radical Technologies*, Verso: London and New York, 2017, p. 36.

沿着美国本土全境的铁路系统网铺设的地下光纤电缆。[1]建设这一系统的初衷不是为了回应消费需求,而是因为克林顿政府的精英们相信,作为数字现代化运动的一部分,这一系统对资本主义的未来发展至关重要。从某种意义上来说,我们甚至在知晓这种新兴系统能够存在以前,就已经对它上瘾了。

逐渐地,这些抽象概念开始与无处不在的新兴计算机技术网产生关联,格林菲尔德有预见性地将这一网络称为"随处可件"(everyware)[2]。表面上看,该网络是被设计用来提高生活的便利程度,但通过用持续不断的信息流来连接智能手机、传感器、数据采集器、被存储在用户本地终端上的数据,以及平台,这样做实际上不声不响地将重要的决定外包给了他人。[3]当你向 Alexa 或者 Siri 询问附近的餐厅或鞋店时,决定你如何在市区中行动的其实是苹果、谷歌或者亚马逊,而他们的决策基础是他们的商业需求。当然,这样的结构还能被政治权力用来推行治理准则,但它们也能被用于更加潜移默化的控制形式。

新兴的"智慧城市"(smart city)理想,希望用传感器和数据采

---

[1] 一段对"云"技术的精彩剖析,参见 Tung-hui Hu, *A Prehistory of the Cloud*, MIT Press: Cambridge, MA, 2015。

[2] "-ware"意为"……制品或用具",如"硬件"(hardware)和"软件"(software)。原文的 everyware 与 everywhere 同音,在一方面凸显电脑技术网的工具属性的同时,通过谐音强调这种工具的无处不在。因此在翻译时,为了传达此谐音梗,故将"随处可见"写为"随处可件"。——译者注

[3] 当格林菲尔德在其写作中提到这一趋势时,智能手机和类似设备还远未得到普及。Adam Greenfield, *Everyware: The Dawning Age of Ubiquitous Computing*, New Riders: Berkeley, CA, 2006.

2. 我们都是瘾君子

集器来决定如何安置资源与财富，而这样的理念就是一个很好的例子。加拿大、中国与印度都已经在建造这样的智慧城市。中国政府希望用技术来推行"社会信用"体系并鼓励好的行为，而谷歌在多伦多的城市计划则貌似是由人类需求驱动的。名为码头区（Quayside）的谷歌智慧城市将通过数据采集与传感器来监测交通、天气、污染和噪声，并通过调整道路、路面铺设与建筑来应对新出现的问题。因为担心数据的用途，当地人对此表示强烈反对。[1]

表面上看，智慧城市旨在让生活更便捷的初衷让这个理念显得面慈心善，但这实际上正是它的阴暗面。这一理念与法国哲学家吉尔·德勒兹（Gille Deleuze）的"控制社会"（control society）概念十分相似。[2] 在控制社会中，没人告诉你要干什么、仰慕谁，或者何为善恶，你只拥有一系列处于容忍范围之内的选项。你的现实被重写，只是为了排除系统认为不能被接受的行为。无独有偶，线上消费习惯与点击情况也能决定你能欠多少债、哪些广告可能被你看到，或者哪些商店会被推荐给你——你的活动同样被维持在一个可控的带宽内。此带宽当然是不同阶段内政治和意识形态的决策结果，但它已经成为"现存"事物结构的一部分。

而镶嵌在这一网络中的就是社交平台：一台让我们心烦意乱、像发了疯一般没完没了地书写的发动机。正是在这种环境中，我们

---

[1] Ava Kaufman, 'Google's "Smart City Of Surveillance" Faces New Resistance In Toronto', *The Intercept*, 13 November 2018; Nancy Scola, 'Google Is Building a City of the Future in Toronto. Would Anyone Want to Live There?', Politico, July/August 2018.

[2] Gilles Deleuze, 'Postscript on the Societies of Control', *October*, Vol. 59 (Winter, 1992), pp. 3–7.

的热情和欲望被累积为数据，以便能更好地操控与管理这些热情与欲望。我们连行走时都在向这台机器吐露心声，就像是在进行不起眼的流动祷告。这样一来，我们都成了半机械存在：有机物与无机物的组合，再加点儿技术、血肉与牙齿、一些媒体，然后由代码片段将所有一切牢牢捆绑在一起。零部件之间的联系，就像在玻璃屏上熟练且精准地滑动着的手指一般，既简单又多变。正如唐娜·哈拉维（Donna Haraway）曾写道的那样，我们的身体并不止于皮肤，其特有的生理基础构造现在已经延伸到世界的另一端。[1]

如果说上瘾意味着没有某物就无法行动，那么与任何其他形式的身体生活在一起，就变得越来越难以想象。而身体能思考；当然，除此之外，也并没有什么其他能用来思考的东西。无论我们是走路还是书写，我们都在经历被现象学家称为"具身认知"（embodied cognition）的情景。这是弗洛伊德在他的一本晦涩难懂的晚期笔记中断言精神可被"延展"时，注意到的事情之一。他所说的心灵在空间中得到的延展，指的其实就是身体。通过补充指出心灵对自己的延展"一无所知"，他还将身体与无意识联系在一起，就好像心灵察觉不到身体在思考。

那么，如果我们的身体碎片——或者用哲学家布莱恩·罗特曼（Brian Rotman）的话说，我们"被分散的自我"（distributed

---

[1] "为什么我们的身体要以皮肤为终点，或者最多就是包含了其他同样被皮肤包裹的生命？" Donna Haraway, *A Cyborg Manifesto: Science, Technology and Socialist-Feminism in the Late Twentieth Century*, University of Minnesota Press: Minneapolis, MN, 2016, p. 61.

selves）——同时在不同的处理器上运行，会发生什么？[1] 这些技术并非只单纯地延展了属于我们有机身体的力量，这样想未免过于幼稚。技术创造的是依赖性，它们改变了我们。莉迪亚·刘（Lydia Liu）认为，要想使用这些技术，我们就必须"像对待神或小众宗教一般……服务于这些客体"[2]。当我们的生活被数字化语言重写，一种新的神学就此出现。在一些"后人类奇点"（post-human singularity）理论家中兴起的特许观认为，宇宙的本质就是数字化，而在某种非常真实的意义上，现实就是由一台通用计算机（Universal Computer）生成的。这就好比是说数字化相当于向太阳之神祷告，这让生活转瞬即逝的假设显得如宇宙般尊贵无比。这种极端的表达方式认为，我们对技术的态度其实自始至终都是宗教性的。

IX

瘾君子一点点吸入的，是死亡。我们热衷于能害死我们的东西。从这点上看，上瘾与崇拜太阳截然不同。对所有痴迷于愉悦之感的人来说，毒瘾最明显的负面特征就是它能致死。但这不仅仅是生理上的死亡。布鲁斯·亚历山大（Bruce Alexander）在对温哥华喜士定

---

[1] Brian Rotman, *Becoming Beside Ourselves: The Alphabet, Ghosts, and Distributed Human Being*, Duke University Press: Raleigh, NC, 2008.

[2] Lydia H. Liu, *The Freudian Robot: Digital Media and the Future of the Unconscious*, University of Chicago Press: Chicago, MI, 2011, Kindle Loc. 227.

大街（Hastings Corridor）上的瘾君子进行描述时，形容他们在因吸食过量、自杀、艾滋病或肝病而生理死亡前，所遭受的是一种象征性死亡，"被毒品浸透了的痛苦"[1]。同样，嗜赌成性的人也在一种象征意义上自掘坟墓，无法偿还的债务能像滚雪球一样让他们最终失去一切活下去的理由。作为研究上瘾问题的专业人士，瑞克·鲁斯（Rik Loose）指出，如果赌徒的赌注与命运作对，那么死亡就是最根本的答案。[2]

社交媒体成瘾的问题几乎从未被置于这样极端的视角下进行解读。尽管如此，用户却往往将社交媒体形容为破坏他们的事业与人际关系的罪魁祸首。这些抱怨差不多都一样：用户发现自己不断走神、效率低下、焦虑、缺乏关怀、抑郁——同时还尤其易受广告影响。帕特里克·加拉特（Patrick Garratt）写到，社交媒体成瘾导致在他作为一名记者的工作生活中，弥漫着一种"由虚度时光产生的绝望、空虚的压力"[3]。社交媒体成瘾被不断地与持续加剧的抑郁现象联系在一起：这一方面体现在，与社交平台进行互动与精神健康的显著下降相关；另一方面体现在，持续增加的屏幕使用时间（或称"用在

---

[1] Bruce Alexander, *The Globalization of Addiction: A Study in Poverty of the Spirit*, Oxford University Press: Oxford: 2011, Kindle Loc. 281.

[2] Rik Loose, *The Subject of Addictions: Psychoanalysis and the Administration of Enjoyment*, Karnac Books: London, 2002, p. 157.

[3] Patrick Garratt, 'My Life as a Twitter Addict, and Why it's More Difficult to Quit Than Drugs', *Huffington Post*, 29 April 2012.

设备上的时间")可能导致了最近青少年自杀率的激增。[1] 脸书则施展出其独有的伎俩,将该问题解读为,虽然"消极"使用社交媒体内容可能带来精神健康方面的风险,但更加主动地参与能"增强幸福感"。这种说法尽管没有研究支撑,但对该网站来说却意味着更多有利可图的数据。

作为一名在上瘾这件事上发现商机的创业者,已故的艾伦·卡尔(Allen Carr)对这些具备自毁倾向的主流观点做出了生动的阐释。[2] 他将上瘾比作食肉的瓶子草,并借此描绘了一幅令人毛骨悚然的画面。瓶子草用花蜜的芬芳引诱昆虫和小型动物赴死。当有生物进入瓶子草时,映入眼帘的是一池美味的蜜液,但它紧接着就会注意到植物壁光滑无比,待它加速滑落、跌至瓶底后才反应过来,它所发现的其实是它将被溺死的葬身之地。它虽然意识到愉悦不过是海市蜃楼并想逃跑,但为时已晚。消化酶已将它吞蚀得一干二净。这是卡尔强行推销的解读方式,是他用来帮客户戒瘾的一系列有效的暗示技巧之一。但这种方式也浓缩了我们对上瘾阴暗面最常见的理

---

[1] 杰朗·雷尼尔在他书中第七章简明扼要地总结了该研究,参见 *Ten Arguments for Deleting Your Social Media Accounts Right Now*, Penguin Random House: London, 2018。有关青少年的自杀情况,参见 'Social media may play a role in the rise in teen suicides, study suggests', CBS News, 14 November 2017; 以及 J. M. Twenge, T. E. Joiner, M. L. Rogers & G. N. Martin, 'Increases in Depressive Symptoms, Suicide-Related Outcomes, and Suicide Rates Among U.S. Adolescents After 2010 and Links to Increased New Media Screen Time', *Clinical Psychological Science*, 6(1), 2018, pp. 3–17. 有关脸书在这方面的反应,参见 Sam Levin, 'Facebook admits it poses mental health risk – but says using site more can help', *Guardian*, 15 December 2017。

[2] Allen Carr, *The Easy Way to Stop Gambling: Take Control of Your Life*, Arcturus, 2013。遗憾的是,艾伦·卡尔在辞世前并没能为我们指点迷津,告诉我们摆脱社交媒体成瘾的"捷径"是什么。

解——瘾,用对愉悦的直白承诺引人上钩,接着就发动偷袭。

问题在于,上瘾的危险虽然广为人知,但一再发生。同样,现在我们知道,如果社交媒体平台让我们上瘾,这说明平台运行良好。平台破坏我们的生活的能力与其性能成正比。但我们并没有迷途知返,其中部分原因可以归结为上瘾对我们的注意力的组织方式。这些平台犹如赌博机,善于将损失伪装成收益。之所以能奏效,是因为它们能产生类似于占卜师使用的冷读法和"通灵"手段的效果:我们只注意到让人开心的"喜",却忽略掉让人失望的"忧"。我们的注意力集中在赢钱的喜悦上,而不是赌博的开销上,更不是输掉赌局的概率上。如果这一习惯偶尔让我们几近崩溃,我们只需幻想某天赢得盆满钵满就能自我救赎。不过,为这种行为提供辩解并不能真的解释这种行为,而让理性与行为串通一气的做法本身,也并不理性。

一般来讲,社交媒体上瘾的广泛传播也许能被解释为"心理社会错位",但上瘾显然根本不适合被当作适应性策略,因为它能毁掉一个人。这就提出了一个棘手的问题:从某种有悖常理的角度看,自毁是否就是上瘾的收益?要是我们跳进瓶子草的部分初衷就是想慢慢寻死怎么办?再比如,要是香烟盒上死亡与疾病的图像其实就是广告宣传呢?当然,这些都并非我们的意图。吸食海洛因的人总想试图找回第一次吸毒的快感;对嗜赌成性的人来说,活着的目的就是等待他们的策略貌似奏效,为他们带来丰厚回报的兴奋瞬间。然而,如果说上瘾就是我们被多巴胺困在等待下一次兴奋的闭环上,那么我们难以解释,为何随机的不快之感竟让人对社交媒体更加爱不释手。这些平台待我们如此刻薄，但我们却对其欲罢不能。

衡量该体验的一种办法是所谓的"比率"（The Ratio）。在推特上，如果你的推文的评论数大大超过点赞数和转发数，那么你在这场赌局中就输了。因为无论你写的是什么，有多么无耻、多么可怕，你现在都处于一场骂战之中。而这类尽人皆知的反面教材包括企业首席执行官、政客和明星，表面上看，他们在媒体上的活动是为了自己的事业，但他们实则用一篇糟糕的推文按下了自毁键。不过，能反映实际情况的案例并不是那些在良好公共关系中偶尔出现失误的推文，而是那些让聪明人不顾尊严，与其粉丝卷入一场可怕的自毁之战的推文。

例如玛丽·比尔德（Mary Beard），她是剑桥大学的一名历史学家，推特账户的头像和蔼可亲，持中左立场，并与粉丝保持互动。然而，在面对海地的乐施会（Oxfam）援助人员受到强奸以及对儿童进行性剥削的骇人指控时，比尔德对这一指控的公开表态却导致她身败名裂。[1] 她一方面明确表示此类行为绝不能被容忍，但另一方面又发问，"在灾区维持'文明'价值"是否真的那么容易。关注她的进步人士们对此感到震惊，因为她似乎在为强奸犯的行为辩解。人们质问，如果受害者是白人，她还会说这些话吗？比尔德也许并不清楚她的话竟会暗含种族主义倾向，但她选择在这种媒体上发表看法不得不说让人感到十分意外。同样值得深思的是，这个决定有多么平淡无奇。推特对轻松说笑来说是一个不错的平台，但每一则推文的简短也让

---

[1] Mary Beard, 'Of course one can't condone … ', Twitter. com, 16 February 2018。关于对比尔德立场的批评，参见 Sita Balani, 'Virtue and Violence', Verso.com, 23 March 2018。

任何贬低奚落之语的决定性影响显得冷酷无情。正因为此，推特绝不是随意发布极具争议话题的理想之地。

在接下来的骂战中，言简意赅的回复如致命的暴风雨般向她袭来。失望的粉丝们纷纷取关。超过一定临界值后，批评是否合理已经不再重要。骂战无关任何形式的责任感，也并非进行政治学习或政治施教的途径，不论参与者的意图高尚与否。除了如何与推特机器保持联系外，没人能学到任何东西。这类骂战是一种惩罚性的殴打，它带来的兴奋有美德为其保驾护航。推特之所以能让人上瘾，部分是因为其民主化的惩罚手段。

面对令人瞠目结舌的惨状，比尔德没有退出社交平台，也没有反思她对整件事的处理方式，而是选择坚守自己的舆论阵地。如同众多用户所做的那样，她花了几个小时的时间来"提高赌注"：她试图反驳、回击，还在被攻击后尝试收拾情绪波动的残局。但在那天结束时，她发布了一张自己泪眼婆婆的照片，向媒体乞求道，"我真的不是你们说的那种卑鄙的殖民主义者。"[1] 不出所料，这张照片煽动媒体在控诉中加入了"白人的眼泪"和"白人玻璃心"这样的字眼。感情受伤，虽在人类苦难中不值一提，却能被用来回避自身的政治责任。（此外，其中暗含的意思还有，感到痛苦令人开心，但还不够。）

但比尔德依旧不依不饶，事实上，她是在用自己的方式进行数字化自残。那面曾告诉她她有多了不起的镜子，现在在骂她是个混蛋，而她显然无法抗拒这面镜子的魔力。许多在线自残者甚至要建立匿

---

[1] Roisin O'Connor, 'Mary Beard posts tearful picture of herself after defence of Oxfam aid workers provokes backlash', *Independent*, 18 February 2018.

名账户来网暴自己,也就是被"非自愿独身"(involuntarily-celibate,简称 incel)群体称为"黑药丸"(blackpilling)[1]的实践。而在推特机器上,这样的努力根本没有必要。你只要一直玩下去,静候它的到来即可。社交平台用户因认同的甘露纷至沓来,因虚拟死亡的兴奋感流连驻足。

X

部分让我们沉溺于此的是所谓"奖励"的变化多端:杰朗·雷尼尔所说的"软硬兼施"[2]。推特机器既从正面鼓励我们,也从负面刺激我们,其变化莫测的反馈就是让我们欲罢不能的推手。常规奖励可能会让我们渐渐觉得无聊,但不稳定性,也就是社交媒体突然间让我们感到兴奋的方式,则让这一切更加引人入胜。

这台机器如同反复无常的情人一般,让我们欲求不满、不断猜测:我们永远无法知道如何才能博得它的厚爱。其实,越来越多的应用程序制造商通过内置的人工智能机器学习系统来了解我们,以便改善随机奖惩的效力。这听上去像是一种虐恋关系。没错,正如我们

---

[1] "黑药丸"(the black pill 或 blackpilling)源于电影《黑客帝国》中反叛军首领墨菲斯递给尼尔的红蓝药丸,选择"红药丸"代表选择现实、摆脱奴役,选择"蓝药丸"代表选择幻觉、沉迷梦境。"黑药丸"是"红药丸"的升级版,持"黑药丸"观念的人对现实的认知十分极端,他们认为自己注定独身是因为女性思想浅薄,只与有吸引力的男性在一起,而吸引力与性的游戏天生不公。——译者注

[2] Jaron Lanier, *Ten Arguments for Deleting Your Social Media Accounts Right Now*, Penguin Random House: London, 2018, p. 9.

经常会用"有毒"来形容关系一样,"推特有毒"(Twitter Toxicity)也算是一种稀松平常的表述。

"有毒"有助于我们理解机器是如何让我们对不快之感上瘾的,因为它既指出了中毒的快感,也明确了服用过量的危险——因此,服用有毒物质的临床术语为"嗜毒癖"(toxicomania)。现代毒物学的一个重要认识要归功于文艺复兴时期的自然哲学家帕拉塞尔苏斯(Paracelsus):他认为,毒不在于物质,而在于剂量。他说:"所有我们食用与饮用的东西,只要摄入过量,都是毒。"[1]

倘若中毒是因为服错剂量,那么我们服用过量的到底是什么?这个问题并不好回答,即便对药物来说也是如此。正如瑞克·鲁斯指出的,相似剂量的同一种药物用在不同人身上,效果千差万别。[2]对一种药物的真实体验——所谓的主体效果——部分取决于药物之外的因素,也就是与服用者相关的因素。快乐药丸的魔力比魔法豌豆强不到哪儿去:他们都能对肉体产生直接作用,但除此之外还需要其他因素才能见效。而且,假如"心理社会错位"真的足以导致上瘾,那么现实中的瘾君子数量应该更多才对。可见,超过某一限度后,成瘾与使用者的精神世界间一定存在着相互作用、互为因果的关系。

社交媒体成瘾所涉及的变量远多于药物上瘾,因此,我们丝毫

---

[1] 参见 Hugh Crone, *Paracelsus: The Man Who Defied Medicine*, The Albarello Press: Melbourne, 2004 一书的第十二章。

[2] Rik Loose, *The Subject of Addiction: Psychoanalysis and the Administration of Enjoyment*, Karnac Books: London, 2002, p. 117.

没有头绪，应该从何处着手。例如，智能手机或者平板电脑界面的设计者们，让人不仅能从使用这些设备中获得愉悦感，就连捧在手里，甚至光是望在眼里都能让人觉得身心愉悦。吃饭时、对话中、聚会上与起床后无法抑制的那种想要触碰这些设备的冲动，部分是因为我们心里对这件物品及其屏幕闪耀出的柔美珠光充满了强烈的欲望。一旦我们开始浏览应用程序，主动权就掌握在了平台设计师们的手里。在我们浏览期间，生活犹如电动游戏一般，被匆匆简化为一种单一的视觉动态、一组有待解决的挑战、若干被承诺的奖赏与一场机遇的较量。[1] 而偷窥、认同与反对、游戏、新闻、怀旧、社交以及寻常的社会攀比，都包含在用户可能经历的各种体验之中。如果说我们有瘾，那么我们可能只是对平台提供的这些活动上瘾，无论是游戏、购物，还是监视"朋友"。

社交平台虽然安排我们的在线体验，但它们并没有什么总体规划。正如社会学家本杰明·布拉顿（Benjamin Bratton）所说的，体验机制本身"既严格又死板"，但在"专制手段"的范围内，用户仍享有相对的"目的自由"。[2] 平台协议对用户间的互动进行标准化与定制化；它们利用奖励与瓶颈让人们对机器保持热情；通过操控可供用户选择的目的，它们维护的是其他企业的利益——平台真正的客户；它们用激励因素对我们进行连续轰炸，只为从我们的反应中

---

[1] 维吉尼亚·赫弗曼（Virginia Heffernan）在其书第一章中对这一点进行了精彩描述，参见 *Magic and Loss: The Internet as Art*, Simon & Schuster: New York, 2017。

[2] Benjamin H. Bratton, *The Stack: On Software and Sovereignty*, Massachusetts Institute of Technology: Cambridge, MA, 2015, p. 47.

学到如何能更好地教导我们成为我们已被认定的市场客户群。但它们并不强迫我们留在那里，也不告诉我们应该如何利用我们花在社交平台上的时间。社交媒体上瘾比药物上瘾还要严重的地方在于，社交媒体的毒是我们这些用户作为使用者自己带来的。

没有证据表明这种毒与化学反应有关。要想弄清楚这种毒到底从何而来，我们也许要如弗洛伊德所说的那样，"超越快乐原则"。让我们追求我们心知肚明只会给我们带来不快的冲动的是"死亡本能"（death drive）。[1]

---

[1] Sigmund Freud, 'Beyond the Pleasure Principle', in *Complete Psychological Works of Sigmund Freud*, Vol. 18, Vintage Classics: London, 2001.

3

We Are All

Celebrities

我们都是
网红[*]

---

[*] 原标题为 We Are All Celebrities，鉴于本书主要探讨的是社交网络，因此此处将"celebrity"翻译为"网红"，下文居伊·德波的引言中的"celebrity"则翻译为"名气"，因为德波的书中讨论的主要是资本主义社会中，人的直接存在被类似于商品、名望之类的影像所取代。行文中，"celebrity"将根据具体语境翻译为"网红""明星""名气"或"流量"。——译者注

只要你能告诉我谁没有自我,
我就能指给你看谁一事无成。

——唐纳德·特朗普,推文

"名气"(以及彩票系统)的意识形态作用清楚明了——
这就好比一个现代版的"命运之轮",
它想告诉人们的是,"一切都靠运气;
有人富,有人穷,世界就是这样……说的可能就是你!"

——居伊·德波(Guy Debord)
《景观社会》(*The Society of Spectacle*)

I

没人重新用泥土捏出我们的模样，没人对着我们的尘土念念有词。没人。

——保罗·策兰（Paul Celan），《赞美诗》（Psalm）

法国埃格利（Égly），一个阴沉苍白的六月天，在巴黎市郊一个丑陋的住宅区里，欧希昂（Océane）对流量有着自己的打算。流量配给，哪怕不到鼎鼎大名的十五分钟[1]，都意味着网上任何一个陌生人都有机会看到你。当欧希昂在推特的直播平台 Periscope 上与粉丝互动时，她显得异常平静。她的眼睛，与她一头黑色的波浪卷发一样深沉，没人从中觉察出任何不安。甚至当她的一些粉丝试图攻击她，称她为"荡妇""智障"或是要求看她的胸部时，她仍表现得无动于衷。她说，等着吧，你们会看到的，你们也会明白的。[2]

过了一会儿，在要求未成年人回避后，她不再作声。下午四点半，

---

[1] 安迪·沃霍尔（Andy Warhol）曾有言，将来每个人都有机会在全世界出名 15 分钟。——译者注

[2] Lilia Blaise and Benoît Morenne, 'Suicide on Periscope Prompts French Officials to Open Inquiry', *New York Times*, 11 May 2016; 'Suicide sur Periscope: Océane "avait fait part de ses intentions suicidaires"', *L'Express*, 13 May 2016; Jérémie Pham-Lê and Claire Hache, 'Suicide d'Océane sur Periscope: "Elle m'avait dit que son ex avait abusé d'elle"', *L'Express*, 12 May 2016. Rana Dasgupta, 'Notes on a Sucide', *Granta* 140: State of Mind, August 2017.

她带着自己的手机前往附近的火车站，这期间她一直在录像——紧接着，她跳向了一辆迎面高速驰来的火车。被1 208人围观的直播直到救援人员发现手机后才被掐断。令人感到荒唐的是，对此次自杀事件的许多回应都是在指责媒体。身为一名呼吁为儿童提供网络保护的活动家，贾斯汀·阿特兰（Justine Atlan）认为："这就像是把一辆法拉利交到一个5岁小孩儿的手里。车撞墙是必然的。"[1] 但这种责难，就相当于将这件事归咎于公共交通的存在，或是以法国社会自杀率高于欧洲平均值为由，指责法国国家文化应为此事负责一般，毫无道理。这种只把欧希昂当作一个孩子的想法不仅过度简化了事件本身，更回避了她通过自杀传递给我们的信息。

在《哀悼与忧郁》（Mourning and Melancholia）中，弗洛伊德论证认为，自杀是因他人而起的谋杀，一种对自我的背叛。[2] 因此，自杀本身就是一种对自我的攻击，也因此总是传递某种信息。拉康认为，自杀时，一个人成为"代表他人的永恒标志"[3]。这正是欧希昂所想的。她的死是一场抗议：抗议据称殴打她、强奸她的前男友；抗议从性行业中牟取暴利、与她关系疏远的父亲；抗议她认为没有同情心的社会，尤其是网络社会。

---

[1] Lucy Williamson, 'French Periscope death stirs social media safety fears', BBC News, 13 May 2016.

[2] 或者如杰奎琳·罗丝（Jacqueline Rose）所说："所有自杀死的都不只是自己。" Sigmund Freud, 'Mourning and Melancholia', in *On Murder, Mourning and Melancholia*, Penguin: London, 2005.

[3] Jacques Lacan, *Formations of the Unconscious: Book 5, The Seminar of Jacques Lacan*, Polity Press: Cambridge, 2017, p. 228.

在一篇发表于文学杂志《格兰塔》(Granta)上的文章中,拉纳·达斯顾普塔(Rana Dasgupta)掷地有声地探讨了自杀,他在自杀中觉察到名声扫地的致命后果。[1] 欧希昂"如所有人一样,都与网络生活密不可分"。她尝试适应网上的流量文化,"让自己的形象符合媒体上受欢迎的搞笑网红"。但面对要推销自我的"网络选美",用户就像所有的网红一样,觉得在这个冰冷的世界里,只有他们自己才拥有真实的想法和情感,因此他们只能感到空虚。就好像塞林格(Salinger)笔下的霍尔顿·考尔菲德(Holden Caulfield)所处的世界一样,除了他自己,其他人都是假的。达斯顾普塔问道,如果说"通过欧希昂事件被展现在我们眼前的不只是流量,而是流量终将消失殆尽这一隐蔽的核心,我们又该如何审视此事?"

到底流量有什么特质导致它必将消失殆尽呢?某种程度上,多亏了肯尼斯·安格尔(Kenneth Anger)对好莱坞的经典描述,过去好莱坞明星的自杀、崩溃和各种上瘾的事现在才能广为人知。[2] 但这些事不只发生在跌落神坛的人身上。研究发现,明星的自杀率是普通人自杀率的七倍到几千倍不等。[3] 名气似乎能让明星感到恐惧、丢

---

[1] Dasgupta, 'Notes on a Suicide', *Granta* 140.

[2] Kenneth Anger, *Hollywood Babylon: The Legendary Underground Classic of Hollywood's Darkest and Best Kept Secrets*, Bantam Doubleday Dell Publishing Group, 1983.

[3] Dianna T. Kenny and Anthony Asher, 'Life expectancy and cause of death in popular musicians', *Medical Problems of Performing Artists*, 3(1), March 2016, pp. 37–44; David Lester, 'Suicide in Eminent Persons', *Perceptual and Motor Skills*, 87(1), 1998, pp. 90–90。肯尼(Kenny)的研究结果尤其适用于流行音乐人,根据这一研究,流行音乐人的自杀率是普通人的3~7倍。莱斯特(Lester)针对"知名人士"的研究发现其自杀率为3%,远高于普通人的自杀率,而全球自杀死亡率为0.016%。

脸和脆弱，就好像能让人欣喜若狂的方法同时也意味着耻辱。

II

有史以来第一次，我们中有一代人是在无处不在的围观中长大的。人人皆可成名，哪怕只有那么一点点名气。媒体批评家杰伊·罗森（Jay Rosen）说，我们这群竞逐成名的人其实就是"曾经的观众"。[1] 在注意力经济中，我们都在求关注。

注意力经济并不是什么新鲜事物。在社交工业出现前，乔纳森·克莱利（Jonathan Crary）就写到，自19世纪以来，人们就尽力在注意力方面塑造自己的个人能力。[2] 而视听文化上的变化，让生活成为被碎片、时有时无的注意力和一连串让人目瞪口呆的刺激所拼凑出来的结果。广告、电影、新的循环——所有这些都依赖于它们与日俱增、强迫人们关注的能力。

如今，社交平台采取了一系列强制技术，这些技术就好比号称有心灵感应能力的人和魔术师使用的技巧一样，能制造出一种自由公平选择的印象。这些技术不限于各种各样的奖励和"点赞"这样的手段。"已读回执"让我们焦急得渴望要回复信息，并让这样的一

---

[1] Jay Rosen, 'The People Formerly Known as the Audience', *PressThink* (www.pressthink.org), 27 June 2006.

[2] Jonathan Crary, *Suspensions of Perception: Attention, Spectacle, and Modern Culture*, MIT Press: Cambridge, MA, 2001.

来一回连续不断。默认设置本身的偏好不仅比其他设置方式更具视觉吸引力,而且它奖励顺从,让改变的道路障碍重重。默认值经常与打对勾这样的确认提示联系在一起,进一步鼓励服从。而无限下滑页面,让你的社交媒体资讯供给有点儿像强迫喂食,你永远滑不到页面最底端。自动播放则意味着,通过让你的资讯供给中的视听部分变得更加博眼球,来鼓励你驻足观看。[1]

我们与机器互动中的意识形态影响力,源于选项虽已被设定,但仍被视为自由选择的愉悦体验,不管是令人抑制不住的自拍潮,还是凌晨3点让人发狂的争吵。[2] 从游戏到资讯,我们做白日梦的能力被镶进了一个完全设计好的梦幻空间里,我们随意飘浮的注意力,被牵着鼻子走上了一条已布满强化措施的轨道,而我们往往对这些并没有察觉。

注意的能力受稀缺性影响。神经科学家告诉我们,从生理角度看,大脑无法同时关注两个"对注意力要求高的对象"[3]。当人们没完没了地收到有关新消息的"提醒"时——例如新邮件、更新、软件提醒、应用程序提醒、新警告——走神的状态所体现的并不是能同时兼顾多项任务的游刃有余,而是一个人不断地将注意力从一个

---

[1] Georges Abi-Heila, 'Attention hacking is the epidemic of our generation', *UX Collective* (www.uxdesign.cc), 1 March 2018.

[2] Alfie Bown, *The Playstation Dreamworld (Theory Redux)*, Polity Press: Cambridge, 2017.

[3] John Medina, *Brain Rules: 12 Principles for Surviving and Thriving at Work*, Home, and School, Pear Press: Seattle, WA, 2014; Eyal Ophir, Clifford Nass and Anthony D. Wagner, 'Cognitive Control in Media Multitaskers', Proceedings of the National Academy of Sciences, Vol. 106, No. 37, 2009, pp. 15583–15587.

对象转移到另一个对象上,费时费力的情形。一经分散,重新恢复注意力可能需要半小时以上。[1]我们将走神美化为"多任务同时处理",但走神实则就是在浪费注意力。关注本身就是在消耗一个人拥有的注意力,而用这种走神的方式关注事物就是浪费它。

这样的解读听起来可能会让人认为,成问题的是注意力产出。浪费注意力的机会,或者说处置多余注意力的机会,大概是我们在寻找的。精神分析学家亚当·菲利普(Adam Phillips)提出了"注意力空缺"(vacancies of attention)这一说法。[2]如果将注意力经济化,注意力的条件就是不注意。因为要关注一个对象,我们必须忽略其他对象,而被我们忽略的"那个"对象可能是我们故意回避的。我们必须填补的注意力空缺,会在我们乘公交、吃午饭、上厕所、饭局聊天陷入僵局的时候出现,也可能在惯常的工作间歇出现,上班族其实无事可做但必须看起来很忙。如果我们无处安放多余的注意力,谁知道我们又会做什么梦?

对多余的注意力来说,明星就像磁铁一般:注意力都被吸走了。而明星并非天生的,而是后天被塑造出来的。根据历史学家丹尼尔·布

---

[1] Rachel Emma Silverman, 'Workplace Distractions: Here's Why You Won't Finish This Article', *Wall Street Journal*, 11 December 2012; Bob Sullivan and Hugh Thompson, 'Brain, Interrupted', *New York Times*, 5 May 2013; 也存在一些主张中断注意力能让人提高工作速度的研究,但代价是压力增加。Gloria Mark, Daniel Gudith and Ulrich Klocke, 'The Cost of Interrupted Work: More Speed and Stress', Proceedings of the SIGCHI Conference on Human Factors in Computing Systems, Florence, Italy, 5–10 April 2008, pp. 107–10.

[2] 参见 Adam Phillips, 'On Vacancies of Attention', Provoking Attention conference, Brown University, May 2017 (www.youtube.com); 以及 'Forms of Inattention', in *On Balance*, Penguin: London and New York, 2010。

尔斯廷（Daniel Boorstin）的说法，这一点在 19 世纪时就已经是显而易见的事实，我们发现"名人其实是被制造出来的"[1]。到了世俗、民主的时代，名人更是被剥去了神秘的外衣，其机制构造暴露无遗。明星现在成了"伪事件"（pseudo-events），用来迁就市场对无人相信的大新闻的需求。名气脱离了自身之外的所有语境，变成了里奥·布劳迪（Leo Braudy）口中的"几乎无可比拟的无城之名"[2]。[3]

建立在这种理解上的现代明星经济，已经演变成了一种越来越复杂的生产。除了现有的一二三线明星、新闻目击者、街头受访者、见义勇为的英雄、选美皇后以及那些定期"跟编辑通信"的人外，互联网还带来了女主播、微网红与"Instagram 上的富二代"，其中有些人后来比他们出现在传统媒体上的同行们更富有、更出名。社交平台制造的明星包括贾斯汀·比伯（Justin Bieber）、饶舌歌手钱森（Chance the Rapper）和网红模特夏洛特·达利西奥（Charlotte D'Alessio）。每个人都能分一杯羹。虽然不是每个人都想成名，但每位用户都牵涉其中。只需开一个账户，就能拥有自己的公众形象；只需发一条状态，或者回复一条评论，就算拥有了自己的公关战略。

Instagram 用户除了收割粉丝和点赞外，还能参与 Instagram 选

---

[1] Daniel J. Boorstin, *The Image: A Guide to Pseudo-events in America*, Vintage Books: New York, 1992, p. 136.

[2] 原文 a virtually unparalleled *fame without a city* 中的 fame 指的是好莱坞的名气。好莱坞作为一个招牌竖立在美国洛杉矶，本来是一个农场的名字，但因为电影工业的发展而名声大噪，最终成为电影产业、名流生活的标志。布劳迪此处想表达的是，好莱坞这个地方并不存在，只是"名气"的代名词。——译者注

[3] Leo Braudy, *The Frenzy of Renown: Fame and its History*, Vintage Books, New York: 1986, p. 554.

3. 我们都是网红

美。YouTube上有成百上千的儿童为了知道自己在他人眼里算不算漂亮而上传自己的视频，其中大部分是女孩。Snapchat用户为了知道谁的观看量最高而密切关注朋友们的分数。但只有极少数足够成功的人能通过成为平台赞助的"网红"将流量变现。例如，据《卫报》报道，要想成为每发一条广告帖就能赚5 000美元的"微网红"，一个人必须在其中一个社交平台上拥有至少10万粉丝。[1]而绝大多数人在任一平台上的粉丝连1 000人都不到，因此对大多数人来说，点赞这样的奖励就已经够了。[2]

有些人比其他人更善于利用这个系统，但没人确切知道明星是怎么产生的。太多事都取决于运气。一些在线平台的模式是将日常生活的点滴包装成商品，在这样的平台上，任何事都可能"爆红"。就连差点遭遇不测都能让你一夜成名。比如，2016年，来自美国俄克拉荷马州的米歇尔·多比恩（Michelle Dobyne）因带着她的孩子成功逃离一座燃烧的大楼，而成了网络名人。当地新闻媒体的摄像机记录下了她对这件事的反应："我带着我的三个孩子冲出来了……

---

[1] Leah McLaren, 'What would you do if your teenager became an overnight Instagram sensation?', *Guardian*, 22 July 2018; Emma Lunn, 'Putting you in the picture: yes, you can earn a living on Instagram', *Guardian*, 5 May 2017; Richard Godwin, 'The rise of the nano-influencer: how brands are turning to common people', *Guardian*, 14 November 2018.

[2] 脸书、推特和Instagram上的平均粉丝数分别为155、707和150。Sarah Knapton, 'Facebook users have 155 friends – but would trust just four in a crisis', *Daily Telegraph*, 20 January 2016; 'The Average Twitter User Now has 707 Followers', *KickFactory* (www.kickfactory.com), 23 June 2016; 'What Your Follower/Following Ratio Say About Your Instagram Account', WorkMacro (www.workmacro.com), 12 March 2018.

不不，我们才不打算被烧死。至少不是今天。"[1] 她风趣、充满个人魅力、泰然自若，就这样她火了，她的形象立刻成了表情包。YouTube 上的鬼畜视频层出不穷，在线商家将她的形象做成周边商品出售，新闻与娱乐频道的访问量激增。但这些并没有帮到多比恩，她仍继续住在她的车里，直到有位支持者为她在 GoFundMe 页面上发起了众筹。然而，将她的困境当作滑稽、独特的讽刺对象来进行描绘，这之中也包含一丝种族主义的嫌疑。因此，对她表现出来的敬佩之情其实很复杂，而媒体则对此加以利用，有时甚至对其中去人性化的呈现方式表示默许。

　　文化需求中的随意性、厄运和复杂性不仅让多比恩成名，也是制造明星的典型因素。人类学家霍顿斯·鲍德梅克（Hortense Powdermaker）在她对好莱坞的经典研究中指出，成功的随意性导致了电影工业中魔力信念（magical thinking）这一思维模式的倾向，即好莱坞配方就像咒语一般，其市场调研好比占卜，而行政决策的正当性则来源于伪装成心灵感应的所谓"直觉"。[2] 这些魔法技巧还需得到幸运女神的眷顾。在微网红和一夜成名的新兴领域，有一种家庭作坊专门提供这方面的灵丹妙药。新闻报道、YouTube 视频和

---

[1] Mark Molloy, 'Woman gives incredible interview after escaping house fire', *Daily Telegraph*, 12 January 2016; Dave Schilling, 'Viral video news memes bring fame – but still feel almost racist', *Guardian*, 14 January 2016; Zeba Blay, 'Why do we laugh at viral stars like Michelle Dobyne and Antoine Dodson?', *Huffington Post*, 16 January 2016. 有关该事件的详细讨论，参见 Crystal Abidin, *Internet Celebrity: Understanding Fame Online*, Emerald Publishing: Bingley, 2018, pp. 38–41。

[2] Hortense Powdermaker, *Hollywood, the Dream Factory: An Anthropologist Looks at the Movie-Makers*, Little Brown & Company: Boston, 2013, pp. 40–41, 93–8.

Instagram教练主动为想成为网红的人提供建议、清单和秘笈。甚至还有人出书承诺要教会用户如何让婴儿或猫成名。这些指南的内容一般都显而易见——使用说明文字和标签，在访问量顶峰的时候发帖，重复发布点赞量最高的内容，诸如此类。但重点不是这些指南的内容，而是它们的说明方式。通过将成功网红的案例进行概括归纳，这些指南给人的印象仿佛是，设计巧妙和策略性常识是网红成功的途径。不过对鲍德梅克来说，追逐名气的人显然更像是嗜赌成性的赌徒，而非聪明的谋略家。

III

就算你赢了，胜利往往也只是一杯毒酒。2015年，Instagram模特艾斯娜·奥尼尔（Essena O'Neil）亲手颠覆了自己的网络人设。[1] 她退出了该平台，并解释说她发布的那几十张将自己塑造成满脸笑容的金发美女的照片，其实是在公司赞助下经过精心设计和巧妙布光的。照片都是假的。她坦承，每一张照片中都饱含痛苦的工作压力以及拍照时情绪的跌宕起伏，不仅是清晨5点就要起床，还有焦虑和抑郁。人设成了暴君，掩盖了一段令人担忧、不为人知的现实，而想要维持它、活成它规定的样子不仅令人筋疲力尽，更是一件不

---

[1] Elle Hunt, 'Essena O'Neill quits Instagram claiming social media "is not real life"', *Guardian*, 3 November 2015; Madison Malone Kircher, 'Where Are You, Essena O'Neill?', *New York*, 4 November 2016.

可能的事。从这种角度来看，自怨为自爱投下了苦涩的阴影。奥尼尔于是选择了诉诸社会性死亡，对她来说，让自怨赢了这一次又何尝不是一种解脱。

公共自我和个人自我间的分裂本是明星的特点，现在也逐渐成为社交平台用户的日常体验。被关注不再是什么遥远的梦想，而是强制规范，整整一代人就在这种关注中长大。唐纳·弗雷塔（Donna Freita）通过研究发现，年轻的社交平台用户被他们自己对"赞"和与他人攀比的痴迷所支配。[1] 在不断的围观中，他们必须给人一种他们活得最好的印象，"幸福、兴高采烈，甚至还鼓舞人心"。要做到这点很难，回报也越来越少。制造这种印象会让人觉得自己孤身处于一群伪君子当中，是一种相当绝望的情景。克里斯·罗耶克（Chris Rojek）认为，如果说明星在公众眼里的形象常常急剧恶化为自暴自弃，那是在"提醒所有人"，当面对作为竞争对手的公共自我不断扩散时，个人自我"会感到怎样的恐惧、羞愧和逐渐占据自身的无助"。[2]

让我们上瘾的事物也能害死我们。与日俱增的"屏幕时间"意味着更严重的抑郁以及更高的自杀概率，对女性用户来说尤其如此。与社交平台和智能手机的兴起相对应的，是越来越多的自残，其中在美国因受伤而入院治疗的比例，在未成年少女中蹿升了五分之一，

---

[1] Donna Freitas, *The Happiness Effect: How Social Media is Driving a Generation to Appear Perfect at Any Cost*, Oxford University Press: New York, 2017, pp. 61–4.

[2] Chris Rojek, *Celebrity*, Reaktion Books: London, 2001, p. 11.

而在英国的增幅超过了三分之二。[1] 如果用户将自己的"屏幕时间"用在社交攀比上，也就是社交媒体中最让人上瘾的活动，那么这一影响则更加严重。在社交攀比的所有游戏中，我们大部分的注意力都集中在那些优于我们的人身上，跟他们相比我们总有不足，所以我们每次都会输。正如阿兰·艾伦伯格（Alain Ehrenberg）所说，"抑郁的个体无法满足自己的期望，因为他已经厌倦了成为自己。"[2]

俗话说，相关性并不是因果关系。没错，我们所栖居的系统纷繁复杂，要想分辨直接的因果关系的确很难。例如，我们很难证明你买新鞋就是因为你在坐公交的时候看到了一则广告。我们只能说，广告影响[3]了你买鞋的选择。同样，虽然在过去差不多十年的时间里，

---

1 Nadeem Badshah, 'Hospital admissions for teenage girls who self-harm nearly double', *Guardian*, 6 August 2018; Denis Campbell, 'Stress and social media fuel mental health crisis among girls', *Guardian*, 23 September 2017; J. M. Twenge, T. E. Joiner, M. L. Rogers and G. N. Martin, 'Increases in Depressive Symptoms, Suicide-Related Outcomes, and Suicide Rates Among U.S. Adolescents After 2010 and Links to Increased New Media Screen Time', *Clinical Psychological Science*, 6(1), 2018, pp. 3–17; 'Media Use, Face-to-Face Communication, Media Multitasking, and Social Well-Being Among 8- to 12-Year- Old Girls', *Developmental Psychology*, 48(2), March 2012, pp. 327–36; L. E. Sherman, A. A. Payton, L. M. Hernandez, P. M. Greenfield and M. Dapretto, 'The Power of the Like in Adolescence: Effects of Peer Influence on Neural and Behavioral Responses to Social Media', *Psychological Science*, 27(7), 2016, pp. 1027–1035. 本杰明·方（Benjamin Fong）认为，这些影响为进步人士退出社交平台提供了合理理由，参见 Benjamin Y. Fong, 'Log Off', Jacobin, 29 November 2018。对此类分析持怀疑观点的讨论，参见 Tom Chivers, 'The truth about the suspected link between social media and self- harm', *New Scientist*, 6 August 2018。有关我们倾向于将自己与在社会阶层中处于我们之上的人进行比较的讨论，参见 Oliver James, *Britain On the Couch: How keeping up with the Joneses has depressed us since 1950*, Vermilion: Reading, 2010。

2 Alain Ehrenberg, *The Weariness of the Self: Diagnosing the History of Depression in the Contemporary Age*, McGill-Queen's University Press: Montreal and Kingston, 2010, p. 4.

3 此处的"影响"译自"condition"，与上一章中行为学家斯金纳的"操作性条件反射箱"中的"条件反射"意义相同。根据语境需要，"condition"一词作动词时可能被译为"条件反射""影响""使习惯／适应"。——译者注

社交痛苦、不安全感和生活中的冲突成为关注热点，但这些根本不是社交媒体平台的发明，社交平台只是被当作其中一些问题的解决方案。比如，全球金融风暴对数十亿人产生了毁灭性的影响，而在这之后，社交平台的使用变得无处不在。当机会减少、工资停滞不前，拥有一部智能手机让人们能随时随地访问整个网络世界，不失为某种补偿。而社交媒体企业的收益也在 2010—2011 年开始出现起色，那段时间不仅政治机构的合法性严重溃败，大众媒体也一样：埃及革命、英国骚乱、欧洲的反紧缩运动（Indignados），以及其他地方的"占领"（Occupy）抗议。[1] 脸书、推特和 YouTube 都因其给了普通用户自行设置新闻议程，以及以低成本的方式组织自身的途径而从中获利。将过错归咎于社交媒体平台，回避了为何数以亿计的人会被这些平台吸引的问题。在人们眼中，社交平台到底能为什么问题提供解决方案？

尽管如此，令人震惊、也难以回避的事实依然是，与社交媒体平台的接触越多，就意味着越有可能经历痛苦、自残甚至导致自杀。而这点也对社交平台提出了迫切的疑问：我们究竟是如何被这些平台影响的？

---

[1] 'Twitter's revenue from 1st quarter 2011 to 3rd quarter 2018 (in million U.S. dollars)', *Statista*, 2019 (www.statista.com); 脸书于 2012 年 5 月首次公开募股，其市场价值的峰值为 1040 亿美元，参见 Warren Olney, 'Facebook IPO: A Touchstone Cultural Moment for America?', To the Point, KCRW.com, 17 May 2012。

IV

社交平台调教我们习惯的事情之一，就是无处不在的围观。喜剧演员斯图尔特·李（Stewart Lee）将推特比作"由一群好骗的志愿者运营的国家监视机构。玩儿《愤怒的小鸟》长大的那一代人特有的史塔西"[1][2]。讽刺的是，社交工业这台配有 30 多亿双眼球的大型监视机器的兴起，正值传统媒体因其对个人隐私的侵犯而面临危机之际。

在英国，默多克（Murdoch）所拥有的报业，因《世界新闻报》（*News of the World*）记者被指非法窃听失踪少女米莉·道勒（Milly Dowler）的语音邮件而处于"黑客门"的风口浪尖。这起事件揭露了一个涉及间谍活动的庞大系统，其中不乏非法获取明星及政客信息的私家侦探。最严重的丑闻不外乎是《世界新闻报》的资深黑客保罗·麦克穆兰（Paul McMullan），他为自己的行为进行辩护时的理由让人瞠目结舌，他认为"只有恋童癖才需要隐私"，并称在他"侵犯他人隐私"的多年经验里，"我发现没人干过好事"。[3]

平日不做亏心事，夜半不怕鬼敲门：这种心术不正又偏激的信念在爆料记者和国安主义者中拥有受众并非偶然。《世界新闻报》是冷战时期的产物，这家纸媒通过其与撒切尔政府和警方的联盟增强了自己的垄断力量，该联盟让这家纸媒的老板们能绕过印刷工会获

---

1 "史塔西"（Stasi）是前东德国家安全机构的缩写。——译者注

2 *Stewart Lee's Comedy Vehicle*, BBC Two, Series 3, Episode One, 内容参见 www.youtube.com, 24 February 2014。

3 Dan Sabbagh, 'Paul McMullan lays bare newspaper dark arts at Leveson inquiry', *Guardian*, 29 November 2011.

得特权信息。而专制的窥探者们的座右铭总是虚伪的，不论是《世界新闻报》及其满嘴谎言的警方线人，还是转行私家侦探的前腐败警察，都对自己的违法行为秘而不宣。乔纳森·瑞思（Jonathan Rees），南方调查公司的老板，因每年通过交换非法获取的信息，并从《世界新闻报》处收取 15 万英镑而以共谋栽赃罪被判入狱。瑞思的同事，希德·菲乐利（Sid Fillery），也是一名前警官，因藏有儿童色情片入狱。同样由警察转行侦探的汤姆·金斯顿（Tom Kingston）因盗窃苯丙胺被判有罪。作为私家侦探在该报纸供职的格伦·摩尔凯尔（Glenn Mulcaire），与其拥有皇家背景的编辑因入侵语音邮件而入狱。他还被怀疑试图入侵一名正在调查达尼尔·摩根（Daniel Morgen）被杀案的警官的语音邮件。摩根曾是瑞思的同事，于 1987 年被害，据称是被腐败的官员杀害，而且是在瑞思知情的情况下，当时摩根正在调查并力图揭露警方腐败。[1]

一方面，《世界新闻报》依赖警务人员的监守自盗；另一方面，这份报纸又道貌岸然地利用自己的权力揪着他人私下的道德选择不放，甚至往往导致他人死亡。就连像麦克穆兰这样对入侵隐私习以为常的黑客都承认，他在报纸上发表的有关詹妮弗·艾略特（Jennifer Elliot）——演员丹霍姆·艾略特（Denholm Elliott）的女儿——的文

---

[1] 参见 Tom Watson and Martin Hickman, *Dial M for Murdoch: News Corporation and the Corruption of Britain*, Allen Lane: London, 2012; Nick Davies, *Hack Attack: How the truth caught up with Rupert Murdoch*, Vintage, London, 2015; 以及 Alastair Morgan and Peter Jukes, *Who Killed Daniel Morgan?: Britain's Most Investigated Murder*, Blink Publishing: London, 2017; Cahal Milno, Jonathan Brown and Matt Blake, 'Beyond the law, private eyes who do the dirty work for journalists', *Independent*, 13 July 2011。

章可能造成了她的死亡。但被这份报纸当作目标的不只有明星。本·斯特朗（Ben Stronge），一名因生活淫乱而被"曝光"的大厨，曾求《世界新闻报》放过他，不要曝光，否则他就会失去自己孩子的探视权。而该报纸并没有理会，于是斯特朗结束了自己的生命。阿诺德·刘易斯（Arnold Lewis），一名因类似的事而成为目标的教师，也求记者不要曝光，否则他就会自杀。他们也没有理会，而刘易斯的死便随之而来。那名记者在接受审讯时获悉刘易斯的死讯，当被问及她是否为此感到难过时，她的回答是"不，并不感到难过"[1]。

监视经济将私人经历转化为有利可图的信息，这种模式早在推特机器之前就存在。小报就是这种经济最恶劣的版本，但随着同一趋势还出现了各种公开忏悔，比如真人秀电视、幕后纪录片、奥普拉秀（Oprah）、杰瑞·斯普林格秀（Jerry Springer），以及以"心理医生"为主导的明星访谈模式。虽然《世界新闻报》已经停刊，但史无前例的监视规模已通过社交媒体业被常态化，公开忏悔的模式也因此得到普及。今天，除了侵入他人语音信箱外，私家侦探们可以搜罗人们自愿公布在社交平台上的所有信息。记者也无须再费力报道。心存怨恨的好事者往往会排除万难，只为让围观群众一睹那些有争议的只言片语。例如，肯·伯恩（Ken Bone）在2016年美国总统辩论期间提问的风度举止为他赢来了赞许，他也因此出名。但很快，网上的好事者翻出了一些他在Reddit上发表的不当言论，他的形象因此一落千丈。这件事可能稀松平常，但头条新闻、蹭热点、鸡汤

---

[1] 有关斯特朗和刘易斯的案例，参见 Peter Burden, *News of the World?: Fake Sheikhs and Royal Trappings*, Eye Books Ltd: London, 2009。

文和热门搜索都遵循相似的模式。

如果说追求名利会给想当明星的人带来危险，那么对明星日益增多的公众关注度对那些"粉丝"的身心健康也存在影响。越来越多的"明星崇拜综合征"表明，对他人生活的真实面貌的持续消费不仅对他人来说是一种侵犯，对崇拜明星的粉丝来说也令人感到担忧。[1] 焦虑、压力、生理疾病和越来越严重的身体畸形恐惧症，都与对明星的痴迷有关。这或许有助于解释为何粉丝会在自己的偶像爆出丑闻时，突然转而攻击他们，并从他们的毁灭中获得一种不合时宜的快感。这种以亲密的自我暴露为基础的明星-粉丝关系一旦被普遍化，就有可能迅速传播其最有害的病症。换句话说，就名气而言，推特机器提供给我们的，貌似是当明星和当粉丝这两个世界中最棒的体验，但除此之外，它也让我们体验了其中最糟的部分。

V

慰藉以"颠覆"的形式出现。Instagram 上逐渐走红的"无滤镜"发文和标签的倾向，显然表明了用户正以嘲讽的态度戏谑并挑战媒体的审美常规，例如 # 自拍丑照，# 接受肥胖，# 身体正能量，# 惨败，以及 # 无妆。

---

[1] Randy A. Sansone and Lori A. Sansone, '"I'm Your Number One Fan" – A Clinical Look at Celebrity Worship', *Innovations in Clinical Neuroscience*, 11(1-2), January/February 2014, pp. 39–43.

报纸意识到其中的经济利益,向读者们推送"全盘接受自己的身体"的网络趋势,引导他们去"关注对身体展现出无比自爱的人群"。[1]这挑战了压抑的文化准则,但这种挑战算不上什么颠覆性策略,虽然它乍看之下很像。网络带给人的体验或许是流动的图像,但这种视觉表现形式掩盖了其真正的工作原理:在这些图像背后是一套协议与控制的书写系统。要想成为平台上的内容,就得首先成为此上瘾机制的一部分,也就是说,发布的内容要能让用户与这台机器相连。如果这算颠覆,那么我们也可以把更换手机背景图解读为颠覆智能手机。

拒绝美的常规标准与注意力经济中越来越受欢迎的"真实性"结合在一起。自从19世纪明星民主化以来,"平易近人""自然"和"真实"成为名人备受好评的特征。今天,人们对目睹明星私人关系混乱、整容失败、高温天脱妆、发脾气、争吵和不良行为这些真实的"无滤镜"瞬间所表现出来的痴迷,其根源就在于想要撕掉层层假象、暴露出被隐藏的恐惧的那种冲动。

而这种对真实性的渴望在社交媒体工业中则变得更加急迫。网络语言是围绕对虚假的恐惧建立起来的:用户名、密码和用户反应测试,都是为了确保每一个用户账户都应代表一个能够履行合同义务的人。脸书的广告宣传称:"虚假账户不是我们的朋友。"在一个人人时刻极度警惕以防被摆布的环境,"造假"是一个人能做的最糟

---

[1] 例 如 Maya Salam, 'Why "Radical Body" Live' is Thriving on Instagram', *New York Times*, 9 June 2017; Jess Commons, '15 incredible body positive people to follow on Instagram', *Evening Standard*, 11 May 2017。

的事。一家网站甚至允许用户检测被标记为"# 无滤镜"的帖子是否偷偷使用了滤镜,以便揭穿"造假者"。

此外,社交媒体非常适合用来迁就人们对真实性的渴望,比如让粉丝们觉得他们能与明星直接接触。直接的粉丝管理取代了由公关公司集中管控的接触。最能适应媒体的传统明星看似为粉丝们在"后台"提供了接触机会,但这种精心设计的方式在满足粉丝期望的同时保留了地位差异。[1] 明星一般不会关注粉丝,也不会与他们进行长时间的交流,他们期望粉丝能对他们抱有一定程度的尊重。小明星也模仿这种精心设计的亲密模式,例如 Instagram 和 YouTube 上的网红们,他们将自己部分的私人生活、人际关系与情绪当作可供消费的表演公之于众。

对真实性的表演也逐渐成为营销的必需品。截至 2015 年,以与消费者"真实"的个人关系为基础的社交网站广告,占数字广告开支的十分之一以上。[2] 我们可以改变我们在媒体上的策略,用它来推广那些能与传统媒体普遍认可的看法相抗衡的形象与观点。但只要我们这么做,我们就同时肯定、佐证和巩固了这台机器摆布我们的能力。

---

[1] Alice Marwick and Danah Boyd, 'To See and Be Seen: Celebrity Practice on Twitter', *Convergence: The International Journal of Research into New Media Technologies*, 17(2), 2011, pp. 139–58; Alice Marwick, Status *Update: Celebrity, Publicity, and Branding in the Social Media Age*, Yale University Press: New Haven and London, 2013.

[2] Chris Horton, 'Is Social Advertising Subverting Social Media Marketing?', *Business 2 Community* (www.business2community.com), 2 May 2015.

VI

青木原（Aokigahara），又名"树海"，是一片令人魂牵梦绕的美丽森林，生长于富士山西北侧山麓喷发后形成的熔岩台地。在日本神话中，死于青木原的人，其魂魄（yurei）也留在那里。这片密林广袤又寂静，火山石与树木吸走了声响。如今每年都有数十人在这里自杀。尸体有时悬挂在树枝上，有时躺在地上交错的树根之间。

2017年12月，一名头发金得发白的好莱坞冲浪手站在森林深处，盯着一具早已死亡的尸体，在绳子末端打转。这名冲浪男子头戴一顶艳绿色的《飞出个未来》"脑蛞蝓"帽[1]，情绪略微失控，面色惊慌失措。面对死亡，他紧张地开着玩笑。罗根·保罗（Logan Paul）是一名在YouTube上极度成功的视频博主，他计划与朋友在森林里露营时拍摄一段视频，紧接着就发生了这一幕。露营被取消，当局叫停了活动。但视频却被上传。

为什么不呢？这可是真实又引人入胜的内容。保罗通过与观众分享他独具一格的生活点滴，让观众对他保持上瘾的状态。这为他带来了巨大的收益，其中包括每月超过100万美元的谷歌首选广告收入，在多个YouTube自制剧中的主演角色，以及他自己的服装系列。[2] 不可否认的是，他的这段经历的确扣人心弦，这种故事定能吸引观

---

[1]《飞出个未来》，即Futurama，是一部美国喜剧动画片。"Brain slug"（脑蛞蝓）是动画片中一种寄生在人头上的外星生物。——译者注

[2] Madeleine Berg, 'Logan Paul May Have Been Dropped By YouTube, But He'll Still Make Millions', *Forbes*, 11 January 2018; Gavin Fernando, 'How Logan Paul went from one of the world's most famous YouTube stars to universally hated', News.com.au, 3 November 2018.

众们的注意力，并提供刺激的观看体验。社交媒体工业的巨头们并不对用户发布的内容进行道德判断，在这方面，他们是不可知论者，因为他们交易的不是内容，而是注意力这件抽象的商品。当两百万人连续不断地生产粗制滥造的内容时，平台被设计为能将这些日常生活内容自动转化成具备经济价值的信息。而内容又能刺激用户们生产更多的内容，对平台来说这是一种良性循环，但另一方面，这也是一种恶性循环。

但这一次，保罗越过了一条品位与举止得当的红线，虽然这条线也不那么容易辨认。要是能更加谨慎，这段视频或许就成了他的摇钱树。然而很快，这段视频就遭到了无情的强烈反对。政客与明星成群结队地讨伐保罗对他人遗体缺乏尊重。数以万计的人签名请愿，要求删除其频道。YouTube 也对他的行为表示谴责，暂停了他在谷歌首选的收入来源，删除了他在剧集中的镜头。同为 YouTube 视频博主的日裔美籍网红蕾娜·斯库利（Reina Scully）斥责让他"滚出我美丽的祖国"[1]。有人对他说，他的成功带来了社会责任。他的行为不仅对死者家属是一种失礼，还有可能引发更多的自杀事件。自杀的感染力正源于它是一种象征性行为。

作为精明的企业家，保罗很快调转了方向。在豪赌失败后，他删除了影片，发布了一封措辞讲究、情感充沛的道歉信，并以此事为契机上传了一段他采访自杀专家的新视频。[2] 他解释称他当时"被

---

[1] Reina Scully, 'I have a lot of intense feelings', Twitter.com, 1 January 2018.

[2] James Vincent, 'YouTuber Logan Paul apologizes for filming suicide victim, says "I didn't do it for views"', *The Verge*, 2 January 2018.

情绪冲昏头脑，做出了不理性的行为"。他想做的只是"提升对自杀与自杀预防的意识"。他现在明白了"能力越大，责任越大"。这是一次巧妙的回应，利用丑闻暗中证明了他自己一直以来的重要性。这体现了他深谙媒体的运作方式。保罗的豪赌虽然没能为他带来好处，但对社交媒体来说却并非如此：新内容因此如潮水般涌来，随之而来的还有新一波的注意力。如果他玩儿得好，他依旧能从他创造的注意力洪流中分一杯羹。

说到这里，我们需要注意社交媒体正从越来越多的自杀直播生态中汲取养料，这能提供给我们有用的信息。来自田纳西州孟菲斯的杰里德·麦克勒摩尔（Jared McLemore）用自焚结束了自己的生命；阿拉巴马州的詹姆斯·杰弗里（James Jeffrey）开枪自尽；土耳其南部的埃尔多安·瑟伦（Erdogan Ceren）朝自己腹部开枪自杀；来自迈阿密的14岁女孩耐伊卡·维南特（Naika Venant）上吊自尽，而她的妈妈则饱受信息和截图的疯狂轰炸；凯特琳·妮可·戴维斯（Katelyn Nicole Davis），一名来自佐治亚州的12岁女孩，在公开自己被性侵一事后在直播镜头前上吊自尽。[1] 在每一起事件中，自杀引起的注意力都带来了可变现的流量。与这些直播有关的镜头片段、截图、点赞、状态和评论都连续不断地汇入注意力经济的洪流中。人们在自杀前的模样甚至让报纸与网站上的头条变得更劲爆。正如

---

[1] Shehab Khan, 'Man dies after setting himself on fire during Facebook Live stream', *Independent*, 15 May 2017; Travis M. Andrews, 'Turkish man, 22, fatally shoots himself on Facebook Live', *Washington Post*, 13 October 2016; Carol Marbin Miller and Audra D. S. Birch, 'Before suicide by hanging, girl pleaded in vain for mom's acceptance', *Miami Herald*, 15 March 2017; Kristine Phillips, 'A 12-year-old girl live-streamed her suicide. It took two weeks for Facebook to take the video down', *Washington Post*, 27 January 2017.

匈牙利诗人贝拉·巴拉兹（Béla Bálazs）形容演员表情时所说的那样，处于绝望行为边缘的绝望面孔，展示着"孤独的人类灵魂中的无声独白"[1]。这些吸引人的新闻材料，在被试用与检测过后，周而复始地为传统媒体和社交平台本身吸引着有价值的注意力。

这种内容之所以能带来威胁，与平台逻辑之外的文化原因有关，即这些内容会招致政府监管，或者用户会被鼓励断开连接。但就算这样，平台除了扰乱注意力与数据生产的生态系统外别无他法。例如，为证明自己的承诺是认真的，脸书会在平台的敏感性分析发现用户可能存在自杀风险时改变其内容推送。为有自杀倾向的人提供帮助的页面可能会出现在推送里。但如果盈利模式本身的特征导致反常激励出现呢？如果康拉德（Conrad）所说的"反常灵感之魔"（demon of perverse inspiration）现在通过算法发挥其影响呢？[2]

比如，2017年，一名来自俄亥俄州的年轻女性被判入狱9个月，因为她直播了自己的朋友被一名年长男性强奸的经过。[3] 玛丽娜·洛妮娜（Marina Lonina）当时18岁，她的朋友只有17岁，而强奸犯雷蒙德·盖茨（Raymond Gates）已经29岁。她们前一天在商场认识盖茨后，决定约他喝一杯。盖茨对受害人感兴趣是因为他想给她破处。他带了一瓶伏特加，在一起喝完酒后，受害人基本上已经喝

---

[1] Béla Bálazs, *Theory of the Film: Character and Growth of a New Art*, Denis Dobson Ltd: London, 1952, pp. 62–3.

[2] Joseph Conrad, *The Secret Agent, in Joseph Conrad: The Dover Reader*, Dover Publications, Inc.: Mineola, NY, 2014, p. 439.

[3] Rob Crilly, 'Teenager accused of live-streaming rape got "caught up in the likes"', *Daily Telegraph*, 18 April 2016; Tyler Kingkade, 'Why Would Anyone Film A Rape And Not Try To Stop It?', *Huffington Post*, 21 April 2016.

3. 我们都是网红

醉了。于是，盖茨将她推到床上、压在她身上并对她实施了暴力强奸。洛妮娜抓起她的手机开始直播。在强奸过程中能听到洛妮娜一直在笑，而与此同时受害人则在大声尖叫，"不要，太疼了"。

盖茨的行为没有什么好让人感到疑惑的：他是一名强奸犯，用他的话说，他尤其对不愿就范的"处女"有性致。但洛妮娜的行为则让人十分困惑。根据公诉人的说法，洛妮娜告诉警察她之所以会开始直播，是希望录像能让盖茨停止强奸，然而——出乎意料的是——她被"收获的点赞冲昏了头脑"[1]。后来，她向网飞（Netflix）纪录片《辣妹征集》（*Hot Girls Wanted*）坦承，她最初并未意识到在发生什么，但"Periscope（一款直播软件）上的男性都开始留言'快录！快录！我想看！'。而且不是一两个人，有好几十个人都在关注我们。我被兴奋冲昏了头了"。

这些话本身就已经让人觉得不可思议，但竟会有人点"赞"也令人感到震惊。大部分观众应该没什么理由想看强奸，更别说煽动这件事。相比于其他类型的犯罪案件，被目击的性犯罪案件中的"旁观者效应"是出了名的严重，但这些人不是围观者。他们给出的"赞"，似乎以不在场的形式支持了这种令人触目惊心的残忍行为。这些反馈有效也能讲得通，用洛妮娜的话来说，这些来自围观人群的"赞许"至关重要：她意外地受到欢迎，她的直播取得了票房成功，这些带来的刺激已经足够淹没她能给予她朋友的任何一点关心。如果洛妮娜能为这短暂的名气爆发感到悔恨，算法现在已经将这一切永恒地记

---

[1] Jill Bauer and Ronna Gradus, *Hot Girls Wanted: Turned On, 'Don't Stop Filming'*, Season One, Episode Six, Netflix, 2017.

录下来。在谷歌上搜索她的名字，会得到提供名为"玛丽娜·洛妮娜 Periscope 色情"和"玛丽娜·洛妮娜强奸视频"的色情网站的结果。

名气的阴暗面本身并非新鲜事。约瑟夫·弗里策尔（Josef Fritzel）、泰德·邦迪（Ted Bundy）、蒂莫西·麦可维（Timothy McVeigh）和杰弗里·达莫（Jeffrey Dahmer）都是一夜成名的杀人犯和强奸犯，身处监狱还能收到数十封甚至数百封情书。[1] 新鲜之处在于，名气能被算法重新书写，意味着所有人都能参与到这阴暗面之中。

VII

名人一直都是聚焦注意力的高效途径，是只要花钱就能买到的最好的注意力。如果上瘾机器引导人们注意力的方法是通过控制欲望，那么名人的包装无疑能高效地满足我们的欲望。

丹尼尔·布尔斯廷认为，名人就是因知名度而知名的人。[2] 换句话说，有人能吸引注意力是因为他们在吸引注意力。别人关心的事情总能激起自己的好奇心：这就是为什么名气能迅速传播。[3] 正如马克·扎克伯格曾吹嘘的那样，通过"增强网络的社交属性"，社交平

---

[1] 在洛妮娜的色情犯罪之前，人们感兴趣的是因被指控谋杀梅勒迪斯·克彻（Meredith Kercher）而受审的阿曼达·诺克斯（Amanda Knox）。英国的第 5 频道（Channel 5）的日间头号节目《莱特聊天》（*The Wright Stuff*）甚至还为此举办了一场名为"诺克斯的美丽陷阱：你会跟她睡吗"（Foxy Knoxy: Would Ya?）的辩论。

[2] Daniel J. Boorstin, *The Image: A Guide to Pseudo-events in America*, Vintage Books: New York, 1992, p. 136.

[3] "人类的注意力倾向于落在他能识别的形象上，也就是对他人注意力之所向如痴如醉。" Yves Citton, *The Ecology of Attention*, Polity Press: Cambridge, 2017, p. 64.

台将普通的社会交往转变成潜在的伪名人事件：能被量化且容易被复制的信息或表情包。通过社交媒体这台上瘾机器，名人更是被简化为对注意力进行精心策划的最直白的机制。[1]

不过，这也表明，当我们现在谈论名人、流行趋势或"受欢迎"时，这些概念的意义与以往相比已经大不一样。对于正在经历的事，我们还并没有一种合适的语言，或许我们需要发明一种新的语言。但简单的解决方法是讲故事，这个故事虽然已是老生常谈，但它能让我们了解正在发生什么，也能让我们明白正在发生的事如何导致了文化监管。[2] 对道德恐慌的盘点起初围绕着年轻人与性话题展开，《时代》（Time）杂志1995年的一篇报道警告人们提防"你身边的屏幕：网络色情"。从MySpace到Snapchat，社交媒体被指为色狼提供了寻找猎物的平台。[3] 但更普遍却更不易察觉的担忧是，平台造成了一种新的自我陶醉。根据这一观点，社交媒体是一座精巧的镜厅[4]，而身处其中的我们总忍不住多看自己几眼。

对自恋的抱怨几乎总是在说"他人自私"，克莉丝汀·多姆贝克（Kristin Dombek）这样写道。[5] 表现出自恋的永远都是他人过于火辣

---

1 Adam Clarke Estes, 'A Guide to Facebook's Announcements', *The Atlantic*, 22 September 2011.

2 Philip Elmer-Dewitt, 'On A Screen Near You', *Time*, 24 June 2001.

3 Brad Stone, 'New Scrutiny for Facebook Over Predators', *New York Times*, 30 July 2007; Bobbie Johnson, 'Wired hacker outs MySpace predators', *Guardian*, 17 October 2006; Marion A. Walker, 'MySpace removes over 90,000 sex offenders', Associated Press, 23 February 2009.

4 "镜厅"，即Hall of Mirrors，是凡尔赛宫的中央走廊，因厅内挂满镜子而得名。——译者注

5 Kristin Dombek, *The Selfishness of Others: An Essay on the Fear of Narcissism*, Farrar, Straus & Giroux: New York, 2016.

的自拍、过于丰盛的晚餐、过于幸福的恋爱照和过于迷人的度假照。在这种意义上，自恋正如王尔德（Wilde）对邪恶的形容那样，是由好人为了解释自己对他人莫名的着迷而制造出来的神话。

的确，在对 Instagram 网红的指责中，带有道德色彩的语言不失为注意力受挫的证据。[1]《纽约邮报》（*New York Post*）对"年轻人痴迷于这些肤浅的东西"表示惋惜。根据心理学家简·特温吉与基斯·坎贝尔（Keith Campell）的说法，年轻人"对自我崇拜的欲望过于强烈"。[2] 对网络自恋持否定态度并详细描述这种沉迷的学术论文、报刊文章和调查不断增多。[3] 这些老生常谈都在暗示：年轻人，太假了。

流行文化对自恋的惋惜并没有错。社交媒体平台上能做的事大部分都包含了不断为自己创建用来崇拜的人设。这种人设将自恋与数字化的镜子结合在一起，通过来自其他用户可被量化的"反应"

---

[1] Elisha Maldonado, '"Am I ugly?" YouTube trend is disturbing', *New York Post*, 27 October 2013.

[2] "你可以爱你自己"，特温吉和坎贝尔用菲尔博士（Dr. Phil [译按：美国一档脱口秀节目的主持人]）的强硬风格这样建议年轻人，"但自爱不要过度"。Jean M. Twenge and W. Keith Campbell, *The Narcissism Epidemic: Living in the Age of Entitlement*, The Free Press: New York, 2009, p. 69.

[3] 除特温吉与坎贝尔外，以下均为痴迷此常见观点的例证：Laura E. Buffardi and W. Keith Campbell, 'Narcissism and Social Networking Web Sites', *Personality and Social Psychology Bulletin*, 34(10), 2008, pp. 1303–1314; Christopher J. Carpenter, 'Narcissism on Facebook: Self-promotional and anti-social behavior', *Personality and Individual Differences*, Vol. 52, No. 4, March 2012, pp. 482–6; Andrew L. Mendelson and Zizi Papacharissi, 'Look At Us: Collective Narcissism in College Student Facebook Photo Galleries', in Zizi Papacharissi, ed., *A Networked Self: Identity, Community and Culture on Social Network Sites*, Routledge: London and New York, 2010; Soraya Mehdizadeh, 'Self-Presentation 2.0: Narcissism and Self-Esteem on Facebook', *Cyberpsychology, Behavior, and Social Networking*, Vol. 13, No. 4, 2010; Adam O'Sullivan and Zaheer Hussain, 'An Exploratory Study of Facebook Intensity and its Links to Narcissism, Stress, and Self-esteem', *Journal of Addictive Behaviors, Therapy & Rehabilitation*, 06 (01), 2017; Agata Blachnio, Aneta Przepiorkaa and Patrycja Rudnicka, 'Narcissism and self-esteem as predictors of dimensions of Facebook use', *Personality and Individual Differences*, Vol. 90, February 2016, pp. 296–301.

制造自我形象。[1]而且我们所有人都在造假，不管是通过滤镜和拍照角度，还是我们建立数字自我时所使用的被精心编辑过的情绪与言论。[2]我们的智能手机就是我们实现这些的手段。但如何界定何种程度的自我崇拜才算过分？何种程度的自爱是有害的？当有人被指自恋时，我们实际上到底希望他们如何应对？

纵览历史，我们只在怀疑别人过得好时才对他们进行这样的指责。对年轻人的强烈指责中暗含的潜台词是，他们真的十分享受自我，欣赏自己的身体。坎贝尔和特温吉抱怨年轻人爱出风头，认为他们是名副其实的物质主义者，"在被羞辱时变得好斗，并对情感上的亲密关系毫无兴趣"。这两位心理学家不认同自恋掩盖不安全感这种安慰人的想法：相反，他们认为，新一代的自恋者在无意识的情况下，真的觉得"他们了不起"。[3]认为自恋在年轻一代中发展繁荣的想法很普遍。佐伊·威廉姆斯（Zoe Williams）担心，自拍、整容手术与数字平台上的过度分享标志着"自恋"已经成为一场"流行病"。[4]

这种说法的问题在于其调查证据自相矛盾。每一项声称有证据证明自恋飙升的研究，都能找到与其持相反观点的调查。克拉克大

---

1 参见克里斯托弗·拉什（Christopher Lasch）对"镜像自恋"（narcissism of the mirror）的讨论。*The Culture of Narcissism: American Life in an Age of Diminishing Expectations*, W. W. Norton & Company: New York, 1991.

2 如果如奥利弗·温德尔·霍姆斯（Oliver Wendell Holmes）所言，相机是"自带记忆的镜子"，那么我们就是在以工业模式生产虚假记忆。

3 Twenge and Campbell, *The Narcissism Epidemic*, pp. 65 and 71.

4 Zoe Williams, 'Me! Me! Me! Are we living through a narcissism epidemic?', *Guardian*, 2 March 2016.

学（Clark University）的杰弗里·阿奈特（Jeffrey Arnett）甚至断言千禧一代"格外慷慨"。[1]最大的困难也许是，人们就自恋到底是什么几乎没有共识。就连精神病学家都无法在公开争论中，就特朗普这样夸夸其谈的典型推特网红算不算自恋达成一致。[2]许多研究者试图通过将可测量态度的长期转变，与《精神疾病诊断与统计手册》中列出的自恋标准或自恋型人格问卷进行比较，来绕过自恋概念这一问题。然而，对于态度的解读因其开放性的特征，并没有太多实际的借鉴价值。比如，赞同"我是一个非常重要的人"或者"我可以随心所欲地生活"这样的说法的人数增多，对这一现象可以有多种解读。如果我说我能随心所欲地生活，我可能是在表达自己不愿

---

[1] 时下非常流行的内隐联想测验（Implicit Association Tests）被用来展示测试主体认为自己了不起的"无意识"想法。但该测试已被大量经过同行评议的学术研究成果推翻。这些伎俩根本无法衡量任何事，更别说在无意识层面。Christian Jarrett, 'Millennials are Narcissistic? The evidence is not so simple', BBC News, 17 November 2017; Jeffrey Jensen Arnett, 'The Evidence for Generation We and Against Generation Me', *Emerging Adulthood*, 1(1), 2013, pp. 5–10; E. Wetzel, A. Brown, P. L. Hill, J. M. Chung, R. W. Robins and B. W. Roberts, 'The Narcissism Epidemic Is Dead; Long Live the Narcissism Epidemic', *Psychological Science*, 28(12), 2017, pp. 1833–1847; Samantha Stronge, Petar Milojev and Chris G. Sibley, 'Are People Becoming More Entitled Over Time? Not in New Zealand', *Personality and Social Psychology Bulletin*, 44(2), 2018, pp. 200–13.

[2] 2017年，在一片争议声中，美国精神病学协会取消了禁止其成员对公职人员心理健康进行推测的专业禁令。Alessandra Potenza, 'Commenting on Trump's mental health is fine, psychiatry group says', *The Verge*, 25 July 2017. 37名精神病学家在其共同撰写的畅销书中诊断认为，特朗普患有病态自恋症（pathological narcissism）。Bandy X. Lee et al., *The Dangerous Case of Donald Trump: 37 Psychiatrists and Mental Health Experts Assess a President*, St Martin's Press: New York, 2017; 而在《精神疾病诊断与统计手册》中对自恋性人格障碍（narcissistic personality disorder）进行定义的第一作者致信《纽约时报》指责其同行称，他们并无足够信息来下此定论。Allen Frances, 'An Eminent Psychiatrist Demurs on Trump's Mental State', *New York Times*, 14 February 2017.

受宗教或世俗权威束缚的愿望，或是偏爱自由主义法制或自由市场制度下的生活。也可能我这么说完全出于深层次的个人理解。在没有进行深度采访的情况下，我们很难知道某一表态背后到底蕴含怎样的意义，因为访谈中经常出现无法被定量分析的材料。

这样说不是为了消解问题本身。随着时间的推移，如果人们越来越愿意接受貌似反映了个人主义价值观或竞争性价值观的态度，这能向我们揭示某些文化上的重要特质。例如，如果越来越多的人觉得他们肯定很重要，这一现象值得深思吗？特温吉有关"Z世代"[1]的研究发现，一些重大转变发生在2011年左右，也就是当智能手机在青少年中普及开的时候。[2] 任何一个长期使用社交媒体的人，都不会错过对任何事强行"叫好"的机会。我认同的状态"好"，我喜欢的人也"好"，能让我产生共鸣的情绪就一定要被引用转发，还要附带上表示兴奋尖叫的"好！说得太好了！"。而如果我能在我的粉丝中引发这种荒谬到让人欲罢不能的情感迸发，我就赢了。要想放大目前这种强行点赞的文化趋势，社交平台再合适不过，因为平台本身的构造理念，就是一场竞争点赞数的狩猎游戏和一场博取眼球的对抗。

不过，自恋并不总是模棱两可。合我们意的形象也可能让我们

---

[1] 欧美语境中用来形容出生于1990年代末至2010年的人，深受网络与科技产品的影响。——译者注

[2] Jean Twenge, *iGen: Why Today's Super-Connected Kids Are Growing Up Less Rebellious, More Tolerant, Less Happy–And Completely Unprepared for Adulthood*, Atria Books: New York, 2017.

感到沮丧。正如纳西瑟斯（Narcissus）[1]所发现的那样，我们或许喜欢某一形象，但它并不爱我们。它以我们为代价保护自己，积累起所有我们为自己寻求的爱与认可。而就在我们对它的奉献与痴迷中，我们却被无视了。

VIII

现代自恋的典型是自拍。但自拍是一个悖论。自拍本应呈现一个独一无二的人：在最好的光线下、从最好的角度、过着自己最好的生活。但自拍所使用的技术，如亚当·格林菲尔德所说，却在"全球节点与链接的网络上"，散播着一个形象已经模糊的自我。[2]从手机传感器到通信基站、海底光缆、微波中继设备和网络用户，这些硬件基础设施以点对点的方式组织着一个人对世界的体验，如是，也就组织着这个人的自我。除了将一个人的自我肢解成数字化零部件外，令人担忧的是，自拍的技术还让每个人看起来都长得一样。

自拍的手法导致了自拍照的单调重复与平庸。其中部分原因在于，对点击率的追求刺激着流行图像重复出现。然而，像Snapchat和Instagram这样的平台，以及像美图这样的软件程序也让模仿拥有了某种形式的吸引力。滤镜，即一系列有限的现实调节器，对自拍

---

[1] Narcissus，希腊神话中的俊美少年，为河神刻菲索斯（Cephissus）与水泽女神利里俄珀（Liriope）之子，也是narcism（自恋）一词的来源。——译者注

[2] Adam Greenfield, *Radical Technologies*, Verso: London and New York, 2017, p. 45.

照进行加工：Snapchat 的滤镜让我们看上去像卡通人物，有着可爱的小狗耳朵和鼻子；Instagram 最初的滤镜让人怀旧、思乡，但给人很恶俗的感觉。滤镜模糊了我们的脸部特征与缺陷，让我们看上去精致、完美，甚至充满神秘感。身为摄影师，布鲁克·文德特（Brooke Wendt）认为，这些滤镜鼓励我们"为了上相，要表现得好像被施了魔法一般"。[1]

威廉姆斯·布罗夫斯（Williams Burroughs）认为，现代消费者对图像上瘾。而我们的自拍照急剧增多就是这种图像瘾的缩影。人类历史上的大部分时候，自拍都是权势阶层的特权，这些图像描绘的要么是贵族，要么是艺术天才。随着 18 世纪与 19 世纪民主与工业革命的到来，新的呈现方式得以涌现：穷人接触到印刷技术，人们发明了摄影与电影技术，而且还出现了新形式的自画像。从图鲁斯－劳特累克（Toulouse-Lautrec）的《镜前自画像》（*Self-Portrait Before a Mirror*），到杜尚（Duschamp）的《五棱镜前的自画像》（*Self-Portrait Before a Five-Way Mirror*），被描摹的这些新的自我往往是残疾、有伤、焦虑、憔悴的。这些自画像呈现的是全人类共有的缺陷与脆弱。[2]

自拍似乎预示着我们回到了那个以贵族为理想的年代，只不过这次人人都能参与。自拍照倾向于避开任何明显可见的伤疤、忧虑

---

[1] Brooke Wendt, *The Allure of the Selfie: Instagram and the New Self-Portrait*, Institute of Network Cultures: Amsterdam, 2014, p. 16.

[2] 有关视觉图像与自画像历史的精彩记述，参见 Nicholas Mirzoeff, *How to See The World: An Introduction to Images, from Self-Portraits to Selfies, Maps to Movies, and More*, Basic Books: New York, 2016。

和虚弱。它们所呈现的是无瑕的欲求,是费尽九牛二虎之力才得到满足的自我。这种画像不仅是一个谎言,更是一个发自内心的谎言,而这个谎言恰恰说明了现代的自恋有多么易碎。1970 年代,克里斯托弗·拉什(Christopher Lasch)在注意到一股正在兴起的自恋文化后,就断言这种自恋不堪一击。这种自恋高估了个体的价值,以至于个体特征开始逐渐消失。[1] 市场中的"独立个体"只不过是转瞬即逝的消费者,着了魔般被困在像赋格曲[2]一样,基调简单但又能让人暂时心满意足的状态中。这种满意的模版就是商品形象,即那些出现在电视上、银幕里或广告牌上的形象。如今,自我就是商品。但祸不单行,与此同时我们还在生产我们自己的商品形象,我们忙于生产有关我们自己的数据,好让社交媒体平台能向我们卖广告。我们才是产品。

产品不是活物。盯着一张自拍照就像重新盯着一件已被完成、死去的作品。文德特说,在自拍照里我们看上去就像已经死了一样。[3]与其说照片里的我们过着自己最好的生活,不如说那里面的我们看着像死得其所:一具在看(looking)与被看(looked at)的双重意义上都好看(good-looking)的尸体。自拍照表面上的主题就是其效果。照片是技术社交的沉淀物与石化物,作为其产品,自拍照的形象就是技术组织我们自我感知的方式。

---

[1] Lasch, *Culture of Narcissism*.

[2] "赋格"(Fugue)是一种复调音乐形式,以钢琴为例,左右手以特定规律相互模仿,有一唱一和之感。——译者注

[3] Wendt, *The Allure of the Selfie*, p. 20.

充满了对镜自拍的上身裸照、健身房照片、新发型等图片的推送，或许能被看作一种形式独特的偶像崇拜。但与其说这是向用户致敬，不如说这是向机器对用户的权力致敬。这种权力无须规定任何事，就能让人们对何谓自我、何谓生活的理解变得十分狭隘又极其相似。在机器权力的精心策划下，注意力被分散、被异化，而这一切本身却充满悖论。[1] 被分散的注意力不再集中在自己身上，但与此同时，自我却是万众瞩目的焦点。在这种意义上，问题不再是多大限度的自爱才能被公共接受，而在于我们是否能发现更令人满意的东西。

IX

网络知名度大涨是一个充满矛盾的论断。毕竟，这是一个虚拟空间，获得知名度的自我也是一个虚拟自我，即人设（avatar）[2]。栖身于社交媒体就是生存在一个设计精良的全景监狱之中，对自我的监视因此也成倍增加。但处于监视之下的到底是什么？

"avatar"一词在古梵文中的原意为"以肉身下凡尘世的神"。而在电脑语言中，该词意指将抽象具象化。乍看之下，这似乎刚好与这一词语的实际用法相反，因为"avatar"所指的本应是我们在网络世界的代表。难道我们具象的自我不就是通过抽象的信息被呈现在

---

[1] 参见 Josh Cohen, *The Private Life: Why We Remain in the Dark*, Granta: London, 2013, p. 34。
[2] 剑桥中英词典对 avatar 的翻译为"网络游戏或聊天中的虚拟化身"，源于该词本义"印度神话中下凡化作人形的神"，这里使用中文表述中常见的"人设"取代。——译者注

网络上的吗？

事实上，我们之所以会这么想，是因为我们仍以为处于这一进程中心的是我们自己，就像我们就是神，就是互联网上一切的源头。桑迪·鲍德温（Sandy Baldwin）写道："就像互联网是我写的，我用自己的iPhone写了整个互联网，然后发送，每次140个字。"[1] 这样的用户体验的确是被设计好的，但身处一个操作条件反射箱中，实际上掌控一切的是协议，是算法。我们在网上被呈现出来的可视化形象不是我们自己，而是一套抽象的算法过程。虽然我们能选择算法要处理的材料，例如用户名、头像、封面、自我介绍和发布的内容，但在选择的同时，我们其实是在为算法工作，算法制定工作条件，而不是我们。我们关注这个形象——说白了，就是努力靠近这个形象——但这个形象往往会塌。

我们作为虚拟明星的地位必然不堪一击。名望本身就是虚拟的，那是明星们通过被美化的形象所吸引来的幻想与情感认同。而认同可能很快变成厌恶。这种认同总是很矛盾，既充满了性幻想又充满了死亡幻想，我们既被吸引又被排斥，我们总在争取，却永远无法找到与令我们感动、被我们认同的对象间的"合适距离"。"奶昔鸭"，即网红人设迅速崩塌的现象，就是这一情况的网络写照。如果每个人都能成为明星，那么每个人就都会像明星一样，无法满足不切实际的理想标准。就算你没有在Reddit上留下种族歧视的言论记录或任何偏执的推文，你的网络活动也不可能无瑕到能避免一切抨击，

---

[1] Sandy Baldwin, *The Internet Unconscious: On the Subject of Electronic Literature*, Bloomsbury: New York, 2015, p. 5.

没人做得到。这也适用于网络社群上的激烈争吵，以非黑即白的方式对认同问题进行表态，既能激发热情洋溢的团结感，也能导致敌意的突然爆发。每一个这样的社群都有自己的明星，而这些明星距离人设坍塌仅一步之遥。

有关玻璃心的讨论暴露了对这一点的某种焦虑。种族主义、性别主义的极右人群抨击左翼人士是开不起玩笑的"雪花"，而身份认同左倾的人斥责右翼中那些接受不了批评的白人才是玻璃心。就像突然间所有人都变得更加脆弱，随时可能被摔成碎片，但每个人都只注意到其他人的脆弱之处。如果说玻璃心的这一套说辞基本上只在讨论身份政治、左派右派的时候才出现，那么这或许能告诉我们网络名气究竟对身份产生了怎样的影响。

身份看上去似乎是一个简单明了的观念。正如雪莉·贝西（Shirley Bassey）唱的那样："我就是我。"但网络上有关身份的讨论之所以会如此极端，其中一个原因在于，这件事从没有那么简单。文化评论家玛丽·莫兰（Marie Moran）引用了历史上对这一概念的三种使用方式。在法律意义上，身份是指你用护照、身份证件与你的用户名和密码所意在证明的东西。这确保了你是能确立合同关系的法人。在个人意义上，身份关系到你本身的独一无二，这通常被认为是一个人最核心的部分，不过现代市场告诉我们身份是消费品。在社会与政治意义上，身份是这个世界基于你的假定特质对你采取的划分方式。[1] 从某种角度看，身份在所有三种意义上就像死者名册，或者

---

[1] Marie Moran, *Identity and Capitalism*, Sage Publications: London, 2014.

说像一份讣告通知。随着时间的推移,它以碑文的形式为你写下一份冗长的布告。某用户长眠于此:账户信息、兴奋点、偏好、搜索历史、性别、种族、阶级、国籍。

令人感到讽刺的是,互联网本应让我们摆脱身份的限制,让我们的生活能不受制于本质与归属发号的命令。恰恰相反,身份在这三方面的重要性却似乎通过网络变得过犹不及。对网络安全的讨论表明了人们对身份盗窃的恐惧;网红则意味着对个人自我形象的过度雕琢,而这可能会凸显一个人的身份中那些僵化的成分;网络政治往往就"文化挪用"与身份归属的界限问题争论不休。社会正义斗士们的警告"# 待在你自己的地儿(#stayinyourlane)",提醒我们永远不要跳出自己的身份圈子。社交媒体的年代见证了身份讨论的爆发。

这其中不乏好的理由。许多被称作身份政治的运动,例如黑命贵(Black Lives Matter)和 # 我也是(#MeToo),所针对的都是长期存在的不公正,而这些人遭受不公,正是因为其身份。然而,除此之外,社交媒体的内在政治本身就是一种身份政治,因为在媒体平台上,我们必须花费越来越多的时间来表演某种身份。被社交媒体吸引的自我转瞬即逝,正如拉什所说,这样的自我被困在对刺激不断做出回应的焦虑中。补偿与激励也能成为刺激,我们可以精心打理自己的形象,制造出一种能被消费的身份商品,像磁铁一般吸引着对图片上瘾的人的注意力。

这其中也潜伏着死亡。特温吉和坎贝尔敦促人们多关心自己的生活、少关心自己的身份,他们这样说是有道理的。自我与生命之间的确存在选择,而这一观点其实暗含在注意力经济中。我们越是无法自拔地雕琢自己,我们用来生活的时间就越少。我们或许会发现,时不时忘记自己是有益的。换句话说,我们或许需要一种"反身份"的政治,反抗所有强迫我们在自我身上过度花费时间的潮流,或是反抗试图告诉我们该怎么做人,将某种特别狭隘且让人感到压抑的想法强加在我们身上的潮流。对这种反身份的政治来说,所有花在雕琢自我形象上的精力都是被浪费的潜力,这种政治所要培养的是遗忘与断联。

X

吾忘己矣,我非王耳?

——威廉·莎士比亚,《理查二世》(*Richard II*)

记得自己是一位国王,也就是提醒自己,你生活在专制统治之下。太看重自己,就是生活在个人独裁之下,而其余有异议的人都渴望推翻它。

从生命之初开始,我们在镜子里看到的形象就不只是爱人,更是对手。婴儿一旦被自己的镜像吸引,就会像君王一样对镜子里的自己指手画脚,好像在说"婴儿陛下"——正如弗洛伊德对这种初级自恋所进行的描述那样。[1] 过于完美的形象与经验形成鲜明对照。

---

[1] Sigmund Freud, 'On Narcissism: An Introduction', in *Complete Psychological Works of Sigmund Freud*, Vol. 14, Vintage Classics: New York, 2001.

尽管婴儿的感官运动系统还不能发挥作用，他也几乎不会说话，但他已经为自己找到了一副既能被自己认同，也能从自己父母的目光中得到认可的完全统一的形象。认同这一形象也就是认同他人凝视这一形象的方式。不仅他在凝视，别人也在凝视他。这就是为什么这一形象如此专断的原因。在此意义上，被弗洛伊德同死亡驱力联系在一起的对身体进行切割、分解、去势与屠杀的迷恋，可以被理解为自动破坏偶像主义（auto-iconoclasm）。死亡驱力也带有一种弑君的故事情节。

推特机器内的生活并非与妈妈一起照镜子的翻版。镜子像核心家庭[1]一样，是一项陈旧、几乎要被取代的技术。弗洛伊德的理论不仅巩固了拉什对自恋的分析，还因强调极少数成人在儿童情感世界中起到的作用而带有起源论的特征。在古典弗洛伊德理论中，父母的认同让婴儿的身体充满力比多（libido）[2]。不过，核心家庭结构现已摇摇欲坠，原本封闭的家庭场所现在遍布着各种新式的沟通科技。

现如今，孩子们不再通过镜子，而是通过屏幕找到自己的形象，随之而来的还有那份凝视。精神分析学家亚历山德拉·列玛（Alessandra Lemma）认为，无论存在何种形式的自爱与自怨，它们现在都是因身体与技术之间的这种新联系而产生的。[3] 如果存在死亡驱力，或者真的存在任何形式的驱力，它现在都被暗含在这一虚拟

---

1 "nuclear family"指由父母与子女构成的核心家庭部分。——译者注

2 在弗洛伊德的精神分析论中，力比多指让身体感到兴奋刺激的性本能。——译者注

3 Alessandra Lemma, *The Digital Age on the Couch: Psychoanalytic Practice and New Media*, Routledge: London and New York, 2017, pp. 136–7.

世界中。但这意味着什么？在某种意义上，驱力本身就是虚拟的。弗洛伊德用"虚拟"一词来描述精神世界、幻想、梦境和欲望的空间。他所定义的驱力并非身体本能，而是精神对身体冲动的再现，也就是说，驱力将身体现实虚拟化。现实世界本身就已经是虚拟现实，我们最初通过发明书写，继而通过发明印刷，最后通过发明数字化书写添加的所有一切，都是一层又一层新的虚拟化。

正因此，拉康将所有驱力都定义为潜在的死亡驱力。因为如果驱力是虚拟的，那么与本能不同，它将无法被满足，而是将长久、永远地旋转下去，体面、愉悦或是基本生存都无法对其产生影响。驱力对一切制约因素发动了一场并非势均力敌的战争，其中也包括对认同的致命制约。因此，在某种意义上，死亡驱力站在生命的一边。只要有机会，它就会粉碎我们称之为自我或自拍的偶像，它也可能选择数字化自杀。的确，困扰网红们的公关灾难和网络骂战，也许与困扰传统好莱坞明星的毒品和酒精狂欢一样，都是一场自动破坏偶像主义的失败尝试。

社交媒体平台更担心数字化自杀，也就是断联，而不是以所谓"颠覆性"的方式使用他们提供的手段。在被认为是社交媒体美好旧时光的日子里，也就是全球金融危机刚结束不久时，大规模虚拟自杀的想法差点儿席卷网络，正如自杀的想法本身从不缺少受众一样。艺术家肖恩·多克雷（Sean Dockray）的"脸书自杀炸弹宣言"敦促用户们实施在线"剖腹自杀"。[1] 一些网站为网络用户注销账户提供

---

1 Sean Dockray, 'The Facebook Suicide Bomb Manifesto', *Wired*, 31 May 2010.

了快捷新潮的方式：Seppukoo.com 让用户们写下自己的"遗言"，并将这段话自动发给其好友，在永久删除账户前，该网站还以用户的名字为其建立悼念网页。Suicidemachine.org 则删除用户的所有好友及信息，将用户头像换成一张绳索图标，然后将用户添加至名为"社交媒体自杀者"的群组中。

由于社交平台受益于"网络效应"——平台连接的人越多，其价值越大——断联因此将会带来灾难性的倒退。这两家网站都收到了脸书要求他们停止并终止向脸书用户提供此项服务的律师函，他们也被迫照做。经过精心设计的社交媒体平台协议，就是为了阻挠断联，因为这将威胁平台本身的生存。脸书本身虽为其用户提供了永久删除账户的选项，却别有用心地将该选项隐藏起来，让人无法在任何菜单或设置选择中找到它。[1] 用户若想删除账户，就必须填写一张表格并通过脸书帮助中心上传，然后等待"复议期"结束。在此期间，脸书会通过显示"想念你"的朋友照片来让你回心转意——也就是利用它们能控制被你上传的内容这一点，来达到商业目的。

有证据显示，现有的社交平台已达到其用户峰值。脸书、推特和 Snapchat 的用户数量都在下降，其中 2018 年尤为严重。讽刺的是，Snapchat 的衰落可能就是由该平台依赖明星导致的。当凯莉·珍娜（Kylie Jenner）告诉她的 2 500 万粉丝她"已经不用 Snapchat"时，

---

[1] 有关这些网站的情况，以及脸书如何费尽周章阻止用户断联的情况，参见 Tero Karppi, Disconnect: Facebook's Affective Bonds, University of Minnesota Press: Minnesota, MN, 2018; 以及 Tero Karppi, 'Disconnect.Me: User Engagement and Facebook', University of Turku: Turku, 2014。

仅因这一条推文，该公司的市值就瞬间蒸发掉了13亿美元。[1]但这一趋势相当普遍。随着青少年人数减少，脸书一年内就在欧洲损失了100万用户和相当于1 200亿美元的市值；受假新闻和网暴的影响，推特也失去了100万用户，其股价因此暴跌。

不过，至少40%的全球人口仍在使用社交媒体。当超过60亿个眼球全神贯注地盯着屏幕时，这依然意味着一场大规模的注意力同步。[2]社交平台或许会式微，也可能改变其形式，但他们不可能消失。他们已经成为拥有巨大政治与意识形态力量的垄断机构和巨头。他们的系统是一个永远都不会被完成、总处于制作中的作品，通过对最新的流行趋势做出回应来让用户们保持上瘾的状态。可能的是，在没有替代品的情况下，社交平台将与现有的风险资本、娱乐产业和新闻媒体的结合体合作生产分散注意力的新技术。

但社交平台只加工社会热点的原材料。这样做之所以有效，是因为好胜的个人主义已经从政治和文化上得到了激励，而大众明星生态系统的崛起也已经是进行时。另外，这也部分因为社交媒体满足的是合理要求：平台为认同、有创意的自我风格、打破单调乏味、白日梦或闲暇时间的思考提供了契机。可是，他们之所以会这样做，是因为这些活动具备经济价值。社交平台非但没有让我们从劳累的

---

[1] 'Kylie Jenner "sooo over" Snapchat – and shares tumble', BBC News, 23 February 2018; Mark Sweeney, 'Peak social media? Facebook, Twitter and Snapchat fail to make new friends', *Guardian*, 10 August 2018; Rupert Neate, 'Over $119bn wiped off Facebook's market cap after growth shock', *Guardian*, 26 July 2018.

[2] Brett Williams, 'There are now over 3 billion social media users in the world – about 40 percent of the global population', *Mashable*, 7 August 2017.

工作中得到休息，反而让我们比以往任何时候都更加辛苦的工作。

社交平台向我们展示了我们的注意力的价值。但如果我们采纳作家马修·克劳福德（Matthew Crawford）的建议，将我们的注意力当作不应被浪费的宝贵之物呢？[1] 如果我们主张我们有权不被无休止地推送信息，不没完没了地为一个命运与其平台股价一样不稳的形象提供服务呢？社交平台已经清楚地示范了，只要我们允许他们的聚光灯照向我们最黑暗的角落，我们的日常生活就能被转化为商品。精神分析学家乔什·科恩（Josh Cohen）认为，这种入侵抹杀了我们在生活中"保持沉默的可能性"，但我们的生活本就是"由黑暗与沉默这样的自然元素所构成的"，因此这种抹杀实际上是"能发生在一个人身上的最严重的侵犯"——如果我们真如他所提议的那样想呢？[2] 如果说有令人满意的工作、职业与历险在等着我们，而我们只需想清楚我们的漫不经心是为了什么，并将注意力转移到其他事物上呢？

---

[1] Matthew Crawford, *The World Beyond Your Head: How to Flourish in an Age of Distraction*, Penguin Random House: New York, 2015, p. 13.

[2] Cohen, *The Private Life*, Kindle loc. 127.

4

We Are All

Trolls

我们都是
喷子

以网暴他人为乐的互联网用户们目睹了太多
经济／环境／政治灾难，
因此他们认为，在世界目前的末日状态下，
随心所欲、高兴地进行反社会活动要好过持续情绪化。

—— 恶搞百科 (Encyclopedia Dramatica)

生活不公，所以要么自杀，要么想开点儿。

—— 黑匣子乐队 (Black Box Recorder)
《儿童心理学》(Child Psychology)

I

喷子们厌恶明星，失败才是他们乐于宣传的事。他们不会赞扬别人的优点，而是无情地挖苦暴露别人的弱点：只为搞笑（for the lulz）[1]。他们提醒你，总有一种角度让你显得无足轻重，让你的痛苦变得滑稽可笑。

2011年2月，在校生娜塔莎·麦克布莱德（Natasha MacBryde）外出自杀。[2] 她与其他十几岁的同龄人没什么不同：因学校、朋友和老师而感到极度绝望，被小团体霸凌，被自己喜欢的男生告知"只是朋友"，因社交媒体上一连串匿名的辱骂留言而备受折磨。最终，筋疲力尽的麦克布莱德做出了自己的决定。在网上研究一番后，她在天黑后溜出家，爬上陡峭的河堤，站在铁轨上，等待着。第二天，也就是情人节当日，人们在离她家不到150米的地方发现了她的尸体。验尸官断定死因为自杀：她的身体上有遭车辆撞击的痕迹。为纪念她，麦克布莱德悲痛欲绝的哥哥在脸书上创建了悼念专页。

---

[1] "lulz"是网暴用语，即"lol"（"laugh out loud"）"哈哈大笑"的变体。——译者注
[2] 'Natasha MacBryde: Rail death teen threatened online', BBC News, 21 July 2011; Andy Dolan, 'Coroner slams "vile" school bullies who taunted suicide girl, 15, in death', *Daily Mail*, 22 July 2011; 'Public schoolgirl fell under train after being taunted by bullies', *Daily Telegraph*, 15 February 2011.

在发现这个机会后,肖恩·达菲(Sean Duffy),一名来自雷丁(Reading)的25岁"葬礼喷子"开始了他的网暴活动。[1] 他用各种留言和带有麦克布莱德形象的表情包突袭了悼念页:"我在铁轨上睡着了,哈哈哈""我坐火车去天堂了,哈哈哈""我自杀是为了搞笑""娜塔莎没被霸凌,她就是个婊子""火车晚点还到处是血?对不起,我干的"。他上传了一张《辛普森一家》(The Simpsons)的截图,图中是一张丽萨·辛普森(Lisa Simpson)给拉尔夫·维古姆(Ralph Wiggum)的情人节卡片,卡片上面的火车从头顶喷出"我选–选–选你"的表白。他还制作了一个名为"塔莎坦克发动机"的YouTube视频。达菲是制造了多起网暴的惯犯。他似乎尤其热衷于嘲弄悲痛欲绝的青少年家长。讽刺的是,他的网暴行为导致另一名被错误指控为帖子始作俑者的青少年企图自杀——这正合他在网上那些同伙的意。

法庭上,为了减轻他的罪行,达菲的辩护律师试图解释说他患有阿氏保加症[2],因此不理解他的行为会造成怎样的后果。但他的行为表明他非常清楚什么时候会对人造成最大的伤害。例如,他选在母亲节给劳伦·德鲁(Lauren Drew)的妈妈发去一张写有"母亲节快乐"的棺材照片,而这位母亲正因丧女之痛而无法自拔。他在德鲁的悼念页留言,"妈妈,救救我,地狱里好热"。他一点儿也不健忘,而是十分享受自己为别人带来的痛苦。正是因为喷子们知道什么是

---

[1] Steven Morris, 'Internet troll jailed after mocking deaths of teenagers', *Guardian*, 13 September 2011; Paul Cassell, '"I begged for help for my sick troll son"', *Reading Post*, 7 June 2013; Rebecca Camber and Simon Neville, 'Sick internet "troll" who posted vile messages and videos taunting the death of teenagers is jailed for 18 WEEKS', *Daily Mail*, 14 December 2011; 'Sean Duffy case highlights murky world of trolling', BBC News, 13 September 2011.

[2] Asperger's syndrome,又名亚斯伯格症或亚氏保加症,自闭症的一种,患者缺乏正常社交能力,但对某些事表现出异常强烈的兴趣。——译者注

痛苦,他们才会觉得这一切如此滑稽可笑。

来自怀俄明州的学生马修·谢帕德(Mathew Shepard)被谋杀后,威斯特布鲁浸信会(Westboro Baptist Church)对他进行的诋毁几乎与达菲的留言如出一辙。这也许能够说明,采取这种手段的人其实十分清楚,他们的行为将给他人带来怎样的伤害。1998年10月,谢帕德在被殴打和折磨后死亡。凶手的辩护律师声称,凶手本只打算实施抢劫,但因谢帕德对他们进行性骚扰,所以最终恼羞成怒杀了他:这就是声名狼藉的"恐同"辩护。[1] 在一片争议中,威斯特布鲁浸信会在谢帕德的葬礼上进行了反同的抗议活动。他们还设立了一个网站,幸灾乐祸地表示谢帕德"正在地狱里燃烧"。在他们持续维护的在线"悼念"活动网站上,有一张谢帕德的头正被地狱之火吞噬的残忍动图,他们还为动图添加了代表谢帕德"在地狱"尖叫的声音文件。该浸信会通过地狱之火表现出的那种对虐待他人的享受与满足,与他们性压抑的道德观不无关系,而这一点也许能在某种程度上解释达菲对已逝少女口出恶言的原因。

达菲事件并非孤立案件。破坏葬礼这一网暴行为中最早出现的一个重要事件,发生于2006年,但这起事件却没有表现出任何明显的道德理由。[2] 来自4chan频道留言板的一帮喷子,突然跑到年仅12

---

[1] Robert Zepeda and Emily Shapiro, 'Matthew Shepard: The legacy of a gay college student 20 years after his brutal murder', ABC News, 26 October 2018.

[2] Whitney Phillips, *This Is Why We Can't Have Nice Things: Mapping the Relationship between Online Trolling and Mainstream Culture*, MIT Press: Cambridge, MA, 2015, pp. 28–30; Kenny Rose Bradford, 'Drowned Teenager's Family Targeted By Vile Web Trolls', *Huffington Post*, 14 August 2013; Gregory Pratt, 'Cruel online posts known as RIP trolling add to Tinley Park family's grief', *Chicago Tribune*, 12 August 2013.

岁却自杀身亡的米切尔·亨德森在MySpace上的悼念页。原来,亨德森在自杀前几天弄丢了他的iPod,键盘侠们因此留言暗示称,他自杀是因为消费受挫,是轻率的行为,即"第一世界的问题"。其中一则留言的配图,是亨德森的墓碑照,墓碑上放着一个iPod。达菲出庭一年后,在密歇根湖溺水而亡的15岁少年马修·科赫(Mathew Kocher)的脸书页面被网暴留言破坏得面目全非,其中一条留言写着"哈哈哈,你淹死了,说明你连鱼都当不好"。

2010年,17岁的切尔西·金(Chelsea King)在芝加哥南部被奸杀,金的父亲对自己遭遇网暴感到非常震惊:"我一辈子都想不明白,为什么有人会想伤害悲痛欲绝的人。"但键盘侠们想要惩罚的,正是这种悲痛欲绝。乔恩·罗恩森(Jon Ronson)在他讨论公开羞辱的书中写道:"我们浑身都是弱点,谁知道什么会让我们爆发?"[1] 喷子们知道,他们是弱点专家。

不过大多数情况下,参与网暴这种亚文化的人并没什么特别。将网暴当作一种"在线变态行为"进行研究的学者们,采取了一种道德恐慌的复杂态度,而这一理解也充斥在媒体中。据称,被妖魔化的喷子,被定义为拥有"暗黑人格四联征"(Dark Tetrad)的人格特征,如马基雅维利主义(Machiavellianism)、自恋、精神变态和施虐倾向。他们的故事枯燥乏味,而且令人充满疑问,因为故事只是用道德上激动人心的语言重新描述了其网暴行为,但未对这些行为作出任何解释。惠特尼·菲利普斯(Whitney Phillips)在《这就是我

---

[1] Jon Ronson, *So You've Been Publicly Shamed*, Pan Macmillan: London, 2015, p. 273.

们为何无法拥有美好的事物》(*This Is Why We Can't Have Nice Things*)一书中指出,键盘侠们根本不是变态,而往往是非常普通的年轻男性——她强调的是年轻男性。[1] 根据网暴圣经恶搞百科的形容,促成他们"快乐的反社会人格"的,是只有通过在线匿名方式才能在情感方面实现的疏离感。戴着"网暴的面具",他们能将任何复杂的人情世故当作可剥削的逗乐源泉,无论事件本身多么令人痛苦。

他们不合时宜的幽默在开"9·11"事件玩笑、玩表情包上体现得淋漓尽致。[2] 一会儿是摔跤手拆毁世贸大楼,一会儿是坎耶·韦斯特(Kanye West)对着双子塔念念有词——说的话还是他 2009 年莫名其妙打断泰勒·斯威夫特(Taylor Swift)时说过的话的混音版:"哟,基地组织,我为你感到高兴,我等下再让你把话说完……但 1812 年美国本土遭到的袭击才是史上最棒的!"不过,对菲利普斯来说,这种俯拾即是的冷漠与自私其实是传媒和政治图景的一部分。小布什在传达完反抗恐怖主义这一清醒的信息后,重新挥动他的高尔夫球杆,并说:"现在看这个球。"拉姆斯菲尔德(Rumsfeld)面对被占领后面目疮痍的伊拉克时,用带有反社会腔调的欢呼声说:"世事无常。"电视上,有关坏消息和暴行的 15 秒新闻被夹在冗长的空洞与无知中,就像是刻意通过疏离来制造讽刺的效果。发明这种情感鸿沟的,不是喷子。不仅现有的文化潮流为他们提供了养料,"以点击率为基础的网络经济"也为他们摆布他人情感的恶习提供了蓬勃发展的温床。

---

[1] Phillips, *This Is Why We Can't Have Nice Things*, pp. 27, 35, 115 and 121.

[2] Phillips, *This Is Why We Can't Have Nice Things*, p. 117.

随着注意力被社交媒体平台量化，网暴也打破了自身的亚文化界限。这种最开始只为了在一场貌似毫无目的、毫无方向的战争中满足恶趣味而产生的手段，现在已得到普及。大部分喷子并没有破坏葬礼、没有幸灾乐祸，也不是政府的水军或被卡拉·曼提拉（Karla Mantilla）称为"性别喷子"（gendertrolls）的厌女者。[1] 大部分喷子就是普通的互联网用户。研究人员发现，每个人心中都有一个喷子，区别在于用户所处的环境。[2] 那些在自己的推送中看到网暴的人更有可能网暴他人。在社交媒体的循环刺激反应室中，网暴行为在扩张：现有网暴行为越多，将来出现的网暴行为也就越多。网暴也就成了主流。在攻击他人弱点这件事上，我们都是身经百战的专家。

II

我们都是喷子。互联网可能只是助长了这种一直以来都在蠢蠢欲动的文化倾向。最初的网暴行为出现于1980年代大学雇员所使用的阿帕网[3]"TALK"系统上，[4] 也存在于1990年代晚期由商业化网络推

---

[1] Karla Mantilla, *Gendertrolling: How Misogyny Went Viral*, Praeger: Santa Barbara, CA, 2015.

[2] Justin Cheng, Michael Bernstein, Cristian Danescu-Niculescu-Mizil and Jure Leskovec, 'Anyone Can Become a Troll: Causes of Trolling Behavior in Online Discussions', ACM Conference on Computer Supported Cooperative Work, Feb–Mar; 2017, pp. 1217–1230.

[3] ARPANET，全称为"Advanced Research Projects Agency Network"，是美国国防部高级研究计划署开发的世界上第一个运营的封包交换网络，被认为是互联网的前身。——译者注

[4] 有关早期互联网前身阿帕网上的网暴源起，参见 Jamie Bartlett, *The Dark Net: Inside the Digital Underworld*, William Heinemann: London, 2014, pp. 25–68。

出的留言板上——互联网或许造就了新的亚文化,并放大了其后果。但在网暴成为"一种时尚"之前,我们其实一直都在攻击他人。

从巴特·辛普森(Bart Simpson)打给酒保摩尔(Moe)的骚扰电话,到汤姆·格林(Tom Green)或者阿什顿·库彻(Ashton Kutcher)捉弄倒霉的公众,招惹他人时那种克制的残忍所带来的乐趣似曾相识。如果说喷子们具备"快乐的反社会人格",能从欺骗、嘲笑、愚弄他人中感受到快乐,那么他们其实与许多流行文化中的英雄十分相似,例如埃里克·卡特曼(Eric Cartman)和豪斯医生(Dr. House)。YouTube 上的整蛊视频通常阴阳怪气或者近乎反社会,但它们却让有关网暴的流量变现。其中就包括 YouTube 博主山姆·佩勃(Sam Pepper),他在一段搞笑短片中绑架了一个年轻人,并强迫他目睹一个蒙面男人准备"谋杀"他朋友的经过。[1] 当然,在制作过程中没人遭到谋杀。还有迈克尔和希瑟·马丁夫妇(Michael and Heather Martin),他们要么冲孩子们大喊大叫,要么摔坏他们的玩具,直到他们满脸通红、号啕大哭,这些没完没了的暴力才会告一段落。但这些内容累积了百万观看量,正如希瑟·马丁后来唉声叹气所承认的那样,如果"观看量高",他们"就会很兴奋"。

即使网暴有时会与几乎无法辨认的文化界限相抵触,但它依然是受欢迎的娱乐方式。受害者的困惑与难以抑制的愤怒总让人觉得滑稽,而且这种幽默之中还总带有一丝施虐狂的冷漠。网络用户被

---

[1] Olivia Blair, 'Sam Pepper heavily criticised for "vile" fake murder prank video', *Independent*, 30 November 2015; 'Parents reveal reason behind shocking prank videos', ABC News, 28 April 2017; Sam Levin, 'Couple who screamed at their kids in YouTube "prank" sentenced to probation', *Guardian*, 12 September 2017.

"瑞克摇"[1]之后的反应往往让人发笑；同样让人发笑的，是4chan的喷子们给电玩店打电话，询问一款过时游戏的续集，当店主发现续集根本不存在时，因被惹恼而暴跳如雷的瞬间；还有在福克斯新闻频道上，当肖恩·汉尼提（Sean Hannity）发现自己信以为真的"弃军运动"（Forsake the Troops）竟是一个假团体，而该团体的代表其实是一个时运不济的喷子时恼羞成怒的样子。大多数人，都当过喷子。

然而，网暴的广泛吸引力及其普及也提出了一个问题：这到底哪里好笑？弗洛伊德写道："每一个笑话都有自己的听众，而因同样的笑话捧腹大笑则证明存在某种影响广泛的从众心理。"[2]对亨利·柏格森（Henri Bergson）来说，滑稽"就像做梦一样……但它的梦境，让人联想到被整个社会群体理解并接受的想法"。[3]要理解一个笑话，也就是"觉得它好笑"，就是要成为某种文化的一部分，即共享同一种梦境。鉴于笑话通常带有偏见，会伤害到某些人，因此喜欢一个笑话也就意味着要站队表明立场。那么，如果说喷子是典型的爱开玩笑的人，要是我们觉得他们的笑话好笑，我们又是偏袒了哪一方？要是玩笑取笑他人的弱点，让他们显得可悲或应受到惩罚，我们又是在支持什么？亚当·科茨克（Adam Kotsko）认为，大众对反社会

---

[1] "rickrolled"是一种网络诱骗方式。通常，用户会收到一个貌似与有趣内容相联的跳转链接，但点击后才发现看到的是理查德·埃斯里（Richard Astley）1980年代的热门歌曲《永远不会放弃你》（*Never Gonna Give You Up*）的音乐录影。

[2] Sigmund Freud, *The Complete Psychological Works of Sigmund Freud, Volume VIII: Jokes and their Relation to the Unconscious*, Vintage: London, 2001, p 151.

[3] Henri Bergson, *Laughter: An Essay on the Meaning of Comic*, Cosimo Classics: New York, 2005, p. 1.

人格所表现出的痴迷源于掌控社会这一幻想。[1]如果我是反社会人格，我就不会显得多么格格不入，不再容易上当受骗，不用如此顾及道德：简而言之，我将没有弱点。

网暴带给人的快乐有种虚无主义的意味。喷子们标榜的文化既无逻辑可言又残忍，他们从无意义与糟粕中汲取快感：算计好的胡说八道、故意拼错词、用讽刺的方式炒文化怀旧情结与昔日明星的冷饭、无休止的含沙射影和内部笑话、种族主义、厌女、血腥又怪异的色情片。用菲利普斯的话来说，网暴就是流行文化的"厕所涂鸦"（latrinalia），即厕所墙上的书写涂画；[2]也是世界末日的秽语症（coprolalia）。

发明了"黑色幽默"（black humour）一词的安德烈·布勒东（André Breton），将"纯粹的超现实主义行为"定义为"手里举着枪冲上马路，并以能够扣动扳机的最快速度朝着人群乱射一通"。[3]作为现代的超现实主义者，喷子享受他们攻击他人时完全随机的颠三倒四，他们为了搞笑而瞎扯的胡言乱语，以及别人因他们而承受的无意义的痛苦。但他们或许并不如自己所想的那样，是在朝着人群胡乱开枪。

---

1 Adam Kotsko, *Why We Love Sociopaths: A Guide to Late Capitalist Television*, Zero Books: Winchester, 2012.

2 Phillips, *This is Why We Can't Have Nice Things*, p. 53.

3 André Breton, 'Second Manifesto of Surrealism' in *Manifestoes of Surrealism*, University of Michigan Press: Ann Arbor, MI, 1969, p. 125.

III

与想成为明星的人相比，网上的喷子们甚至更渴望得到关注。阿帕网"布告栏系统"上的一份早期引战（指通过言语激怒他人的做法）指南声称，引战是"让人们阅读你的观点"的唯一方法，因为没人能忽视全网范围内的骂战。[1] 但多年以后，尤其是当互联网被商业化后，键盘侠们却刻意避开人们的注意力。他们组织起自己的施虐狂团体，但只在无法被人认出的前提下才会采取行动：例如以"匿名者"（anon）身份，或是利用假账户。

匿名网暴源于4chan网站留言板，其组织方式让网暴亚文化得以萌芽。该网站创始人克里斯托弗·普勒（Christopher Poole）对《滚石》（*Rolling Stone*）杂志表示，他向每个用户保证他们将拥有一个默认的"匿名者"身份，因为这样"就能让大家分享他们平时根本不会说的话"。[2] 而正是在名为"/b/"的留言板内，称自己为"/b/神经病"的喷子们齐聚一堂。该网页删除了儿童色情与违法内容，其中包括几张由凶手上传的谋杀案受害人的照片。不过，该网页当然还保留了大量让人生厌的内容，从被撑大的菊花到反犹笑话。喷子们拓展了匿名制的下限。如果有人泄露了私人信息，或不小心暴露了个人信仰，就会遭到整个团体的网暴。做键盘侠的唯一出路，是与集体完全融为一体，以及认同其冷漠的价值取向。与集体的快乐相比，

---

[1] 摘自 Bartlett, *The Dark Net*, p. 40.
[2] David Kushner, '4chan's Overlord Christopher Poole Reveals Why He Walked Away', *Rolling Stone*, 13 March 2015.

喷子们的个人快乐是次要的。正如他们的座右铭所说的那样："我们中没人如我们所有人一样残忍。"

这样看来，喷子似乎才是社交媒体平台上唯一真正从身份限制中得到解放的用户，他们通过自己变态的方式实现了互联网对乌托邦的承诺。但与其说他们的面具是一种身份，不如说是一种反身份。能将人从其制约因素中解放出来的面具是一种能在文化上引起共鸣的想法。在金·凯瑞（Jim Carry）的电影《变相怪杰》（*The Mask*）中，我们看到的英雄从一个神经质、不合群的人变身成充满魅力的骗子，他获得了能将现实随意变成卡通的超能力。面对总是太把自己当回事儿的敌人，他以这种方式挫败了他们的计划。而"网暴面具"的作用与此类似。菲利普斯写到，这个面具呈现的世界模糊掉了每一个故事背后真实的生命与个人的抗争，于是人们只能看到"荒唐且可加以利用的细枝末节"。现实，成了卡通片。

表面上，网暴与日常生活中故意惹恼他人的经历不同，因为喷子没有底线，除了幸灾乐祸外，他们没有标准可言。正如4chan臭名昭著的"/b/"留言板的"网规"所陈述的那样，"别把任何事当真""根本不存在任何底线""没什么事是神圣的"。这让喷子们变得极其反社会，因为团体若要存在，玩笑必须在某刻适可而止，而被取笑的人也要能开得起玩笑。否则，被嘲笑的恐惧可能会让人畏头畏尾。但喷子们不在乎，他们唯一的团体是一个匿名、组织网络化的群体。他们在登入时确认自己的身份，以及对他们来说稀松平常的伦理观。他们对团体唯一的依赖，就是通过团体来实现冷漠。

杰森·弗图尼（Jason Fortuny）是21世纪前十年里最为人熟知

4. 我们都是喷子

的喷子之一，他的案例表明，这种冷漠或许并不像看上去那样容易理解。他最初成名是因为对男性进行随机性羞辱。他假扮成一位正在寻找"粗暴强势肌肉型直男"的女性，用一则发布在Craigslist[1]上的假广告引诱他人。私信、露骨的信息、联系方式，甚至是照片如潮水般向他涌来——而弗图尼将这些全部发布在他的博客上。这不仅让他的受害者们惊慌失措，甚至让他们丢掉了工作。

但对他来说，这只能怪那些人太蠢：网暴是一种挫折教育。2008年接受《纽约时报》采访时，他表示网暴"就像是投手从投球区用球砸击球手，只是为了用这种方式告诉他要戴上头盔"。[2] 弗图尼还以同样的方式辩称，人们需要克服因言语而感受到的伤害，因为决定自己要因此受伤让这个人同时也成了共犯。在为自己的网暴行为进行辩护时，他说："难道我是坏人吗？……不！这就是生活。生活欢迎你，每个人都得走这一遭。"让记者感到好奇的是，他到底经历了什么？性虐待。年仅5岁的弗图尼被包括其祖父在内的一众亲戚性侵，他因此也疏远了自己的家庭，他知道被性羞辱是什么滋味。

在一个可能遭到虐待的世界里，疏离是一种生存策略。喷子们假以要清除自己心中尚存的依恋这一托词，对其受害者所表现出的依恋嗤之以鼻。表面上享有特权的白人自杀，尤其能让专门破坏葬礼的喷子们感到兴奋，他们嘲笑这些白人是放纵自我的人。在他们

---

[1] 中文译名为"克雷格列表"，是创办于旧金山的一个大型免费分类广告网站。——译者注

[2] Robert Munro, 'Craigslist troll nailed with a $75,000 judgment', *Inquirer*, 11 May 2009; Mattathias Schwartz, 'The Trolls Among Us', *New York Times*, 3 August 2008.

眼里，公众表现出来的悲痛都是虚伪的外表，用一名喷子的话来说，是"无聊以及对注意力的病态需求"。[1]但是，如果他们真像自己所说的那样，冷漠到什么都不在乎，那他们的反反复复就很难得到合理解释。例如，达菲的行为除了其本身的恶意外，让人觉得奇怪的是，他下决心要强调，死去的青少年都是没用的笨蛋，理应在地狱里燃烧；如果是女性，那就是婊子和荡妇。就像他翻来覆去讲的都是同一个笑话，而笑话如果被重复太多次，就会让人觉得像是着了魔，像是被惊吓过度后必做的空洞行为，或者就是得了重复强迫症。这种行为明显带有因空虚而无所适从之感。

破坏葬礼的喷子们所说的疏离之感，听起来十分像是情感投入。面对死亡，他们大笑的样子仿佛是他们已经主宰了死亡。他们的欢笑就像是被霍布斯称为大笑的动物所面对的"突如其来的荣耀"，即当你在意料之外突然间觉察到自己的优越时，所感受到的那份喜悦。[2]然而，你必须"理解"痛苦，才能知道给别人制造痛苦的最好方式是什么。如果伤痛像磁铁一般吸引着这些破坏葬礼的喷子们，那可能是因为他们已经能对这种失去亲朋的痛苦感同身受，他们知道这会对人造成怎样的影响。他们也被称为"伤痛游客"，这是因为他们做不到远离墓园。对哀悼者进行的猛烈攻击，其实暗中针对的首先是网暴者自己。对哀悼者发起的战争，是他们反抗自身情感的一种方式。

---

[1] 摘自 Phillips, *This Is Why We Can't Have Nice Things*, p. 84.

[2] Thomas Hobbes, *Leviathan*, Routledge: London and New York, 2016, p. 34.

IV

2012年8月,澳大利亚电视主持人夏洛特·道森(Charlotte Dawson)在推特上发布了她以为会是自己遗言的一句话:"你赢了X。"[1]

针对她的网暴行为留言让她"去死",咒骂她"你这个荡妇就该死"。网暴的标签包括#夏洛特去死(#diecharlotte)和#9gag军队(#9gagarmy),其中提到的9GAG是一个喷子泛滥的表情包网站。身为澳大利亚超模选拔赛(Australia's Next Top Model)评委之一的道森,试图吞药自尽。

就在几个月前,道森还深陷网络上的另一起疑云。媒体指责她半开玩笑地呼吁人们"请杀了"菲律宾时尚博主布莱恩·格雷·亚姆堡(Bryan Grey Yambao),以及对他人爆粗口。毫无疑问,道森的玩笑很恶俗,但许多网络用户或是过于认真或是假天真,竟当真认为道森是在对他人进行死亡威胁。道森对此嗤之以鼻,但8月的一天,她遭到一位明显不喜欢她电视人设的匿名推特用户的辱骂,"请"她"自行了断!!!"。

道森这次并未将此当作玩笑,而是试图根据随后的发问内容找出这个人是谁。但她没能查出在网上攻击她的人是谁,却错将供职

---

[1] 'Charlotte Dawson: How the cyber trolls beat me', News.com.au, 3 September 2012; Sophie Goddard, 'Charlotte Dawson commits suicide following extreme trolling', *Cosmopolitan*, 24 February 2014; Nicky Park, 'Charlotte Dawson in trouble on Twitter', *New Zealand Herald*, 10 May 2012; Anna Leask, 'Charlotte Dawson's closest friends reveal her demons', *The Chronicle*, 15 March 2014.

于莫纳什大学（Monash University）的坦尼娅·赫提（Tanya Heti）当成始作俑者。大学在收到道森的控诉后，将赫提停职。此举激怒了喷子们，他们将此解读为打压言论自由。无论是4chan用户针对山达基教的"Chanology计划"（Project Chanology），还是美国国家安全局遭到的网络攻击,滥用及打压信息往往会招致喷子们的报复。[1]对他们来说，道森就是一个伪君子，是一个恶霸。光是这点，就已经为他们长达数日的厌女言论，以及教唆自杀的行为提供了充足的理由。考虑到当时道森已经公开承认她患抑郁症多年，这一切的影响因此更令人担忧。

在被迅速送入急救病房后，道森活了下来，她随后还接受了精神治疗。有人善意地建议她不要搭理网上这些喷子，否则他们只会更来劲儿，但她把这些建议当成了耳旁风，转而开始着手自发维护网络治安。就在她再次试图自杀之前，为了曝光网暴她的人，她转发了他们的推文，她决定"揭露"他们，并与其公开对峙。她成为一名反网暴的活动人士。但网暴只是道森觉得作为明星尤其难以承受的其中一面。两年后，《60分钟》（*60 Minutes*）节目采访她前夫所引起的广泛关注，让道森精神崩溃，后来她被发现在家中上吊自尽。我们并不清楚，网暴究竟在多大程度上造成了她的抑郁及其最终的死亡：的确，这种关联可能永远都说不清。但清楚的是，喷子们要么十分享受道森的痛苦，要么根本不在乎。

这为理解喷子的不道德行为如何能够收获掌声提供了另一个视

---

[1] Patrick Barkham, 'Hackers declare war on Scientologists amid claims of heavy-handed Cruise control', *Guardian*, 4 February 2008.

角。在上述事件中,他们网暴并不是为了找乐子,而是有目的的惩罚。许多分析人士认为,喷子是无差别挑战、破坏社会规范的"骗子"。本杰明·拉德福德(Benjamin Radford)将他们称为"自封的文化批评家"。加布里埃拉·科尔曼(Gabriella Coleman)以刘易斯·海德(Lewis Hyde)对骗子的经典分析为基础,将键盘侠视为刘易斯口中典型的"越界者"和"破坏者"。[1] 就连由新纳粹安德鲁·奥尔海默(Andrew Auernheimer)——又名"weev"——煽动的白人至上主义,都属于同样的越界行为。惠特尼·菲利普斯的观点更尖锐,但她也将键盘侠视为试图摧毁善恶这一本体论假定前提的人,她对键盘侠的所作所为的描述是"试图颠覆,或至少是试图改进现有道德秩序"——这种描述就像是在说,摧毁、颠覆和改进道德秩序间并不存在什么明显差别。而键盘侠喜欢的,正是他们的这一形象,因为这让他们能够自诩为虽然反社会,但至少摆脱了虚伪,因而是与众不同的人。他们或许从不说实话,但他们至少比孕育他们的文化更诚实。

但如果现实果真如此,那么在这些观点的解读下,喷子们的行为就变得荒诞不经、无法让人理解。假如他们攻击受害人真是因为他们无规则无底线,那么他们的所作所为可谓是最纯粹,也最无意义的惩罚,即我惩罚你,是因为我能惩罚你。这简直可以称得上是超我非理性的最高境界。然而,考虑到网暴行为本身其实是痛苦之人的大声疾呼,喷子们因此还是需要某种道德秩序的。网暴取得成

---

[1] Benjamin Radford, *Bad Clowns*, University of New Mexico Press: Albuquerque, NM, 2016; Gabriella Coleman, *Hacker, Hoaxer, Whistleblower, Spy: The Many Faces of Anonymous*, Verso: London and New York, 2014.

效的前提是，必须有足够的人"对事过于认真"，否则他们就无法得逞。而道德价值之死，即喷子们所谓的目标，将意味着他们无处寻得幸灾乐祸的快感。此外，网暴道森这样的行为让喷子们看起来很像一个对自己身份秘而不宣的卫道士，或是一个自认为惩恶扬善的私警。换句话说，喷子们既想大言不惭的声称自己不在乎社会规范，只求越界带来的快感，但同时又想经常扮演复仇心重的制裁者：在喷子的幻想里，他既是小丑也是蝙蝠侠。

网暴与自以为是的惩恶扬善间存在相似性，这并非巧合。《怪奇物语》（*Stranger Tihngs*）的主演米莉·芭比·布朗（Millie Bobby Brown）退出推特时，#抵制米莉芭比布朗（#TakeDownMillieBobbyBrown）的话题标签下出现的骚扰评论持续了数月。[1]这一骚扰起初是因为一名推特用户在毫无证据的情况下，谎称被布朗伤害。该名用户称她在机场偶遇布朗，向其索要合照。她称布朗在回答她"除非你摘下头巾"后，用力从她头上扯下了头巾，又踩了几脚。但并没有证据证明此事发生，而且该用户的网络头像也是一名没戴头巾的白人女性。然而，这一话题标签不仅被用来散播有关布朗的骇人听闻，还往往将这位为性少数群体发声的演员与恐同种族主义思想联系起来。另外让这个故事更复杂的是，一些对恐同情绪的错误解读一开始其实来自同性恋用户的反讽，他们开这样的玩笑意在说明布朗根本就不可能恐同。但在推特机器上，讽刺与认真之间的转换

---

[1] Alex Abad-Santos, 'The "Millie Bobby Brown is homophobic" meme is absurd, but that doesn't mean it's harmless', *Vox* (www.vox.com), 15 June 2018; Roisin O'Connor, 'Millie Bobby Brown quits Twitter after being turned into an "anti-gay" meme', the *Independent*, 14 June 2018.

不仅迅速，而且无迹可循。

在推特机器上，揶揄、怨恨、被误导的愤怒与彻底的狂欢很快就变得难以区分，要想将这一有害的混合体拆分开来，根本不可能。而网暴与人肉他人之间的这种似是而非、这种家族相似性，就是它为什么如此具有感染力、如此具有致命杀伤力的部分原因。

V

喷子成了民间传说中在互联网上引起道德恐慌的大魔王，也成了用来形容网上一切问题的可怕比喻。这些发生在2010—2011年左右，也就是社交媒体平台迅速普及之时，这或许很能说明问题。发生这种变化的部分原因得益于智能手机的普及：推特的月活跃用户第一次达到了一亿人，而脸书则拥有几乎十亿的月活跃用户。

从那时起，喷子开始被指责为网上一切问题的罪魁祸首，小到分享被泄露的裸照，大到仇恨犯罪。"喷子"一词不断转移扩散，以至于现在不论什么事都能与它扯上关系，例如"性别喷子"和"专利喷子"。政客们用这个词来嘲弄在社交媒体上批评他们的人，这种嗤之以鼻的态度也让批评本身失去了其政治本质。在这之前，扰乱互联网的是发垃圾邮件的人，其中最为出名的刻板印象，是试图骗光老妇人积蓄的尼日利亚男人，但事实上，大部分垃圾邮件都来自美国。自发维护秩序的反垃圾邮件人士，经常以种族歧视的方式对尼日利亚男性进行性羞辱。[1] 网暴也是一种战争策略，例如，华盛顿重提人们对冷战时期苏联人干涉他国内政的刻板印象，就是为了用一种有利于维护自己作为自由开放互联网捍卫者这一传统自我形象的方式，将网暴呈现在众人面前。

如果说网暴通过推特机器得到了普及，那也许是因为，这一行为与社交媒体机器通过其协议所鼓励的社交模式间，存在着一种选择上的雷同，也就是说，不论是营销还是军事宣传，网暴与所有这些摆布大众的沟通方式一样，将语言简化为效果。换句话说，它使用语言的方式不是为了说服你接受一个观点，而是为了改变你的行为。社交媒体平台发明的教学机器，是一种用刺激来诱使用户对市场信号做出准确回应的强化模式。如此一来，他们发明的这台机器，就能被喷子们轻而易举地玩弄于股掌间，因为他们使用机器的方式所依据的，就是这台机器的设计原理。

这就是社交平台大佬们除了大声强调他们的善意外，却似乎对网暴无能为力的原因之一。这台机器与雷蒙德·威廉斯所描述的趋势完全一致，即新右派寻求重建的社会，类似于国家间残酷的生存斗争。他认为这些社会都是虚无主义社会，其目标就是"一种下定决心、有意为之的一无所知，其中唯一的决定性因素是优势"。[2] 社

---

[1] Lisa Nakamura, '"I Will Do Everything That Am Asked": Scambaiting, Digital Show-Space, and the Racial Violence of Social Media', *Journal of Visual Culture*, 13(3), 2014, pp. 257–74; 也可参见 Lisa Nakamura, *Cybertypes: Race, Ethnicity, and Identity on the Internet*, Routledge: London and New York, 2002, 以及 Lisa Nakamura, *Digitizing Race: Visual Cultures of the Internet*, University of Minnesota Press: Minneapolis, MN, 2007。

[2] Raymond Williams, *Toward 2000*, Penguin: London, 1985.

交平台已将优势的理念提炼成完全抽象的注意力和点赞标准。无论是"挑逗帖"还是"假新闻",都能通过摆布大众用最有效的方式攫取注意力。

某种程度上,社交媒体平台的互动准则就是约翰·福布斯·纳什(John Forbes Nash)的"去你的,伙计"(fuck you buddy)游戏的现实版。要想在纳什的这款纸牌筹码游戏中取胜,玩家就得赢下所有筹码。但赢的关键在于,玩家必须与其他人达成他最终会反悔的临时协议,也就是他们必须互相欺骗。社交媒体上也存在这种激励短期合作的"促进信号","筹码"(点赞数和粉丝)则是赢得越多越好。但与上述游戏中的刺激一样,这些刺激让社交媒体用户将彼此当作达成自己目的的原材料,这也就让背叛彼此变得出人意料的容易。如此一来,用户们也变得过度警觉——伊芙·科索夫斯基·塞德维克(Eve Kosofsky Sedgwick)称其为"妄想解读"(paranoid reading)。也就是一个人往往很难判断自己是否遭到网暴,这是匿名网暴的副产品之一。[1] 善意的批评看起来像煽风点火,问询看起来像故意为难,不温不火的玩笑看起来像苛责。为了能引起连锁反应,喷子们一直竭尽所能,但网暴一旦盛行,它就会自然而然地让人们对网上的一切都变得警觉,而这种多疑常常难以与网暴区别开来。网暴之所以普及,是因为推特机器的设计原理,正是一场"所有人针对所有人"(war-of-all-against-all)的盲目战争。

---

[1] Eve Kosofsky Sedgwick, 'Paranoid Reading and Reparative Reading, Or, You're So Paranoid, You Probably Think This Essay Is About You', in *Touching Feeling: Affect, Pedagogy, Performativity*, Duke University Press: Raleigh, NC, 2003.

然而，虽然一场针对弱点的战争理论上会伤及所有人，但并非所有人都一样脆弱。网络达尔文主义的逻辑偏爱的是最不脆弱的那群人。专门用冷嘲热讽网暴名人的纳粹分子安德鲁·奥尔海默，又名"weev"，大肆吹嘘称"网暴基本上与网络优生学并无两样"，这种方法能清除网上的"污秽"与"弱智"，给他们"消毒"——他的这些话对已经存在于网暴中的趋势做出了纲领性的总结。[1] 网暴与右翼政治获得的支持之间虽并无明显关联，但许多右翼分子似乎已将喷子们的文化风格改造成适合于他们自身目的的手段。不过，虽然大部分喷子声称对"所有弱点一视同仁"，但他们之中其实也存在某种默认的道德标准，而他们对受害者的选择正暴露了这点。

从亚文化的角度来看，喷子几乎清一色的都是来自英语国家和北欧国家的白人男性，他们主要攻击女性、同性恋和变性人群、黑人以及穷人。[2] 他们鼓吹的疏离感，表现了白人男性为人熟知的那种对自身优越性所抱有的天生注定的幻想。[3] 匿名者团体在他们针对山达基教徒的行动中，第一次戴上了《V字仇杀队》(*V for Vendetta*)的面具，没什么能比这一选择更好地诠释这种幻想。在网暴盛行的留言板上，承认自己是女性没什么好处，除非当事人准备好贴出自己的裸照或者进行"色情直播"。正如在杰米·巴特莱特（Jamie

---

[1] Mattathias Schwartz, 'The Trolls Among Us', *New York Times*, 3 August 2008.

[2] 有关喷子亚文化的人口统计背景，参见 Phillips, *This is Why We Can't Have Nice Things*, p. 2。

[3] Klaus Theweleit, *Male Fantasies, Volume 1: Women, Floods, Bodies, History*, University of Minnesota Press: Minnesota, MN, 1987.

Bartlett）所讲述的事件中，一名同意为"/b/神经病"进行"色情直播"的女性，无意中提供了足以让喷子们找到她的信息。他们找到了她的位置信息、联系方式、脸书以及推特账户，还有大学信息，而她只能无助地看着这一切发生。他们泄露了她的私人信息，将她的裸照发给她的亲戚。其中一名喷子甚至在给她打电话之后对其他人说，她哭得像"一头悲伤抽泣的鲸"，不过这些"/b/神经病"才不会在乎：对他们来说，都怪这名女性太蠢了，这些后果是她自找的。[1]

于是，通过这种方式，为了好笑而网暴他人就能与"性别网暴"进行流畅切换，这样做的目的是通过蜂拥而至的骚扰行为、强奸威胁、如"婊子"和"妓女"这样的污名，以及"泄露个人信息"的威胁让敢于发声的女性闭嘴。面对真实存在、顽固不化的"性别网暴行为"，大多数喷子会将这视作一个反击的机会。任何对事过于认真的人都是在自找麻烦。然而，网暴的自发逻辑是一种男权主义，人们往往无法将真正的性别歧视与所谓为了逗乐而开的性别玩笑区分开。皮尤研究中心（Pew Research Center）发现，网上四分之一的年轻女性遭到过性骚扰，还有四分之一被跟踪过。[2] 丹尼尔·希特龙（Danielle Citron）对网上仇恨犯罪的研究则发现，53%的有色人种女性与45%的白人女性都遭到过骚扰。日常性别歧视就是每天都在发生的心理战。

---

[1] Bartlett, *The Dark Net*, pp. 27–33.

[2] Maeve Duggan, 'Part 1: Experiencing Online Harassment', *Pew Research Center*, 22 October 2014; Soraya Chemaly, 'Why women get attacked by trolls: A new study unpacks the digital gender safety gap', *Salon* (www. salon.com), 23 October 2014; *Danielle Keats Citron, Hate Crimes in Cyberspace*, Harvard University Press: Cambridge, MA, 2014, p. 14.

VI

《塔木德经》中有这样一句话,"公开羞辱他人"与"谋杀同罪"。这就好比是说,羞辱相当于死刑。乔恩·罗森提到的一项惊人发现显示,91%的男性和84%的女性记得至少幻想过一次谋杀他人的生动情景。[1] 几乎所有这些幻想的动机都来源于被羞辱的经历,就像一个人能对他人造成的最大伤害,莫过于毁掉这个人对自己的看法。大部分人能找到其他方式化解这种欲望,但也有人因此自杀。

2006年,一名来自那不勒斯的30岁女性,蒂齐亚娜·坎通里(Tiziana Cantone)上吊自尽。[2] 她因性爱录影带遭泄露而被公开羞辱多年,这是她多次试图自杀后的最后一次尝试。录影带被疯传后成了用来制作嘲笑表情包的图库,录像截图有时甚至被印在短袖或手机壳上。这种"报复色情"是一种有害的网红形式。坎通里将自己的性生活视频通过WhatsApp发给一名前男友以及其他几位朋友,而决定将该视频发上网、网暴她的正是这名前男友。坎通里因此遭到了极大羞辱,她被迫辞职,搬到托斯卡纳,甚至在法庭上起诉要求从网上撤下这段视频。到处都有人认识她,她遭到意大利足球运动员的嘲笑,被电台主持人当成笑话讲,甚至还被一位民主党政治家用自以为是的言辞公开谴责。她竭尽所能想要清除掉有关她的痕迹,

---

[1] Ronson, *So You've Been Publicly Shamed*, p. 243.

[2] Stephanie Kirchgaessner, 'Tiziana Cantone: seeking justice for woman who killed herself over sex tape', *Guardian*, 13 October 2016; 'Tiziana Cantone: Suicide following years of humiliation online stuns Italy', BBC News, 16 September 2016; Rossalyn Warren, 'A Mother Wants the Internet to Forget Italy's Most Viral Sex Tape', *The Atlantic*, 16 May 2018.

就差自我了断——但最终，她还是选择了自杀。

无论上传这段视频的初衷是否意在网暴，随之而来的那些道貌岸然的行为，那些本质上充满恋物情结与冷漠的讥笑，以及迅速被商品化的表情包，都很快产生了与网暴基本没有差别的后果。正如罗森所指出的，这种致命的羞辱对网络平台来说并非新鲜事。新闻媒体曾经就经常因为不加节制的公开羞辱给他人造成痛苦，甚至有人不堪其扰而选择自杀。近年来发生的此类事件还包括，博主琳达·提拉多（Linda Tirado）因所谓的"贫困骗局"而受到污蔑；澳大利亚人邓肯·斯多拉（Duncan Storrar）因提了一个对政府来说不方便回答的问题，而遭到公开羞辱；记者理查德·利特约翰（Richard Littlejohn）对变性女子露西·麦德斯（Lucy Meadows）的围攻，最终导致她自杀。还有许多人，则是被沸沸扬扬的舆论不分青红皂白地大卸八块，与此相比，喷子的行为甚至都能算得上热情洋溢、风趣幽默。不过，现如今的社交媒体，极大程度地提升了之前名不见经传的个人在这方面的潜力排名。在社交媒体上，他们不仅更易成为被攻击的对象，也更易成为攻击他人的潜在恶霸。不仅如此，社交媒体上的暴民羞辱他人的方式，还能为传统媒体企业预先编好一个能迅速变现的故事。[1]

在罗森的研究中，最能说明问题的案例，当数贾丝廷·萨科

---

[1] '"Poor people don't plan long-term. We'll just get our hearts broken"', *Observer*, 21 September 2014; Michelle Goldberg, 'Linda Tirado Is Not a Hoax', *The Nation*, 11 December 2013; 'Duncan Storrar: The instant hero torn down in days', BBC News, 13 May 2016; Ruth Smith, 'Lucy Meadows was a transgender teacher who took her own life. Her story must be remembered', *Independent*, 19 November 2017.

（Justine Sacco）因一个恶俗笑话而被妖魔化这件事。[1] 在她乘坐的前往南非的航班起飞前，她发推称"去非洲。希望我不会得艾滋。开个玩笑。我是白人！"她后来解释说这是有意为之的反讽，她意在以黑色幽默的方式讽刺白人的无知。她最初并不认为，她在网上的区区 170 名粉丝，会引起任何广泛的关注。但就在航班飞行期间，推特炸了，她的言论被视为故意用赤裸裸的种族主义方式进行挑衅，人们对此表示愤怒。航班降落时，萨科已经被愤怒的推文和来自朋友的关切淹没。报纸与广播也开始报道网上的这场群情激愤，默多克旗下的《纽约邮报》派记者跟踪她；而被网络新闻媒体 BuzzFeed 挖出的旧推文表明，她以前也常故意开这种恶俗的玩笑。就这样，她因为一个措辞不当的笑话——或者说，措辞太好了，以至于精准地击中了目标人群——丢了工作，并在痛苦中度过了数年的时间。其中最重要的也许是，每个人似乎都因她被毁而感到高兴，这让她备受折磨。

幸灾乐祸的人期待看到萨科降落时受到沉重打击的样子，这一心态并不陌生。罗森从其中认出了他自己最初的那种"'哦，天哪，有人完蛋了'的小幸福"。但他也指出，对这种惩罚他人所产生的快感来说，疏离感必不可少："无论征服我们的那股愉悦的冲动是什么——集体疯狂或其他什么东西——没人愿意在享受毁灭的快感时，面对一切皆有代价这一事实。"为了能引起轰动，社交媒体用户与记者对他们的表演不计代价，他们否认他们的行为是为了满足某种

---

[1] Ronson, *So You've Been Publicly Shamed*, pp. 95–111.

幸灾乐祸和刻意的庸俗主义，他们拒绝对任何解释表现出哪怕一丁点儿大度——无论驱动他们这样做的动力是什么，它都与"网暴面具"一样，是一种癖好。从一种角度来说，这就像是伪善：你可以选择愤怒，或者选择幸灾乐祸，但不能两者兼得。从另一种角度来看，就像个体匿名者的快乐与其所属的集体相比是次要的一样，个人推特用户的愤怒也是次要的，是通过集体间接获得的。参与者的主要任务在于，为匿名的集体所感到的愤怒添油加醋。在这种情况下，喷子和公开羞辱他人的人之间的主要区别，就只在于侧重点不同：喷子通常错以为他们自己没有道德底线，而羞辱他人的人常常错以为他们有道德底线。

某种程度上，萨科这个小喷子的行为无意间挑起了一场大规模的网暴。作为网暴与私刑这一双重暴力下的受害者，她让媒体公司赚得盆满钵满。据罗森估计，谷歌光是从这件事中，就赚取了约12万美元。网暴与人肉搜索间的相互配合之所以会如此反复无常，也许是因为它体现的正是我们内心深处对自己的所作所为。仿佛弗洛伊德式的失误或口误只是我们嘲弄自己的一种方式，是我们煽动自己心中的人肉搜索官，并享受这种愤怒的一种方式。换句话说，喷子们宣泄的，就好比是我们对自己秉持的身份与理念所抱有的一种无意识的异议，而网上人肉他人的人则将我们因自我异议而对自己采取的惩罚方式无限放大。

网络流行语警告我们，"别给喷子们递刀"。遵循同样的逻辑，我们或许还可以说，"别给卫道士递刀"。他们二者属于同一种阴暗面。

VII

网暴,以及对网暴的反击,在大多数情况下都是赚钱的好机会。不过,网暴也有影响生意的时候,在这方面,社交媒体巨头们处理网暴的能力却一直不见改善。推特时任首席执行官迪克·科斯特罗(Dick Costolo)在2015年抱怨称:"我们在社交平台上应对辱骂和暴力的能力太差了,而且我们一连许多年都这么差。"[1]

这番话低估了实际情况:要搞砸你根本不想实现的事其实很难。推特的信任与安全委员会负责保护平台用户,他们认为,推特公司不应卷入分辨好坏的讨论中。时任副总裁托尼·王(Tony Wang)戏称,推特是"言论自由党的言论自由之翼"。推特的用户安全负责人黛尔·哈维(Del Harvey)辩称,好坏应由"理念市场"厘清。[2]她坚持认为,不好的言论最好是用更多好的言论来予以反击。当然,既然推特无法分辨言论好坏,它也自然无从得知,"理念市场"是否会推广好的言论。但无论问题是什么,答案都在于更多能让流量变现的内容。

尽管如此,2015年,该平台的无耻言论还是导致其用户增长停滞,推特的股价也因此受到影响。科斯特罗的后继者,杰克·多尔西(Jack Dorsey)带领全公司向脸书取经。他们并没有放弃有利可

---

[1] Natasha Tiku and Casey Newton, 'Twitter CEO: "We suck at dealing with abuse"', *The Verge*, 4 February 2015.

[2] Austin Carr and Harry McCracken, '"Did We Create This Monster?" How Twitter Turned Toxic', *Fast Company*, May 2018.

图的内容，而是通过算法改善用户体验。[1]用户们看到的推文不再根据其被发布的顺序显示，而是根据用户的偏好。于是，推特通过改进算法应对了骚扰问题。这是一项优化解决方案，虽然这样做并没有减少网暴，但它转移了话题，并通过用户参与缓和了推特的长期问题。

有趣的是，这项方案并没有注意到用户的需求。社交媒体大佬们不相信用户知道他们要什么。正如脸书前首席技术官本·泰勒（Ben Taylor）所说："算法推送就是人们想要的，他们嘴上说不，身体却很诚实，所有能想到的衡量标准都能证明这一点。"[2]他所说的衡量标准，是指那些用来衡量用户参与度的指标，也就是助长了移动广告业务发展的指标。不论我们如何对诽谤和暴力叫苦不迭，只要我们还能保持上瘾的状态，这些指标就能表明，我们是真爱这个系统。如果网暴让我们在与这台机器互动时更投入，例如为了能骂回去而熬夜不睡觉，那么从衡量标准的角度来看，这种参与看上去依旧充满了快感。

平台上"言论自由"的准则既是商业准则，也是一种对控制权的宣扬。当Reddit还被人们用来分享被泄露的明星裸照时，时任首席执行官黄易山（Yishan Wong）坚定地宣称这符合"言论自由的精神"。他表示，Reddit不只是一家企业，而更像是"某种新型社区的

---

[1] Carr and McCracken, '"Did We Create This Monster?"'; Will Oremus, 'Twitter's New Order', *Slate* Magazine (www.slate.com), 5 March 2017; Julia Carrie Wong, 'Twitter announces global change to algorithm in effort to tackle harassment', *Guardian*, 15 May 2018.

[2] Casey Newton, 'Here's how Twitter's new algorithmic timeline is going to work', *The Verge*, 6 February 2016.

政府",而政府应在其权力中表现出"克制"。[1] 但问题在于,Reddit 并不是什么宪法体制的共和国,而黄易山只是挪用了"言论自由"这一套话语。Reddit 上的言论,正如几乎所有平台上的言论一样,受到管控:它受制于由平台所有者的商业目标所决定的用户参与协议。黄易山维护用户"言论自由"的那番话,其实是宣称要对其平台上的言论进行类似于国家的垄断。面对来自政府、竞争公司和公民的挑战,他维护的是其公司的"主权"。唯一成功挑战该垄断模式的是财产法。Reddit 最终删除了包含被泄露的明星裸照的评论,是因为它可能会因此面临版权诉讼。不过,只有有资源的人才能采取这种策略,对我们大多数人来说,这样做根本不可能奏效。[2]

当社交媒体平台承认管控用户言论时,它们往往会搬出"社区准则"(community standards)这面大旗。这个词本身就是舆论宣传:因为在创建这些准则的时候,根本就没有"社区"参与。而且这些准则一直以来都是一场灾难,常常导致莫名其妙的决定。例如,脸书有一次颇具讽刺意味地审查了一篇美国公民自由联盟主页上有关审查的发文;脸书还删除了一张摄于越南战争,曾获普利策奖的代表性照片,原因是该照片违反了脸书的准则。但脸书在处理"仇恨言论"时的做法却往往有悖常理。在进行宣传时,脸书急于表达其支持"黑命贵"(Black Lives Matter)运动的立场,但它却因黑命贵活动人士肖恩·金(Shaun King)分享了自己遭到种族主义虐待的

---

[1] Yishan Wong, 'Every Man Is Responsible For His Own Soul', Reddit blog, 6 September 2014; Adi Robertson, 'Was Reddit always about free speech? Yes, and no', *The Verge*, 15 July 2015.

[2] Sarah Jeong, *The Internet of Garbage*, Forbes: New Jersey, NJ, 2015, pp. 69–90.

经历，而对其进行封号处理。社交媒体平台还常常因"骚扰式举报"的错误诱导，对用户采取行动——骚扰式举报是指，网络喷子们对其所针对的目标进行虚假举报，并鼓动他人也这样做。平台还会在政府的压力下减少与其意见相左的内容。比如，脸书与土耳其和以色列政府合作清除了有关库尔德与巴勒斯坦的页面。另外，"言论自由"也并未妨碍脸书与追踪弗格森和巴尔的摩两地抗议者的警方监控计划分享的数据。[1]

作为对批评的回应，脸书制定了一套复杂的审核原则，但这套原则却无法解决问题。无论过去还是现在，每一个被禁止的项目都包含例外。例如，有关性的内容是被禁止的——但有关性的讽刺却是被允许的。正如萨拉·郑（Sarah Jeong）指出的，这意味着，除非把政客的脸用修图软件换成肛门，否则不许发布带有肛门的图片；[2]除非说的是自己、用来增强自信或是为了幽默，否则不许使用种族主义字眼。这也就是说，只要仲裁人觉得被发布的种族主义内容有趣，这部分内容就能继续存在，而对此愤怒回应的人可能被认为是在辱骂，并因此被删帖。所以，是否违反准则，在很大程度上取决于那

---

1 Levi Sumagaysay, 'Facebook hangs "Black Lives Matter" sign at its headquarters', SiliconBeat (www.siliconbeat. com), 9 July 2016; Sam Levin, 'Facebook temporarily blocks Black Lives Matter activist after he posts racist email', *Guardian*, 12 September 2016; Issie Lapowsky, 'It's Too Easy for Trolls to Game Twitter's Anti-Abuse Tools', *Wired*, 13 May 2016; Glenn Greenwald, 'Facebook Says It Is Deleting Accounts at the Direction of the U.S. and Israeli Governments', *The Intercept*, 30 December 2017; Russell Brandom, 'Facebook, Twitter, and Instagram surveillance tool was used to arrest Baltimore protestors', *The Verge*, 11 October 2016.

2 Sarah Jeong, 'Turns out Facebook moderation sucks because its guidelines suck', *The Verge*, 24 April 2018.

些在低工资经济中被临时雇佣的人如何解读这些复杂的情况。

问题不在于审核原则。任何平台都会管控言论，也都会出现不公平的情况。问题在于管控的决定权在谁手里，以及我们是否想让这些商业巨头们垄断言论权利。问题还在于，考虑到让用户上瘾对商业巨头们来说是压倒一切的首要任务，以及他们与政府之间的合作，他们是否有能力公平、负责的管控言论。

VIII

近年来，传统右派的政治地盘踞说被网络喷子抢占，而传统右派则成了"黑暗右派"（dark Right）[1]。特朗普，推特右派的这号大型哺乳动物，就是这一趋势的典型人物。阿曼达·马尔科特（Amanda Marcotte）在追溯黑暗右派的源起时，认为这一右翼趋势的兴起，与记者米罗·雅诺波鲁斯（Milo Yiannopoulos）有关，这名品行不端又令人难以捉摸的年轻保守派分子，将喷子视作极右青年运动的"可造之材"。[2] 黑暗右派需要的，只是一点点将其鞭策成形的领导技巧。

除了草根喷子外，政府也加入了这场激战。美国情报机构单

---

[1] 作家阿曼达·马尔科特借"黑暗右派"之名想要表达的是，以特朗普为代表的网络右派，体现了右翼政治的非理性转向。曾经的保守主义还会以务实、有条理的政治理念为基础提出建设性纲领，但网络时代的保守主义则朝着发泄仇恨与偏执的方向大踏步前进。——译者注

[2] Amanda Marcotte, *Troll Nation: How the American Right Devolved Into a Clubhouse of Haters*, Hot Books Press: New York, 2018.

独挑出俄罗斯,指控俄政府雇佣水军扰乱美国总统大选。虽然确实存在一些证据能证明俄罗斯使用了水军来散播虚假信息和具有煽动性的故事,但这些证据不足以表明俄罗斯的这种行为对2016总统大选造成了决定性影响。[1]但俄罗斯根本算不上特例。据我们了解,共有28个国家政府拥有水军部队。美国军方自2011年起就开始经营一项被称为"真诚之音行动"(Operation Earnest Voice)的网络马甲计划,该计划致力于在海外进行有利于美国的宣传活动。2016年起,美国军方授权了一项针对美国公民的"反宣传"活动,并为其提供资金支持。英国的联合威胁研究情报小组(Joint Threat Research Intelligence Group)则通过一个覆盖面广、专门进行网暴与嫁祸行动[2]的计划来诋毁和诬蔑政府反感的个人与企业。[3]

网暴与极右政治间的联系并不明显。若将极右政治怪罪到网暴

---

[1] Thomas Ferguson, 'Paul Jorgensen, and Jie Chen, Industrial Structure and Party Competition in an Age of Hunger Games: Donald Trump and the 2016 Presidential Election', Institute for New Economic Thinking, Working Paper No. 66, January 2018.

[2] 嫁祸行动,又称"假旗行动",false flags,指通过使用其他组织的旗帜、制服等标志性物品误导公众,从而进行栽赃嫁祸的活动方式。——译者注

[3] Samantha Bradshaw and Philip N. Howard, 'Troops, Trolls and Troublemakers: A Global Inventory of Organized Social Media Manipulation', Working Paper No. 2017.12 Computational Propaganda Research Project, University of Oxford, 2017; Nick Fielding and Iain Cobain, 'Revealed: US spy operation that manipulates social media', *Guardian*, 17 March 2011; Joel Gehrke, 'Pentagon, State Department launch $40 million counter-propaganda effort aimed at Russia', The *Washington Examiner*, 26 February 2018。针对美国公民的"反宣传"宣传活动在美国政治中没有丝毫争议,美国政府甚至对此公开进行炫耀。Nicole Gaouette, 'State Department touts counter-propaganda funds without mentioning Russia', CNN, 26 February 2018; Glenn Greenwald and Andrew Fishman, 'Controversial GCHQ Unit Engaged in Domestic Law Enforcement, Online Propaganda, Psychology Research', *The Intercept*, 22 June 2015.

头上，实际是将这个问题去政治化。就好比安德斯·贝林·布雷维克（Anders Behring Breivik）在奥斯陆和乌托亚（Utøya）杀害工党成员后，挪威主流媒体对此的反应竟是强调有必要让右翼积极分子更多地参与到媒体中来。他们还引用了一句老话："阳光让山怪[1]粉身碎骨。"此外，这种处理方式的另一个风险在于，它将另类右翼（alt-right）的自我形象塑造成放肆的骗子和颠覆者。而他们明显很享受这种联系。正如一名右翼活动分子对《卫报》说的那样："我们就是喷子部队！我们来这儿就是为了赢！我们野蛮无理！"[2]

事实上，网络另类右翼政治在网暴的亚文化中找到了家的感觉，而且他们经常在其诽谤与骚扰活动中采用网暴的策略。例如，另类右翼将网暴标志性表情包青蛙佩佩[3]（Pepe the Frog）占为己有。很长时间以来，佩佩都是4chan留言板上专门用来回应的表情包，但当佩佩在其他网站流行起来之后，喷子们试图"夺回"这个表情包。他们宣称该表情包与白人至上主义有关，这样一来就没人愿意再用它。该行动取得了成功，这表明网暴很容易为新纳粹分子和其他右翼分子所利用。更普遍的问题在于，作为一种作战策略，网暴与新右派的未来计划及其好斗叛乱的自我形象相符——根据纳粹博主安德鲁·安格林（Andrew Anglin）的说法，"绝对的理想主义必须通过

---

[1] 原文"trolls burst in the sun"中的"trolls"本义为山怪、巨魔，是北欧神话中的常见形象。在网络用语中，该词指喷子。——译者注

[2] Sanjiv Bhattacharya, '"Call me a racist, but don't say I'm a Buddhist": meet America's alt right', *Observer*, 9 October 2016.

[3] 中文互联网上又名"悲伤蛙"。——译者注

讽刺得到表达，这样才能被人认真对待。"[1]

这为社交平台带来了一些麻烦。在线狂热的爆发不仅能为社交媒体平台带来好处，还能如布鲁斯·斯特林所说的，让政治变得不稳定，就好比金融投机会在工业界制造不安一样。[2] 另类右翼很快就抓住了这个优势。在这方面，初露端倪的极右势力与社交平台的利益不谋而合。2017年，一项调查发现，仅特朗普一人，就能为推特带来25亿美元的价值，也就是推特当时股价的五分之一。但即使社交平台无法承受失去这些另类右翼，他们却不得不承认，右翼为他们带来了形象问题。自伊朗的绿色革命以及"阿拉伯之春"运动以来，社交平台就很重视他们象征"觉醒"的这一公众形象。虽然该形象模糊不清，但作为"负责"的企业，他们不希望与"坏行为"扯上关系。

2016年7月，推特象征性地封杀了米罗·雅诺波鲁斯的账号。此时，雅诺波鲁斯的事业还在爬坡阶段。他是新闻节目和访谈节目的常驻嘉宾，并与某高度市场化的争议品牌有牵连。他称自己是"互联网上最出众的反派角色"。他被推特平台封杀，是因为他带头对参演《捉鬼敢死队》（*Ghostbusters*）的演员莱斯利·琼斯（Leslie Jones）进行网暴。[3] 自影片上映以来，琼斯就遭到了这伙种族主义喷子的狂

---

[1] 摘自 Aja Romano, 'How the alt-right uses internet trolling to confuse you into dismissing its ideology', *Vox*, 11 January 2017。

[2] 社交媒体"动摇了民主权力斗争的庄严进程，其方式就好比数字金融扰乱了重工业。一阵又一阵的大众狂热突如其来，但这一现象却几乎没有造就出任何公共治理才能。旧体制或被侵蚀，或被摒弃，新体制却未得以建立"。Bruce Sterling, 'Notes on the 2106 US election', *Texte zur Kunst*, 11 November 2016.

[3] Elle Hunt, 'Milo Yiannopoulos, rightwing writer, permanently banned from Twitter', *Guardian*, 20 July 2016.

轰滥炸。用雅诺波鲁斯来杀鸡儆猴很容易，因为他知名度高，他攻击的女性也是名人。但这道封杀令其实助长了他的气焰。与他志同道合的人中不仅有来自极右运动的同僚，还有一些被他暧昧、黑暗、充满魅力的反社会人格迷得神魂颠倒的美国自由派人士。喜剧演员比尔·马赫（Bill Maher）甚至邀请雅诺波鲁斯在他的晚间访谈节目上大谈特谈对跨性别人群的偏见，而且还试图对他发出二度邀请。[1] 雅诺波鲁斯的事业蒸蒸日上，直到他试图打言论擦边球，为成年男性与青春期少年发生性关系作出辩解时，才土崩瓦解：也就是在这样的时刻，我们才真正了解言论自由的底线到底在哪儿。

在某些方面，雅诺波鲁斯算是另类右翼的典型代表：他自觉既是一个用玩笑进行网暴的喷子，又是一个自发维护意识形态的私警。他既开玩笑，又无比认真。当被推特封杀时，他对"情绪化的左翼儿童"无法面对不同观点而感到生气，但他仍难掩心中的喜悦。他对《商业内幕》(*Business Insider*)表示："我所做的，不过是讲了几个笑话。"类似的场景还有，当他面对新闻4台（Channel 4 News）的凯西·纽曼（Cathy Newman）时，对有关性别歧视言论的质问咧嘴大笑："难道你听不明白其中的幽默吗？"[2] 极右键盘侠"weev"也采取了类似的策略，当他对记者说他是"新纳粹白人至上主义者"时，他说他

---

[1] Maya Oppenheim, 'Bill Maher invites Milo Yiannopoulos back on show', *Independent*, 7 June 2017.

[2] Milo Yiannopoulos, 'Twitter's Post-Milo Depression', Breitbart (www.breitbart.com), 12 August 2016; Claudia Romeo and Joe Daunt, 'Milo Yiannopoulos defends his Leslie Jones tweets: All I did was crack a few jokes about a Hollywood star', *Business Insider* (www.businessinsider.com), 1 August 2016; 'Milo Yiannopoulos' fiery interview with Channel 4 News', Channel 4 News, 18 November 2016 (www.youtube.com).

其实是在开玩笑，因为这番话"明显"很荒谬——尽管他身上还有一个巨大的纳粹十字文身。[1] 随后，他坚持认为，左翼应该结束他们的"审查独裁活动"，以避免出现流血事件："我的团队拥有所有的枪，也接受过搏斗训练。"这种处心积虑的话里有话，这种以搞笑之名行政治目的之实的拐弯抹角，指明了在另类右翼的心理和政治经济学中，网暴适合发挥怎样的作用。

布赖特巴特新闻网（Breitbart）这家极右网站，后来成了雅诺波鲁斯职业生涯完蛋前，他定期发表言论的地方。该网站还与特朗普阵营有关。在福克斯前高管罗杰·艾尔斯（Rodger Ailes）成为特朗普顾问后，时任布赖特巴特新闻网董事的史蒂夫·班农（Steve Bannon）签约加入了特朗普团队。为了服务其保守主义的目标，该网站带头将网暴带到了线下的现实生活当中，其中最广为人知的两起事件分别为：针对自由公民社会组织 ACORN 的骗局，以及对农业部雇员非裔美国人雪莉·夏罗德（Shirley Sherrod）的陷害。在第一起事件中，极右积极分子前往 ACORN 办公室，声称他们需要住房及福利方面的援助。这些人为了博得 ACORN 组织年轻雇员的同情，编故事卖惨。他们成功诱导这些雇员中的个别人，说出了貌似纵容未成年人卖淫以及犯罪行为的话。这番交谈随后被剪辑拼接在一起，并被打包成一份"曝光报道"。在雪莉·夏罗德的案件中，她在反种族主义自由组织美国有色人种协进会上的演讲片段，被右翼分子剪辑得面目全非后被公开。这些人让这个片段看上去像是她在

---

[1] The far-right troll Andrew Auernheimer, 'Statement on Sarah Jeong', *weev.net*, 2 August 2018.

为自己拒绝帮助一名白人男性而沾沾自喜，但事实上，她的演讲所传递的信息与片段被剪辑后所呈现出的效果完全相反。在两起案件中，布赖特巴特网站用被大量加工过的片段将黑人群体描述为白人社会的敌人。也是在这两起案件中，秉持自由观点的政府机构在被挑衅后，因恐慌而反应过度，要求当事人辞职或对其进行解雇处理。在牵涉 ACORN 组织的事件中，美国政府机构则是在政治协议生效后，才反应过来他们被骗了。[1]

这些保守派积极分子从意识形态上对 ACORN 进行污蔑，他们声称 ACORN 代表的是"一个无所不用其极的革命社会主义无神论世界"，并借此合理化右派人士攻击 ACORN 时所采取的一切手段。他们以生动且具有说服力的笔触，呼吁保守派积极分子"为了荣誉制造混乱"。[2] 安德鲁·布赖特巴特在谈到夏罗德的事件时，强调她的"种族主义言论表明，美国有色人种协进会无权指责茶党成员是种族主义者，而这番言论恰恰为茶党存在的必要性提供了完美的合理化说明"。合理化说明，才是关键。

值得注意的是，虽然众多另类右翼的网暴，炒的是反共妄想症

---

[1] 'Timeline of Breitbart's Sherrod smear', Media Matters for America (mediamatters.org), 22 July 2010; Mark Jurkowitz, 'The Reconstruction of a Media Mess', Pew Research Center, Project for Excellence in Journalism, 26 July 2010; Chris Rovzar, 'Just How Heavily Edited Was the ACORN-Sting Video?', New York, 2 April 2010; 在 ACORN 案件中，令人诧异的是，自由媒体有多么容易轻信谎言，参见 'NYT and the ACORN Hoax', Fairness and Accuracy in Reporting (fair.org), 11 March 2010; Rick Ungar, 'James O'Keefe Pays $100,000 To ACORN Employee He Smeared – Conservative Media Yawns', Forbes, 8 March 2013; John Atlas, 'ACORN Vindicated of Wrongdoing by the Congressional Watchdog Office', Huffington Post, 5 May 2015。

[2] James O'Keefe, 'Chaos for Glory: My Time With Acorn', Breitbart, 10 September 2009.

外加传统法西斯主义那一碗冷饭,但支持特朗普的网暴活动针对的,却往往是对另类右翼持批判态度的保守主义者。当《每日野兽》(*The Daily Beast*)报道称,布赖特巴特网站煽动"仇恨暴徒"来威胁和攻击对右派不满的人时,该网站时任编辑史蒂夫·班农否认了所有责任。网暴作为武器之所以有效,正是因为由此产生的责任模棱两可、含混不清。尽管如此,班农仍为该网站的暴徒名声感到自豪。一位内幕人士曾将安德鲁·布赖特巴特形容为"你要是不小心在超市里碰了他的购物车,他对此的反应是要烧了你家的那种人"。[1]班农对这番形容感到高兴,他解释说:"如果有人针对我们的读者……我们定会有所行动。我们才不会畏畏缩缩。我们之中有的是爱搞事情的人。"

这种在骂战中都不忘享受混乱,既当喷子又对他人进行人肉搜索,既是局内人又是旁观者的状态,成了特朗普主义的情感基础。社交媒体平台将其形象自诩为自由的技术。这些平台的确有时被用来服务于改革,帮助被边缘化的群体获得关注,或者是为形象被传统媒体妖魔化的人提供发声平台,但在普及"网暴即维护道德"这一诡辩逻辑上,这些平台也为召集一批又一批保守反动的乌合之众提供了理想工具。

---

[1] Lloyd Grove, 'How Breitbart Unleashes Hate Mobs to Threaten, Dox, and Troll Trump Critics', the *Daily Beast*, 1 March 2016.

IX

如果网暴出现在现实世界中，会发生什么？在该亚文化的源头中，存在这样一种看法，即线上和线下行为对网暴来说意味着天壤之别。在互联网上，行为没有界限；人们对任何事都不应当真。表面上看，网络上的一切都是行为艺术。[1]

但是，网暴一旦普及开，现实与艺术间本就禁不住冲击的界限往往顷刻瓦解。喷子，一直以来都是玩弄文化碎片的高手。他们让青蛙佩佩成了令人反感的法西斯标志，让理查德·埃斯里的音乐录像《永远不会放弃你》成了残忍的玩笑，让《V字仇杀队》里的面具成了抗议的象征。他们还经常将他们带有种族歧视、性别歧视和恐同倾向的言论强行解释为他们为了取笑这种语言、弱化其本身含义的技巧性策略。可"讽刺"并不如他们所说的那般具备颠覆性。讽刺让理查德·埃斯里的专辑再次大卖，让另类右翼多了一个能被其支配的流行符号，还让倒胃口的意识形态变得能被下咽。讽刺，为带有性别歧视和种族歧视的网暴行为提供了手到擒来的合理化方式——"我就是开个玩笑"——而这些攻击产生的效果，就像键盘侠们打心眼儿里真的只是为了博众人一笑。

虚拟世界的行为一旦涌入"真实世界"，其带来的影响将是致命的。例如"玩家门"（Gamergate）丑闻就能说明这一点。从事游戏开发的佐伊·奎恩（Zoë Quinn）发现自己的前男友埃隆·乔尼（Eron

---

[1] 阿雅·罗曼诺（Aja Romano）的"行为艺术"类比，参见'How the alt-right uses internet trolling to confuse you into dismissing its ideology', *Vox*, 11 January 2017。

Gjoni)在网上发布了一篇有关他们情感关系的长文。文中,他指责奎恩出轨,并将她在事业上的成功归结于她用性交易换取的正面新闻报道。在这起被称为"玩家门"的事件中,无中生有的指责其实是"色情报复",这体现了男性对游戏业中日益壮大的女权声音的怨恨。"玩家门"故事在男性中一石激起千层浪,他们不仅相信一名女性的成功是通过性交易获益,还认为这让他们处于不利的地位。某种程度上,这就是他们正在经历的"典型"不公,而女性在游戏业中日益提高的地位恰好体现了这一点。乔尼希望这篇文章能让奎恩遭到骚扰,他因此在 4chan 和 Reddit 留言板上公开号召憎恨奎恩的人去攻击她。他成功了。针对奎恩的匿名网暴、死亡威胁、私人信息泄露和诽谤如雪花般飞来。她将这些辱骂的副本保存在她的电脑上,当她停止保存记录时,已保存的副本总共竟占用了 16GB 的存储空间。这起网暴事出有因,但其实没人说得清楚原因到底是什么:在那些响应"玩家门"的人之中,从没人解释过,到底这种行为中的哪一部分能切实减轻他们的集体愤怒。

可是正如萨拉·郑指出的,对奎恩的骚扰不过是线上骚扰中仅有的几个明确的、有记录可循的例子之一。[1] 在"玩家门"事件中,席卷线上的网暴狂热将记者、游戏制作人,甚至是旁观者都卷入其中,使得对骚扰的指控反而变得模糊起来。主宰这一事态的是多疑和偏执,这在此类背景下很好理解,因为每一种观点都是一种威胁,

---

[1] Jeong, *The Internet of Garbage*, pp. 22–5; Keith Stuart, 'Zoe Quinn: "All Gamergate has done is ruin people's lives"', *Guardian*, 3 December 2014; Zachary Jason, 'Game of Fear', *Boston Magazine*, 28 April 2015; Alex Hern, 'Gamergate hits new low with attempts to send Swat teams to critics', *Guardian*, 13 January 2015.

或是一种骚扰、一种支配、一种霸凌，需要人们保持警惕，随时准备好应战。这是一场典型的骂战。不挑起事端，就不可能改变一个人的想法。当然，最恶毒的言行肯定是留给女人的，尤其是当在"玩家门"中改变想法的人是一名女性时。格雷斯·林恩（Grace Lynn）起初是一名"玩家门"的支持者，但她后来改变了想法。于是，她遭到了一波接一波的骚扰，直至有人恶作剧，用她的家庭住址报假警，导致荷枪实弹的警察突袭了她的住处。林恩平息了当天的事态，但在曾经发生的"报假警恶作剧"中，却出现过警察在不知情的情况下误杀受害人的事。

推特机器以最糟的方式过滤掉了一项重要的文化转变成果。"玩家门"事件没有放大女性对平等的诉求，也没有澄清任何问题，而是将权力交到了那些以虐待和性别歧视为乐的挑唆者手中。与网暴文化相结合的男性怨恨成了右翼激进主义这一亚文化的新风格，而该事件则成了这一风格兴起的决定性时刻。许多"玩家门"事件支持者成了男权活动家（Men's Rights Activists，简称 MRAs），他们加入了像"精神控制"（pick-up artists，简称 PUA）和"非自愿独身者"（involuntary celibate，简称 incels）这样的其他亚文化潮流，并重拾1970年代反女权的那一套激进主义。正是这些男权活动家们，将他们在网络上的暴力带入了现实生活中，并导致了惨不忍睹的后果。被推特机器过滤后的网暴，以复仇的面貌出现在现实世界里。

2018年4月，多伦多一个繁忙的十字路口，一名男性驾驶租来的小货车冲入了人行道上的人群，导致10人死亡，16人受伤。这种袭击形式直接模仿了所谓伊斯兰国的袭击方式。但嫌疑人，阿列克·米纳斯安（Alek Minassian），并不属于什么已知的恐怖组织，也没有任何犯罪记录。他甚至曾在加拿大武装部队短暂地参过军。他是非自愿独身者的一员——"非自愿独身者"，亚文化中的亚文化，男权活动家中惨淡的一小部分人，这一群体对女性性行为的观点与《人猿星球》（*Planet of the Apes*）无异，即女性的进化结果让她们偏爱身体上占优势的男性，而他们非自愿的独身生活并非正常状态，而是命运对他们的特殊惩罚。他们在性生活上的受挫来自基因缺陷。在发动袭击前，米纳斯安在脸书上宣布："非自愿独身者的反抗已经开始！我们要推翻查德和斯泰西们！至高无上的绅士艾略特·罗杰（Elliot Rodger）万岁！"[1]

米纳斯安提到的查德（Chad），指的是典型的阿尔法男性，而斯泰西（Stacey）则是对应着这些男性的典型漂亮女性。查德和斯泰西就是橄榄球运动员和拉拉队组合，美式成功故事：这个成功故事就是让非自愿独身者感到自己被嘲笑的理想型超我。或者更糟，对非自愿独身者来说，这个成功故事是一种性独裁形式，而他们就是被压迫的阶层。他们就相当于伊斯兰国宣传中所说的"被压迫的造反者"——一个叠加在自我厌恶所带来的挣扎、对世界与女性的恨所带来的痛苦、虐待狂、受虐狂和死亡驱力之上，被幻想出来的形象。

米纳斯安提到了艾略特·罗杰，这说明，他根本不是此类人中

---

[1] Jason Wilson, 'Toronto van attack: Facebook post may link suspect to misogynist "incel" subculture', *Guardian*, 25 April 2018; 'Elliot Rodger: How misogynist killer became "incel hero"', BBC News, 26 April 2018; David Futrelle, 'When a Mass Murderer Has a Cult Following', The Cut (www.thecut.com), 27 April 2018; Justin Ling, '"Not as ironic as I imagined": the incels spokesman on why he is renouncing them', *Guardian*, 19 June 2018.

的第一个。而许多"非自愿独身者"都希望,像他们这样的人能越来越多。当尼古拉斯·克鲁兹(Nikolas Cruz),一名曾就读于佛罗里达某所高中的学生,于 2017 年 9 月血洗校园时,非自愿独身者群体用同样讽刺的口号,拼命为这个凶手加油打气:拒当"普通人、斯泰西和查德",保佑持枪的"英雄"也是一个"丑八怪"。[1] 几年之前,斯科特·德克莱依(Scott Dekraai)因与前妻争夺儿子的抚养权,枪杀了包括前妻在内的 9 人,男权活动家们对此的反应却是拍手叫好。

但是,米纳斯安的行为中最让人毛骨悚然的地方,可能是他宣布自己要"造反"的方式。他用网暴独有的反讽风格和行话在网上发言,其中暗含一种令人感到惊恐的疏离感。如果人们不知道写下这些话的人其实正处于大开杀戒的边缘,那么这些话读起来确实就像一个笑话。就像当讽刺的夹层终被翻开,出现在眼前的是一条咬着自己尾巴的衔尾蛇,"字面意"和"反讽意"同时存在。在现实世界中,米纳斯安的行为既是喷子,也是动私刑的杀人犯。他用漫画书一样的讽刺表达了自己的真实想法,这与罗杰令人不寒而栗的录像和宣言中充满了漫画书一般的夸张表演如出一辙。

网暴的反讽从来都不是它表面所呈现的那样。它从不冷漠,而只是被用来掩盖模棱两可的一种手法。反讽的内核基本上一直都是一种热情洋溢的投入,因此不可能通过一种冷漠的方式得到表达。对这一内核进行讽刺、取笑,就是允许在表达这一内核的同时,还

---

[1] David Futrelle, 'Incels hail "our savior Sr. Nikolas Cruz" for Valentine's Day school shooting', We Hunted the Mammoth, 14 February 2018; Anna North, 'Men's Rights Activists Come Out In Support Of Salon Killer', *Jezebel* (www.jezebel.com), 14 October 2011.

能责备它。在"非自愿独身者"的这起事件中,讽刺转变为热情,却没有摆脱其自我责备或自我憎恨感。在这场以网络为媒介的全民之战中,网暴作为一种战术,将厌女主义者收入麾下。他们就像他们的同僚伊斯兰国一样,无用、荒谬却又充满潜在的危险。

5
We Are All Liars

我们都是
骗子

媒体信息的曝光程度成了衡量社交的方式，到处都是这样。
凡是在媒体上曝光量不足的都成了不爱交际的人，
或者干脆就是孤僻不合群的人。

——让·鲍德里亚 (Jean Baudrillard)
《拟像与仿真》(Simulacra and Simulation)

人类接收的信息远多于其所能表达的。
"愚蠢"，就是一个人决定接收远超过其表达能力的
信息的过程或策略。

——塞缪尔·德拉尼 (Samuel Delany)
《我口袋里的星星就像沙粒》
(Stars in My Pocket Like Grains of Sand)

不可能不在有关未来的事上撒谎，
而且每个人都能对此随意撒谎。

——纳姆·加博 (Naum Gabo)
《现实主义宣言》(The Realistic Manifesto)

I

埃德加·麦迪森·韦尔奇（Edgar Maddison Welch）手持两把枪，其中一把是自动突击步枪，比他的胳膊都长。这是一把AR-15，受美国全国步枪协会推崇的致命武器，曾在多起大规模枪击案中反复出现。为了以防万一，他的车里还有第三把枪。

韦尔奇很年轻，胡子蓬乱，顶着一头脏兮兮的浅黄色头发，他是一名二流编剧，也在一系列血腥恐怖片中当过戏份不多的龙套演员。他身穿浅蓝色牛仔裤和T恤衫，他持枪前来是为了"自行调查"有关精英分子与恋童癖团伙有染的传言。网上流传的故事指控希拉里·克林顿（Hilary Clinton）伙同民主党高层将儿童贩卖为性奴，韦尔奇持枪前往的这家位于华盛顿特区的彗星乒乓餐厅就牵涉其中：这就是声名狼藉的"披萨门"（Pizzagate）事件。

面对一个焦躁不安，随时都有可能大开杀戒的持枪男子，正在这家披萨店用餐的顾客与餐厅员工在惊慌失措中迅速逃离。韦尔奇冲着地板开了几枪，随后开始巡视餐厅，寻找是否真的存在据说用来掳走儿童的通道。一名去巷子里的冰柜取披萨面团的餐厅雇员回来后发现韦尔奇正拿步枪对着他，他转身就跑，所幸逃生。大约20分钟后，韦尔奇并没有发现他本以为存在的儿童，他对这一结果心

5. 我们都是骗子

满意足，平静地向已包围餐厅的警察投降自首。[1]

所有这一切，发生在2016年12月的一个午后，用时不到30分钟，但这一切很可能比韦尔奇所写过的任何一个剧本都要更离奇，却也更令人感到信服。他不是第一个怀揣调查的目的，走进这家餐厅的人。自打这些指控在网上被传开以来，餐厅老板一直遭到死亡威胁与辱骂的围攻，还有"热心群众"前来查看餐厅周围的环境，并对其调查进行直播。但韦尔奇期待的场景，明显是自己也许能成为文·迪赛尔（Vin Diesel），他全副武装，做好了杀人的准备。最终，他被判入狱4年。

这一片混乱显然是因"假新闻"而起。源自极右阴谋论网站的故事在脸书上流传，似乎有大量故事指控希拉里·克林顿与儿童性交易有牵连。时任特朗普政府国家安全顾问的陆军中将迈克尔·弗林（Michael Flynn），也转发了类似的故事，并激动地发推评论道，"洗钱，儿童性犯罪……必读！"

至于这个故事是故意污蔑还是单纯的疯狂行为，并不清楚，也永远无法被查个水落石出。这个故事可能就是一个骗局，也有可能如极右阴谋论理论家阿列克斯·琼斯（Alex Jones）所说的那样，是有人在感到事有蹊跷的情况下，给出的真实供词。当事件发展到这

---

1 Matthew Haag and Maya Salam, 'Gunman in "Pizzagate" Shooting is Sentenced to 4 Years in Prison', *New York Times*, 23 June 2017; 'The saga of "Pizzagate": The fake story that shows how conspiracy theories spread', BBC Trending, 2 December 2016; Amanda Robb, 'Anatomy of a Fake News Scandal', *Rolling Stone*, 16 November 2017; Mark Segraves, 'Charging documents for Edgar Welch', Twitter.com, 5 December 2016; Andrew Kaczynski, 'Michael Flynn quietly deletes fake news tweet about Hillary Clinton's involvement in sex crimes', CNN, 14 December 2016.

一地步，假故事与真供词之间的区别已无关紧要。同样说不清楚的，是人们是否真的相信这个故事，或者为什么相信，或者他们只是觉得这件事有趣，或者无论是出于哪种原因，他们为什么据此采取行动。这真的是"假新闻"的问题吗？还是在美国其他暴力犯罪数量骤降，偏偏只有大规模枪击案发生率飙升的背景下，另一例自认为替天行道的偏执行为？

就在埃德加·麦迪森·韦尔奇孤身一人在华盛顿采取"治安"行动的同一个月，巴基斯坦国防部长因假新闻信以为真，威胁以色列要对其进行核打击。巴防长读到的一篇文章称，以色列考虑在巴基斯坦军队进入叙利亚的情况下，对巴进行核袭击。巴防长因此提醒以色列，巴基斯坦"也是核武国家"。尽管这篇报道是假的，但它依然揭露了一些真实的东西。核灭绝的可能性已经被提取为资讯娱乐节目——这暴露了一个早已潜伏在全球秩序中，真真切切的可能性。

在乔治·德·玛利亚（Giorgio De Maria）的另类恐怖小说《都灵 20 天》（*The Twenty Days of Turin*）中，心高气傲的城市管理者苦于应付流离失所的移民来到这座城市时所表现出的疏远感。[1]一群充满魅力、稚气未脱的年轻人提议建"图书馆"，他们显而易见的理想主义气质，让人无法对他们抱有怀疑。他们不想在图书馆里摆放言过其实的文学作品，只想要"大众"读物：一间告解室。在图书馆里，任何人都能阅读别人的私人日记、忏悔、抱怨，以及发自肺腑的哭诉。一个妇女希望一个年轻人能帮她解决便秘的问题，并"准备好奉献、

---

1 Giorgio De Maria, *The Twenty Days of Turin*, W. W. Norton & Company Ltd: London, 2017.

奉献、奉献";另一个人想要满足"某种诗意的欲望"。一种新型读者让这些被重新找回的老旧剪贴簿、笔记本和日记变得趣味盎然。

这所图书馆就像一部精神药典、一种抗抑郁药,用书写来管理备受折磨的灵魂。图书馆位于疗养院的一侧,地点也恰如其分。为了能得到读者们的祝福,为了自己的痛苦与呻吟能获得关注,市民们情愿放弃他们的亲密关系和隐私,把这一切都交给这所图书馆。他们的忏悔变得越来越可怕、黑暗和恶毒。一页又一页冗长的文章被书写出来,只是为了伤害某个人,否则就会有人陷入"无底的疯癫深渊之中"。这些书写从为了名气,发展到为了伤害。渐渐地,这些书写明显催生了邪恶的力量——一种导致每晚都会出现大规模谋杀的"集体精神变态"。

有关"假新闻"的小插曲,有关"后真相"社会正在诞生的持续征兆,以及对"回声室效应"和"信息茧房"的精辟谴责累积在一起,就是这台推特机器特有的恐怖故事。但如果说我们所处的境地其实正如德·玛利亚笔下的调查者一样,并不清楚自己所面对的是什么呢?这场集体书写实验,是一个跌落进疯狂与暴力的过程。但将这些联系在一起的,究竟是怎样的力量,这对我们来说,还是未解之谜。

II

传统媒体没有消亡。被广告推动的纸媒和广播电视媒体将继续存在，只不过规模比以前更小、影响力也更弱。它们正被纳入一个由数位统领的、崭新的书写等级体系，而这一新体系的特点，由硅谷风投的盈利模式决定。

在更宽广的平台经济中，社交媒体业是一个强大的派系：尼克·斯尔尼塞克（Nick Srnicek）称之为平台资本主义（Platform Capitalism）。[1] 这一领域开始崛起的时间，是在互联网泡沫破裂之后。当时，过剩的金融资本为了试验新的赚钱方式被投入科技新贵，而"平台"模式，也就是将生意、客户和其他生意以数字化的方式连接在一起的服务，显而易见成了赢家。据斯尔尼塞克的描述，平台提供的这种连接所遵循的逻辑，是让消费与生产的过程变得更透明。Spotify 通过基于云计算的流媒体服务出租其音乐产品，借此从用户中收集数字信息以进行更精准的市场推广。通用电气（General Electric）则让工业公司通过其提供的云平台，将世界范围内的生产流程用感应器与芯片联系在一起，这样一来，生产系统以电子书写的方式变得清晰可读。这也产生了一种新的寻租方式，也就是说企业不再需要销售其商品。通过采用"平台"这一结构，越来越多的企业只需提供商品出租服务。劳斯莱斯（Rolls-Royce）就不再出售其喷气式飞机发动机，而是以小时为单位将其出租。

社交媒体巨头创造了新形式的广告平台。营销收入正从报纸被大量地重新导向脸书和谷歌。2013—2017 年，世界范围内报纸的广告收入下滑超过 150 亿美元。美国的报纸读者数量跌落至 1940 年

---

[1] Nick Srnicek, *Platform Capitalism*, Polity Press: Cambridge, 2016.

代以来的最低点，英国的纸媒发行量也呈现断崖式下跌。[1]在输给互联网后，英国传媒巨头正商量成立一个用来谈判广告收益的联盟。[2]电视广告行业也遭遇了同样的衰败，截至2020年，社交媒体上广告投放支出已经超过了全球电视广告市场。脸书和谷歌，以及这两家企业旗下的Instagram和YouTube，才是新巨头。2017年，这些公司在新型电子广告总收益中占比90%，其中大部分来自智能手机用户。[3]也就是说，如果不是因为2011年左右智能手机的普及，结果也许会大不一样。

脸书击败了报纸，让后者俯首称臣，正是因为脸书与新闻业毫无瓜葛。报纸的销售取决于购买固定产品的那群人关注什么。报业产品受广告之外的因素制约，例如报纸所有者的意识形态取向、记者的专业操守、有关"报纸是什么"和"新闻价值是什么"的某些特定文化理念。但脸书不在乎这些，它将内容的组织与发行和编辑的掌控剥离开。最初被某周日报纸努力争取来的文章，或者是一段半小时的电视新闻，现在都变成了算法组织下单调雷同的信息流中的一员。脸书自动选择惊人和诱人的信息，而非正确甚或有意义的信息。信息生态不

---

1 'World Press Trends 2017: The audience-focused era arrives', *World News Publishing Focus*, 6 August 2017; 'Newspapers Fact Sheet', Pew Research Center, 13 June 2018; Roy Greenslade, 'Suddenly, national newspapers are heading for that print cliff fall', *Guardian*, 27 May 2016.

2 Robert Cookson, 'UK publishers look to consolidate in print battle', *Financial Times*, 10 April 2016; Anna Nicolaou, 'Advertising revenues on US digital platforms set to surpass TV', *Financial Times*, 8 June 2016.

3 Matthew Ingram, 'Google and Facebook Account For Nearly All Growth in Digital Ads', *Fortune*, 26 April 2017; John Koetsier, 'Mobile Advertising Will Drive 75% Of All Digital Ad Spend In 2018: Here's What's Changing', *Forbes*, 23 February 2018.

仅因脸书而退化，还因此被夸大，并沾染上一种新的不稳定性。脸书从根本上加速了当下向新闻注入娱乐的迫切欲望。

对广告商来说，这样的趋势带来了更优的数据。组织注意力的，是由点击、搜索、分享、私信、观看、反应、滑动和暂停进行索引的更加精确的人口统计学：这是一个完整的数字套餐。谷歌的工具包甚至更全面。能让谷歌了解人们在网上干什么的，不仅是其搜索引擎，还有谷歌浏览器、谷歌邮箱、谷歌域名服务器、YouTube、网页分析、谷歌翻译、谷歌阅读器、谷歌地图和谷歌地球。这些工具能分析用户的私人信息、联系人、旅行路线和去过的商店。它们还与推特达成了能访问所有推文的协议，这意味着用户每次登录推特时，都会把海量的原材料交给谷歌平台。

这一新的收益系统还改变了信息的消费和生产方式，并夺走了从冷战时期起，就与自由主义国家结盟的广播和印刷业巨头手中的控制权。2016 年，就已经有 62% 的美国人从社交媒体获取部分新闻，而有 44% 的美国人定期从脸书获取新闻。[1] 任何一家公司都难以企及这一占比。而那些稍微能表现出些许竞争力的公司都是广告平台。排名第二的 YouTube 所提供的视频服务，是 10% 的美国成年人的常规新闻来源，紧随其后的推特占比 9%。[2]

如果说被传统新闻巨头们否定的是广告平台，那么被脸书否定

---

[1] Jeffrey Gottfried and Elisa Shearer, 'News Use Across Social Media Platforms 2016', Pew Research Center, 26 May 2016.

[2] Geoff Colvin, 'Why Facebook and Google Still Resist Calling Themselves Media Companies', *Fortune*, 16 November 2016.

的就是媒体机构。无论脸书还是谷歌，都不对新闻业进行投资。事实上，它们在任何新产品上都没投多少钱。它们的利润与成本相比，有着天壤之别，这导致它们的绝大多数财富被投入流动金融股或囤积在海外。据报道，2016年谷歌的海外财富达到430亿美元，脸书也用同样的策略来避税。它们是美国在海外囤积财富最多的前50家企业中的"领军者"，这些企业在海外共囤积了14万亿美元的财富。[1] 为了安抚脸书不费吹灰之力就击败的传统传媒巨头，脸书启动了其"新闻媒体项目"（Facebook Journalism Project）。该项目提议与从《图片报》（*Bild*）和《国家报》（*El País*）到福克斯新闻和《华盛顿邮报》这样的出版商达成新的伙伴关系，以帮助它们利用脸书平台来获取新的订阅用户。[2] 这一举措看似将少数传统媒体幸存者吸引读者的能力最大化，但却掩盖了这些媒体实际上能够吸引到的收益越来越少这一事实。谷歌也通过同样微不足道的投入设立了一个新闻协会。

不过，正是因为这些平台无须对新闻负责，在某种意义上，社交媒体平台才是更纯粹的媒体公司。当马克·扎克伯格写下"新闻和媒体不是人们在脸书上进行的主要活动"这句话，并在2018年的国会质询上重申这点时，[3] 他在众目睽睽之下隐藏了一个事实：脸书、

---

[1] Simon Bowers, 'Google expected to reveal growth of offshore cash funds to $43bn', *Guardian*, 26 January 2016; Alanna Petroff, 'Top 50 U.S. companies hold $1.4 trillion in cash offshore', CNN, 14 April 2016.

[2] Hannah Kuchler, 'Facebook launches journalism project', *Financial Times*, 11 January 2017.

[3] Jeff John Roberts, 'Why Facebook Won't Admit It's a Media Company', *Fortune*, 14 November 2016; Karissa Bell, 'Facebook: We're not a media company. Also Facebook: Watch our news shows', *Mashable*, 8 June 2018.

谷歌、推特、YouTube，就是媒体。它们的存在，就是为了作为监视、管制和提取的控制论系统的一部分，不受偏好的影响生产信息。偏好事关意义，而社交媒体平台则根本就是虚无主义的。

对内容采取这种不可知论的态度，将早就存在于传统媒体中的一种趋势发展到另一种极致。像是被阿克瑟尔·施普林格（Axel Springer）或鲁伯特·默多克私人拥有的报纸，或者像是西班牙《世界报》这样与执政党同属一个阵营的报纸，它们同时也都是广告平台。这一具有强烈倾向的商业模式本身就对其内容持不可知论的态度，即只要有购买力支撑的关注度得到保证，发什么都行。事实上，这点适用于资本主义下的所有商品：理论上（实际上也完全如此），投资人对内容不感兴趣，只要能提高投资回报就行。马克·扎克伯格的极端不可知论主义就是对这一趋势进行提炼后的萃取物，他甚至公开表示，只要某些用户愿意，他们甚至能在脸书上否认犹太人大屠杀。[1] 脸书的大部分编辑工作被委托给其专属的算法处理——一种自动化的不可知论、一种数字化的虚无主义——但这一事实，并不意味着脸书这个社交平台就不是一个媒体。

脸书在传统媒体业的竞争者们忽略了这一点。例如2016年，《卫报》坚称脸书私下依据的那一套"新闻价值"早已过时，该报纸报道时所依据的泄密文件显示，在决定何为"热点新闻"这一流程的

---

1 Kara Swisher, 'Full transcript: Facebook CEO Mark Zuckerberg on Recode Decode', Recode (www.recode.net), 18 July 2018; Alex Hern, 'Mark Zuckerberg's remarks on Holocaust denial "irresponsible"', *Guardian*, 19 July 2018.

不同阶段存在人为干预,某些故事被"添加",某些故事则被"拉黑"。[1]正如泄密文件所述,脸书确定"热点新闻"主题的标准,是该主题在广播与印刷新闻机构中所占据的显著位置。但任何一种决定何为"热点新闻"的体系,其关键点都在于回音壁效应,就像"热点话题"一样。该体系之所以会放大对某一故事的关注度,其依据就是这个故事已经获得了关注。脸书的编辑流程就好比是对"新闻价值"耸了耸它的电子肩,但这样做的效果恰恰在于,它能更有效地对注意力进行导流。

社交平台巨头是拥有巨大公共舆论塑造力的媒体机构,是数千万人的第一手新闻来源——这样的广泛共识为脸书和谷歌带来了新的压力。2014年,西班牙通过了一项知识产权法,强制要求谷歌为其谷歌新闻推送所显示的链接和内容摘要付费。如任何一家优秀的垄断公司一样,谷歌对此的反应是关停了其在西班牙的业务。[2]这对了缓解本国报业压力,考虑类似做法的国家来说是一个信号,例如英国目前正在做此打算。

这次事态转变出乎所有人意想。几十年来,传统新闻业告诉我们,私营企业和自由市场竞争最有利于新闻业的发展,政府的干预应该越少越好。现在,他们希望政府将他们从不利的情况中解救出来,但他们直到现在都没有严肃讨论过,由政府资助的公益性新闻应该

---

[1] Sam Thielman, 'Facebook news selection is in hands of editors not algorithms, documents show', *Guardian*, 12 May 2016.

[2] Oscar Williams, 'Google News Spain to be shut down: what does it mean?', *Guardian*, 12 December 2014.

是什么样子、应该对谁负责，以及怎样负责。

然而，各国政府也没有就我们已经退化的信息生态展开公共讨论，探讨究竟发生了什么，他们只是越来越多地要求社交平台巨头们为"假新闻"负责。

III

唐纳德·特朗普成为"假新闻"一词代言人时的欢欣鼓舞，本应为我们敲响警钟。这件事本应提醒我们这种语言内在的专制主义论调，提醒我们这个词所表达的，其实并不是我们喜闻乐见的。

在美国，"假新闻"一词为舆论所接受，是因为它解释了华盛顿统治阶级的完美代表，希拉里·克林顿，为何会在唐纳德·特朗普这个极右派门外汉面前败下阵来。毕竟，特朗普参选本应确保克林顿的胜算才对；被泄露的民主党战略文件显示，民主党寻求鼓动共和党尽可能向右转，以期通过这样的方式打造一个能与之抗衡的广泛中间派。[1] 作为一家十分受民主党建制派欢迎的报纸，《纽约时报》对其号称改变了选举结果的"假新闻"故事进行了深度调查，其中一个具有标志性的例子是一则被疯转的推文。推文称，聚集在奥斯汀（Austin）的反特朗普抗议者是被专车接来的。该推文还辅以一张配图，照片上有一排排公车和长途汽车，后经证实，这些车是为另

---

[1] Ben Norton, 'How the Hillary Clinton campaign deliberately "elevated" Donald Trump with its "pied piper" strategy', *Salon*, 10 November 2016.

一场毫不相关的会议参与者准备的。这条假消息在推特上被转发了1.6万次,在脸书上被转发了35万次,就连特朗普都对这条谣言表示支持。[1]

其他几个被《纽约时报》翻出来的例子则更离谱。例如,克林顿为了篡改调查结果收买了民意调查经办人,克林顿阵营计划通过一场"辐射战"阻止投票,克林顿的竞选顾问约翰·波德斯塔(John Podesta)参与神秘仪式,她的对手常常离奇死亡。该报的论点是,"假新闻"削弱了对有效治理来说必不可少的共识。《华盛顿邮报》的执行编辑马丁·巴伦(Martin Baron)抱怨称:"如果在你所处的社会中,人们不能对基本事实达成共识,那你怎么可能拥有正常运转的民主制?"[2]

这里的问题并不仅仅在于对"基本事实"存在异议。对"基本事实"是否存在异议,确为评判民主制运转良好与否的条件之一。事实仅仅是一种衡量标准,至于某一衡量标准的重要性,用来确定这一标准的方法,进行衡量的人是否具备相关权威等,这些方面总存在合理的不同观点。没有价值,就不会有事实,这也就是为什么只有在警察国家才会存在事实上的共识。想对"基本事实"进行仲裁的人曾对读者担保称,伊拉克拥有大规模杀伤性武器——这番话导致数十万人丧生。错了,问题不仅仅是"基本事实"这么简单。这些看

---

[1] Sapna Maheshwari, 'How Fake News Goes Viral: A Case Study', *New York Times*, 20 November 2016.

[2] Jim Rutenberg, 'Media's Next Challenge: Overcoming the Threat of Fake News', *New York Times*, 6 November 2016.

法都在不同程度上暗示别人是阴谋论偏执狂,但准备好相信这种故事的人不仅与克林顿的核心选民相去甚远,他们甚至不易被自由主义媒体的"事实核查"所影响,因为他们与那种认知预设根本不沾边。

几乎没有证据表明"假新闻"对2016年大选造成了巨大影响,而试图责怪人们相信"假新闻"故事只会冒颠倒因果的风险。例如,俄亥俄州立大学的研究人员调查了2016年相信"假新闻"故事与倒戈民主党之间的关联性。[1]值得注意的是,该调查十分巧妙地控制了例如年龄、学历、性别、种族和意识形态取向这样的其他因素,但遗漏了克林顿的政策、声明和竞选策略产生的影响等因素。结果,该调查只在相信"假新闻"故事与倒戈民主党的可能性之间建立了微弱的关联性,但它仍无法说明这是否造成了倒戈,或者说,其他因素是否带来了这一关联性结果,并造成了倒戈。其他因素可能包括信贷紧缩的影响,民主党在美国铁锈选区[2]的记录,以及党内当权派政治合法性的瓦解。[3]

另外,特朗普能利用真新闻让克林顿形象受损这一点,也为分析大选结果与假新闻之间的联系带来了另一个难题。例如,在希拉里·克林顿阵营被泄露的邮件中,有一封涉及克林顿对华尔街发表

---

[1] Richard Gunther, Paul A. Beck and Erik C. Nisbet, 'Fake News Did Have a Significant Impact on the Vote in the 2016 Election', Ohio State University, February 2018.

[2] 铁锈地区,"Rust Belt",是对美国五大湖附近传统工业区的非正式称呼。——译者注

[3] Thomas Ferguson, Paul Jorgensen and Jie Chen, 'Industrial Structure and Party Competition in an Age of Hunger Games: Donald Trump and the 2016 Presidential Election', Institute for New Economic Thinking, Working Paper No. 66, January 2018.

的演讲，据说她在演讲中称，"你既要有公共立场又要有私人立场"。在另一封邮件中，民主党全国委员会主席唐娜·布拉齐尔（Donna Brazile）在谈到民主党初选辩论时说，她提前收到了美国有线电视新闻网（CNN）的问题。[1] 在另一则据说是俄罗斯水军为了减少黑人选民数而散布的故事中，克林顿被指曾称黑人年轻男性为"超级掠夺者"。只不过，克林顿确实说了这样的话。特朗普称，克林顿在波斯尼亚的所谓英雄事迹其实是没完没了的病态谎言，确如特朗普所说，克林顿在这件事上撒了谎。[2]

如果说广泛使用"假新闻"一词的是右派，包括像阿列克斯·琼斯这样的阴谋论者，那么，这意味着这个词在语义上充满了诱导性。事实上，特朗普对该词的挪用导致人们一时之间拿捏不准这其中的细微差别。英国广播公司（BBC）认为，"未被证实的新闻"与"假新闻"不是一回事：假新闻是假的，而未被证实的新闻在得到证实前可能是真，也可能是假。这种诡辩术的问题在于，所有"假新闻"在未被证"伪"之前，都是"未被证实的新闻"。在特朗普口中，"假新闻"一词被用来形容指控他通俄的文件，媒体机构虽然公布了这些文件，但他们也承认无法证实这些文件的真伪。此外，"假新闻"的定义还会掩盖许多对特朗普持批判态度的文章。例如，《华盛顿邮报》宣称，俄罗斯

---

[1] Jordan Weissman, 'Hillary Clinton's Wall Street Speeches Have Leaked. No Wonder She Didn't Want Them to Get Out', *Slate*, 7 October 2016; Rachel Revesz, 'CNN fires Donna Brazile for allegedly giving debate questions to Hillary Clinton in advance', *Independent*, 31 October 2016; David A. Graham, 'Russian Trolls and the Trump Campaign Both Tried to Depress Black Turnout', *The Atlantic*, 17 December 2016.

[2] Jon Greenberg and Angie Drobnic Holan, 'Trump right that Clinton made up story about Bosnia sniper fire', *PolitiFact*, 22 June 2016.

黑客在大选期间"入侵"了美国电网，一众克林顿左派网站其实是俄罗斯假新闻活动的一部分。丢人的是，这两则被《华盛顿邮报》大肆报道的新闻，随后被修改，其核心主旨也被删除。[1]

绝大多数感慨"假新闻"的人都是来自传统媒体的记者，他们忽略了问题的真正所在。"假新闻"不是什么新鲜事——毕竟，人类历史上没有哪个时代纯粹只讲真话。要列举出一个世纪以来的官方骗局根本不是什么难事儿，从德国的"尸体工厂"到东京湾事件，再到科威特婴儿从恒温箱中被拽出，以及大规模杀伤性武器能在45分钟内被启动。[2] 传统媒体被政府用于管理之需的情况也有据可查，例如美国中央情报局（CIA）在"知更鸟行动"（Operation Mockingbird）期间在美国各新闻编辑室内的大规模运作，以及英国军情五处对英国广播公司记者的审查（以及英国广播公司对这件事的掩盖）。同样有证可循的，是传统媒体也参与到被记者尼克·戴维斯（Nick Davies）称作"抄袭新闻学"（Churnalism）的新闻传播之中，也就是将被回收的公开信息重新发布为新闻的做法。这其中不仅包含司空见惯的明星八卦和商业宣传，还有不少来自像反移民的移民观察（Migration Watch）或反穆斯林的门石研究所（Gatestone Institute）这样的右翼组织的假新闻。[3]

---

[1] Glenn Greenwald, 'Russia Hysteria Infects WashPost Again: False Story About Hacking U.S. Electric Grid', *The Intercept*, 31 December 2016.

[2] Phillip Knightley, *The First Casualty: The War Correspondent as Hero and Myth-Maker from the Crimea to Iraq*, Johns Hopkins University Press: Baltimore, MA, 2004.

[3] Paul Lewis, 'Churnalism or news? How PRs have taken over the media', *Guardian*, 23 February 2011.

在这种程度上,"假新闻"是媒体行业中宣传、抄袭新闻和资讯娱乐化这些现有趋势的累加与聚合。明星假死讣告这一类型的新闻,就是建立在娱乐与 24 小时新闻结合产生的"软新闻"(soft news)形式这一基础上的。阿列克斯·琼斯的极右阴谋论网站"信息战"(Infowars)所依托的广播脱口秀传统,则结合了右翼泄愤、将阴谋论当作资讯娱乐节目和"家庭购物"的特点。许多被划分为"假新闻"的情况,其实就是错被当真的讽刺。比如,唐纳德·特朗普和福克斯新闻的肖恩·汉尼提,不仅把讽刺美国将在立石印第安保留地接收 25 万叙利亚难民的话当真,还煞有其事地重复这番话。[1]另一种假新闻的情况是,传统媒体根据在网上找到的毫无根据的言论炮制出一篇假新闻故事。《多伦多太阳报》(*Toronto Sun*)的一则假报道声称,被暂时安置在位于多伦多东部的丽笙酒店(Radisson Hotel)的寻求庇护者,在浴室里"宰羊"——但这则报道所依据的竟是途鹰网站(TripAdvisor)上未被证实的留言。[2]

尽管如此,"假新闻"还是让各国政府倍感震惊,并因此决定对脸书采取行动。总体上看,这也属于自由主义国家防范民粹主义威胁的部分尝试。而脸书在这方面的保留态度,被认为是这家企业形象的污点。例如,2018 年 7 月,美国有线电视新闻网要求脸书新闻推送部的负责人,约翰·黑格曼(John Hegeman),解释脸书为何要

---

[1] Nicky Woolf, 'As fake news takes over Facebook feeds, many are taking satire as fact', *Guardian*, 17 November 2016.

[2] Ishmael N. Daro, 'A Fake Online Review Claimed Refugees "Slaughtered Goats" In a Hotel. This Newspaper Helped it Go Viral', BuzzFeed News, 11 October 2018.

为阿列克斯·琼斯的信息战网站提供硬件支持。如果脸书当时决心要杜绝假新闻，那又为什么要容忍一个散播桑迪·胡克小学（Sandy Hook）枪击案的受害者都是"危机演员"这种胡言乱语的网站？黑格曼坚称，脸书只是一个"人们可以发表不同意见"的场所。但实际情况是，只要广告商能在脸书平台上锁定喜欢信息战网站的人，脸书就能从中获利。[1] Spotify 和 iTunes 于次月决定封杀信息战网站的内容后，脸书最终还是随大流，做出了妥协。结果是，平台用户立即减半，这说明了阴谋论网站为这些平台带来的附加值有多大。

2017 年，脸书启动了"对假新闻宣战"（war on fake news）计划。[2] 虽然脸书起初对于让自己为 2016 年政治事件负责的企图表现出抗拒，但最终还是同谣言核查网站 Snopes、FactCheck.org、ABC News 和 PolitiFact 达成合作。扎克伯格承认，假新闻就是互联网注意力经济的内在组成部分："假新闻网站之所以会崛起，是因为它们能为网络广告带来收益。"[3] 在扎克伯格的国会听证会之后，脸书紧接着就发布了一部许诺要加入"打击不实信息"行列的迷你纪录片。[4] 纪录片称，脸书将使用人工智能和机器学习工具来识别"假新闻"，削

---

[1] Judd Legum, 'Facebook's pledge to eliminate misinformation is itself fake news', *Guardian*, 20 July 2018.

[2] Dave Lee, 'Facebook's fake news crisis deepens', BBC News, 15 November 2016; 'Facebook fake news: Zuckerberg details plans to combat problem', BBC News, 19 November 2016; Mark Molloy, 'Facebook just made it harder for you to share fake news', *Daily Telegraph*, 20 March 2017.

[3] 'Facebook publishes fake news ads in UK papers', BBC News, 8 May 2017.

[4] John Hegeman, 'Facing Facts: Facebook's Fight Against Misinformation', Facebook Newsroom, 23 May 2018.

弱其影响，让其不再如此频繁地出现在新闻推送中。不出所料，特朗普的右翼拥趸宣称，脸书的合作伙伴都有亲"左翼"的记录。

对此类管控行动反抗情绪更强的推特，起初拒绝加入"对假新闻宣战"这一计划，而是坚持其"言论自由"的路线。推特创始人杰克·多尔西宣布，推特平台依然欢迎琼斯，而如果琼斯"散播毫无事实根据的谣言"，那么这个问题最好由事实核查记者来处理（这对推特也不会产生任何成本）。回应不良言论的方式，是更多好的言论——说这话的人不是傻就是滑。因为"事实核查"几乎不会对任何人产生影响，尤其是当事实核查来自一个自诩的权威，并以高压专制的方式被强加于人时。[1] 事实核查永远都不及被核查的"事实"更令人感到兴奋，而且事实核查还会产生让个别报道跻身注意力经济前列这样的反效果。多尔西最终也做出了让步，但是社交媒体企业依然致力于保证内容流失最小化。在机器学习的协助下通过算法精心安排推送内容，这些企业希望降低迫使他们封杀用户的政治压力。为了试图规避仇恨言论的限制措施，一些另类右翼积极分子涌向一个怀揣成名梦的右翼推特账号"Gab"，该账号在两年的时间里收获了近50万粉丝。但大多数右翼积极分子除了调整自己发布的内容外，什么都没做。

通过将媒体中已经存在的信息虚无主义倾向推向极致，推特机

---

[1] Aniko Hannak, Drew Margolin, Brian Keegan and Ingmar Weber, 'Get Back! You Don't Know Me Like That: The Social Mediation of Fact Checking Interventions in Twitter Conversations', Proceedings of the Eighth International AAAI Conference on Weblogs and Social Media, 2014; 也可参见 Alice E. Marwick, 'Why Do People Share Fake News? A Sociotechnical Model of Media Effects', *Georgetown Law Technology Review*, 424, July 2018。

器阐明了信息的真实性价值抵不过其经济价值。但严格来讲,"假新闻"并不是问题所在。会发生公然编造谎言的事,其实很好理解,因为人们在有关其政治对手的事上撒谎,或是散布关于明星的不实信息,个中缘由再明显不过。但"假新闻"这一理念,就像是坚称在见多识广的特权阶层与一大群受骗的"随大流盲从者"之间存在一条认知鸿沟的阴谋论。假定其他人轻信某人在某处故意编造的谎言,这种说法向来都存在。但如果有数万或者数十万人相信某个故事,那么这个故事的始作俑者很可能也对此深信不疑。

这就是那个难以回答的问题:为什么有如此多的人想要信息战网站制造的这些东西?当然,的确存在像阴谋论、政治谋杀、神秘仪式、恐怖主义嫁祸行动和性奴这样的事。这就是我们生存的这个世界的组成部分。但越来越多的人貌似想要用阴谋论网络来取代政治社会学的工作,用简单粗暴的方式解释生活为什么变糟,官方政策为什么既不食人间烟火又盛气凌人。这些人似乎想要相信,今天的中间派政府管理者所代表的并不是一如既往的国家面貌,掌权的实际是那些篡夺了合法制度的邪恶外行。那么,为什么有这么多人相信存在怀揣颠覆企图的恶势力?要如何解释这种对疑神疑鬼的故事非同一般的需求?

IV

我们面对的是认知危机。根据"后真相"(post-truth)社会理论家提供的解释，这是后现代主义（postmodernism）教条的遗产，今天的右翼反对派也深受这一遗产的影响。

流传于民间的历史观点还认为，智力衰退也进一步限制了有关"假新闻"的辩论。根据这一观点，虚假的理念现在有市场，是因为西方的理性权威已经衰落，成了无人问津的明日黄花。

这一观点兴起的部分原因，在于缺乏教育、不称职的人获得了新的政治影响力。对哲学家史蒂夫·富勒（Steve Fuller）来说，预示着后真相政治获胜的信号之一，是希拉里·克林顿在大选中失败，"她或许是迄今为止最有资格竞选的人"，却输给了不按常理出牌、毫无资格可言的唐纳德·特朗普。[1] 角谷美智子（Michiko Kakutani）是一位备受尊敬的记者，她也痛斥特朗普政府雇用的都是"不称职的法官与机构领导人"，这番话就像是在说，极右的问题在于它们没有能力（虽然通常也的确如此）。[2] 就像如果当权的是有能力的极右政府，那么厄运就不一定会发生。这种观点反映出的是专业人士本能的意识形态，对他们来说，教育、能力和"资质"都是优秀政府要满足的条件。[3]

把政治竞争当作精心设计的工作面试，体现出这样一种共识：我们已经知道工作是什么，我们只需要找到最佳人选。而且如果说，选举不是一场利益与远见之间的激烈竞争，而是精英体制的选人流程，那克林顿的失败所代表的就只能是一场不公：性别歧视盛行和

---

1 Steve Fuller, *Post-Truth: Knowledge as a Power Game*, Anthem Press: London, 2018, p. 1.

2 Michiko Kakutani, *The Death of Truth*, William Collins: London, 2018, p. 40.

3 Matt Huber, 'The Politics of Truth/Facts', *Medium*, 25 January 2017.

愚昧，让合理的职业发展寸步难行。从这个角度来讲，民主制的质量把控看起来很糟糕。事实上，《纽约时报》就曾报道过，民调显示，最有可能对民主制度持公开反对立场的，正是政治上的中间派——在美国尤其如此。[1]不管是英国脱欧还是特朗普的胜利，都带动了一批"不太光彩"的自由派言论，质问民主到底是不是一个好主意。这就像是说，极右反映出的问题是民主过剩。

然而，以角谷美智子为代表的一众记者与学者却坚定地辩称，认知危机是"后现代主义"冲击知识与启蒙运动后留下的遗产。这一想法随处可见。哲学家丹尼尔·丹尼特（Daniel Dennett）抱怨称"后现代主义者的所作所为真的很卑鄙"。身为记者的彼得·保默然特塞夫（Peter Pomerantsev）在英国广播公司《新闻之夜》（Newsnight）的一部迷你纪录片中，将特朗普之流的政治家崛起归因于后现代主义。[2]还有一种无处不在的理论，指控后现代主义所推广的主观主义对真理造成了极其恶劣的影响，真理不仅被相对化，其相对化的极端程度还为否定科学的右翼人士提供了掩人耳目的幌子。[3]

不过，"后现代主义"这个对手其实难以捉摸且变化多端。似乎

---

[1] David Adler, 'Centrists Are the Most Hostile to Democracy, Not Extremists', *New York Times*, 23 May 2018.

[2] Carole Cadwalladr, 'Daniel Dennett: "I begrudge every hour I have to spend worrying about politics"', *Observer*, 12 February 2017; Peter Pomerantsev, 'The rise of the postmodern politician', BBC Newsnight, 16 March 2017.

[3] Lee McIntyre, *Post-Truth*, MIT Press: Cambridge, MA, 2018, pp. 200–45; Matthew D'Ancona, *Post Truth: The New War on Truth and How to Fight Back*, Penguin Random House: London, 2017, pp. 89–110; C. G. Prado, *America's Post-Truth Phenomenon: When Feelings and Opinions Trump Facts and Evidence*, Praeger: London, 2018, pp. 5, 9, 21–2 and 110.

没人能完全确定后现代主义到底是什么。比如，角谷美智子不无讽刺地引用了美国右翼媒体人迈克·切尔诺维奇（Mike Cernovich）在接受《纽约客》的采访时所说出的一段狂妄自大的话。[1] 切尔诺维奇解释道："听着，我大学时读过后现代主义理论。如果一切都是一种叙事，那我们就需要主流叙事之外的另类叙事。你觉得我看起来像是一个读过拉康的人吗？"切尔诺维奇可能在大学期间读过一点儿拉康，但要说他能读懂拉康，就好比是说特朗普其实是《芬尼根的守灵夜》（*Finnegans Wake*）一书的代笔。作为延续了弗洛伊德传统的精神分析学家，拉康是现代主义的经典代表，他的理论与"一切皆为叙事"的观点毫不相干。在这一语境下，"后现代主义"似乎指的就是"傲慢的法国知识分子"而已。但角谷却把切尔诺维奇采访跑题时所说的一段自己明显一窍不通的话，引用为"民粹右翼吸取后现代主义观点"的例证。

表面上看，这种吸取的核心在于否定"客观现实"。根据角谷以及与她同属一派的思想家对后现代主义给出的简略描述，福柯与德里达应为这一对现实的可耻背叛负责。对英国记者马修·迪安科纳（Matthew D'Ancona）来说，后现代主义知识分子将"一切"都当作某种"社会建构"（social construction），并因此促成了一种极端的相对主义，而这两位则是这群知识分子的典型代表。[2] 根据哲学家李·麦因泰尔（Lee McIntyre）的说法，德里达将"一切"都解读为文本。[3]

---

1 Alan Jay Levinovitz, 'It's Not All Relative', *The Chronicle of Higher Education*, 5 March 2017.

2 D'Ancona, *Post Truth*, p. 91.

3 McIntyre, *Post-Truth*, p. 202.

在角谷看来，攻击独立于人类感官的现实，产生了破坏"理性自主的个人"这样的可怕影响，这导致了"我们每个人，都自觉或不自觉地，被某种特定的时间与文化塑造"这种有害身心健康的论断。[1]此类观点对那些不喜欢福柯和德里达被规定为大学必读文本的人来说，应该颇具吸引力。一般对这两位的抱怨都说他们的文章晦涩难懂又让人感到压抑。从这些抱怨中，我们还能发现让人感到欣慰的第三手提炼总结，那就是这些抱怨最终都肯定了"一切就像是一种叙事，或社会建构，或其他什么东西"这一论断。

但只需考察一番，以上这种观点就会土崩瓦解。无论福柯还是德里达，都未对社会建构，或是客观现实的状态，甚至是后现代主义进行过太多表态。人被"某一特定时间与文化"塑造，是源于启蒙运动的一种唯物主义假说。事实上，这不过就是常识。如伊恩·哈金（Ian Hacking）所论，"建构"（construct）的理念能被追溯至伊曼努尔·康德（Immanuel Kant）。[2]所谓的某种事物是一种"社会建构"，就是说这种事物不是由神传下来的，而是由人建造的：这也是启蒙运动的思想。今天这一概念通常被用来指我们命名事物和谈论事物的方式如何部分地"建构"了该客体——这一用法与费迪南·德·索绪尔（Ferdinand de Saussure）的结构主义语言学息息相关，而索绪尔的后现代主义程度就好比一台电唱机。相信存在独立于人类感官的"客观现实"，这一看法在启蒙运动之前就有，并不是启蒙运动

---

[1] Kakutani, *The Death of Truth*, p. 56.

[2] Ian Hacking, *The Social Construction of What?*, Harvard University Press: Cambridge, MA, 1999, p. 41.

的产物,我们不仅能在康德那里寻得这一理念的踪迹,也能追溯至圣奥古斯汀(Augustine of Hippo)。而怀疑是否存在独立于人类感官的现实,事实上就是怀疑是否存在不能被观察到的实体,在另一种语境下,这就是无神论。无神论对宗教信仰的批判通常相当于在说,现有数据不足以证明这一理论,所以你也大可以相信存在会飞的面条怪物。此外,启蒙运动与"后现代主义"之争的迷雾还充斥着基本的范畴错误,这些攻击后现代主义的作者往往将完全不同的概念——如语言、客观现实和真理——混为一谈。

不幸的是,潜伏在"后现代主义"这个唬人的稻草人背后,向我们摇头摆尾的是我们对右派的根本误解。对右派来说,事实是一种手段,这才是令人感到不安的地方。右派十分留意言论的表演效果,也就是如何通过演说实现可能性。从巴西总统博索纳罗(Bolsonaro)到英国的脱欧派,他们都对如何让信息发挥作用表现出敏锐的理解力。如卡尔·罗夫(Karl Rove)所说,"我们创造我们自己的现实"。[1]但尽管如此,仍有一些智力异常者,如特朗普和他的支持者们——他们并不否定存在真理,也不认为一切都是叙事。他们或许不屑于公认的专家口中的真理,但他们同样主张真理的确存在。右派屡次三番强调的是,维护理性、逻辑和事实的是他们,而不是那些情感脆弱、不堪一击的左派"小雪花"们。另类右翼活动人士斯蒂芬·莫里诺克斯(Stefan Molyneux)推广的"神逻辑"(Not An Argument)表情包,就很好地体现了右翼在面对例如"特朗普是种族主义分子"

---

[1] Ron Suskind, 'Faith, Certainty and the Presidency of George W. Bush', *New York Times Magazine*, 17 October 2004.

这样的话时所做出的反应。

此外,像"9·11"真相运动(9/11 Truth movement)一样,右派的特点在于,他们对存在能被发现并让人大跌眼镜的真相怀着一种令人同情的信念。不论是"喷气燃料不会熔化钢梁",还是"希拉里贩卖性奴",都表明不论我们面对的是什么,都与认知相对论相差甚远。阴谋论涵盖了大多数被称为"假新闻"的右翼话语。要说这体现了认知危机,那也是一种认知绝对论危机,即这种话语承认只存在一种真理:那种标题党真理,那种声称"有件关于世贸中心的怪事能吓你一跳"的真理。这种真理观也是一种神义论(theodicy),试图通过暴露出能够解释邪恶与痛苦的"隐蔽真理",回答至善的神为何要允许恶存在这一矛盾关系。但这种尝试提供的只是辩解,通过将复杂问题外在化来提供解决方案:无论责怪的是反基督者、共济会、"黄祸"(yellow peril)、共党还是犹太人——外人永远都是那个破坏了社会和平与公正的罪人。这种标题党经济的终极目的根本就不是后现代主义,而是法西斯主义那样的陈词滥调。

今天,由右派主导的阴谋论之一,就是左派知识分子为了扳倒西方在理性、逻辑和科学方面的权威,组织了一场虽缓慢但成功的斗争,也就是他们所说的"文化马克思主义"进程。新纳粹杀人犯安德斯·贝林·布雷维克(Anders Behring Breivik)的宣言让这一理论首次恶名远扬。自那时起,这一理论便在右派中站稳了脚跟,并被受欢迎的右翼精神领袖乔丹·彼得森(Jordan Peterson)挂在嘴边,此人因其人类两性关系与龙虾性行为相同的理论,以及他对自救和荣格神秘主义的诡异结合而出名。已被解雇的国家安全委员会官员里奇·希金斯（Rich Higgins），指责"文化马克思主义"是打压特朗普的罪魁祸首。[1] 相对主流的阵营中也有人认同这一观点。反特朗普的澳大利亚保守派电视新闻主持人克里斯·乌尔曼（Chris Uhlmann），斥责"新马克思主义者"的作品将"批判理论当作……毁掉西方的手段"。[2]

这一理论与之前讨论过的"后真相"观点有着惊人的相似之处。"后真相"理论家们与他们的右翼竞争者共享同一种词汇、同一种反颠覆热情、同一种将复杂问题外在化的冲动、同一种思想上的闭塞和同一种肤浅的专制主义特征。他们口中的"后现代主义"不过是一个假想敌，是讲英语的中间派在输掉论战时找来出气的替罪羊。他们的启蒙运动，就像是丹·汉德（Dan Hind）笔下，以对理性的诚挚之名所举行的狂热集会——这是一场"民粹启蒙运动"，一场"被删节、已经失去了其历史实质精神的启蒙运动"，那些18世纪的哲学家们在这场启蒙运动中沦为当代论战场上的棋子。[3] 反战左派的极端文化相对主义，被认为是让西方失去自卫能力的罪魁祸首，而英语世界里那些胡说八道的人对后现代主义与生俱来的恐惧，曾几何时被用作对这些左派进行道德绑架的筹码。如今，类似的话语将正

---

[1] Jeet Heer, 'Trump's Racism and the Myth of "Cultural Marxism"', *New Republic*, 15 August 2017.

[2] Jason Wilson, 'Chris Uhlmann should mind his language on "cultural Marxism"', *Guardian*, 22 February 2016.

[3] Dan Hind, *The Threat to Reason: How the Enlightenment Was Hijacked and How We Can Reclaim it*, Verso: London and New York, 2008.

在瓦解的政治共识与角谷所说的"理性的统治"联系在一起。[1]它以令人叹为观止的经济手段,塑造了一个简单明了的两极对立:一边是维持现状的理性人,另一边是失去理性的平头老百姓。但是,这种话语之所以会呼吁一个从未存在过的"理性时代",似乎并不是因为它对恢复自由主义国家的稳固,以及重建其根植于理性的牢固基础这些已经不复存在的东西有多大兴趣,而是因为这一套说辞有利于道德绑架。

虽然阴谋论通常来自受到威胁的权力,但如今,它似乎源自一种更彻底的意义崩溃。阴谋论就是走下坡路的权威身上生出的瘤子,一种病态的症状。当长久以来处于统治地位的意识形态开始崩溃时,当社会交往越来越受到一场令人困惑的全民战争的支配时,多疑就成了再自然不过的反应方式。社交媒体平台的崛起为这一切增添了新维度,因为在平台创造的机制中,具有反社会人格的不合群之人、没有情感纽带的黑客、喷子和发垃圾邮件的人,理所当然地成了英雄。由社交平台创建的个人主义体系充满竞争,在这里,混乱和多疑是存在的常态。在这种意义上,在业余侦探的刺激下利用平台创建网络社群,实际上是一种夺回意义的尝试。

早期的"9·11真相"社群就已经清晰明了地呈现了这一点。大卫·雷·格里芬(David Ray Griffin)和纳菲兹·莫萨德克·阿迈德(Nafeez Mosaddeq Ahmed)令人意想不到的畅销书,以及不计其

---

[1] Kakutani, *The Death of Truth*, p. 45.

数专吊人胃口的网页所表达的压倒性观点是，官方叙事不合理。[1]这些作家痴迷地翻阅与这件正在发生的事相关的新闻叙述，并在其中寻找矛盾、漏洞和反常之处。诚然，新闻中常有漏洞，更别说在官方删减版之中。"9·11真相"群体经常试着用他们一般无处可用的批判反思来解读这些叙述。他们在没洞的地方戳出洞，然后强行解释那些洞。他们确信某处存在隐蔽的、见不得人的信息，而只有公民记者才能揭露这些信息。这种对于"他们"对我们隐瞒了什么的坚定信念，是所有这些"真相"团体共同的出发点。像五角大楼被导弹袭击中这种更具体的理论，只不过是次要的猜测。

一些曾经有权有势的人，现在感到危机四伏，他们因崩溃而开始转向同一逻辑，这并不稀奇。埃玛·简（Emma Jane）和克里斯·弗雷明（Chris Fleming）对阴谋论的分析表明，揭发者往往与他们批判的人拥有相同的"认知取向和辞令库"。[2]行为经济学家卡斯·桑斯坦（Cass Sunstein）与阿德瑞安·维缪尔（Adrian Vermeule）就曾建议白宫对阴谋论采取严厉措施，例如秘密"渗透"在线社群的"认知体系"，灌输疑虑，从内部瓦解这些团体。该事件很好地体现了，这种表演上的自相矛盾有多么荒唐可笑。

---

1 David Ray Griffin, *The New Pearl Harbor: Disturbing Questions About the Bush Administration and 9/11*, Arris Books: Devon, 2004; Nafeez Mosaddeq Ahmed, War on Truth: Disinformation and the Anatomy of Terrorism, Olive Branch Press: Ithaca, NY, 2005; Nafeez Mosaddeq Ahmed, *The London Bombings: An Independent Inquiry*, The Overlook Press: London, 2006.

2 Emma A. Jane and Chris Fleming, *Modern Conspiracy: The Importance of Being Paranoid*, Bloomsbury: New York and London, 2014 pp. 4–5。黛芙拉·鲍姆（Devorah Baum）也发现了一个类似的模式，参见 *Feeling Jewish*: (*A Book for Just About Anyone*), Yale University Press: New Haven and London, 2017, pp. 53–5。

与其同样变得疑神疑鬼，迷失方向的中间派需要更加深入地审视这一切，因为他们现在才经历的这种崩溃其实由来已久。

V

精力充沛的脱欧派人士迈克尔·戈夫（Michael Gove）提醒我们，专业知识让我们感到恶心。认知危机在一定程度上是病入膏肓的政治权威危机：当荣誉陷入困境时，紧随其后的就是信誉危机。

与既定党派和意识形态相联的纸媒巨头的衰落，以及社交媒体平台的崛起，都对危机起到了推波助澜的作用。传统媒体中早已存在的趋势被激化，是造成这一局面的主要原因。而对"假新闻"的抱怨则说明，处境艰难的政治机构还未掌握新媒体。但问题远没有这么简单，而且"后真相"社会的神话对这一症结进行诊断的古怪方式，事实上不过是一种拙劣的尝试。

科学领域里持续不断的"重复危机"（replication crisis），正折磨着医学、经济学、心理学和进化生物学。这一危机指的是，许多科学研究结果无法通过随后的实验被再现。《自然》（Nature）科学期刊在调研了1 500名科学家后发现，70%的受访者无法重复其他科学家的实验结果。50%的人甚至无法重复他们自己的实验结果。[1]

根据思想史学家菲利普·米罗夫斯基（Philip Mirowski）的说法，

---

[1] Monya Baker, '1,500 scientists lift the lid on reproducibility', *Nature*, 25 May 2016。有关重复危机，参见《自然》期刊的在线特别报道，'Challenges in irreproducible research', *Nature*, 18 October 2018。

这一问题的主要诱因之一，在于科学正成为一种商品。[1]对企业来说，当科学成了有利可图的研究，质量把控因此也就开始走下坡路。学术界之外正在形成"一个由智库和鲜为人知的'专家'组成的平行宇宙"；而在学术界内部，政府一方面要求研究以政策为导向，另一方面又对质量把控越来越漠不关心。企业——尤其是科技大厂——对不能迅速变现的创新与发明几乎没有兴趣。为激励科学家们思考最重要的事，谷歌支持的一项计划提议将研究理念安放在类似于科学股票市场的地方，以便让风投资本家抢购最有前景的想法。

科学研究遭到了商业的腐蚀，其中最恶劣的例子莫过于全球制药业及其对医药制品的影响。[2]制药业内充斥着由企业代笔的假学术论文，用不具代表性的样本完成的临床试验和精挑细选的数据：本·戈代克（Ben Goldacre）精辟地将制药业称为病人的"灭顶之灾"。[3]2009年发表的一篇经过同行审议的调查研究显示，14%的科学家承认他们清楚同行科学家有伪造结果的行为，而重灾区就是医学研究领域。[4]

这一问题在学术界之外也产生了广泛影响，因为在现代，实验室才是正统知识的典范，是对事实进行权威主张的历史性样本——

---

[1] Philip Mirowski, *Science-Mart: Privatizing American Science*, Harvard University Press: Cambridge, MA, 2011.

[2] C. G. Begley and L. M. Ellis, 'Raise standards for preclinical cancer research', *Nature*, 483, 2012, pp. 531–3; C. G. Begley, 'Reproducibility: Six red flags for suspect work', *Nature*, 497, 2013, pp. 433–4.

[3] Ben Goldacre, 'Foreword', *Bad Pharma: How Medicine is Broken, and How We Can Fix it*, Fourth Estate: London, 2013.

[4] Daniele Fanelli, 'How Many Scientists Fabricate and Falsify Research? A Systematic Review and Meta-Analysis of Survey Data', *PLOS One*, 29 May 2009.

每个人都心照不宣地相信穿着白大褂的科研工作者。即使我们没有经历过全球金融危机对经济专业、大部分政客和支持经济体系的全球机构所造成的破坏性影响,科学欺诈的工业化生产可能也已经足以让我们对专家感到反胃。例如,如果人们愿意不顾科学共识,相信麻腮风疫苗会让孩子患上自闭症,或者相信艾滋病毒是美国政府的阴谋,这代表科学权威已经衰退。在某些情况下,现实中对科学的滥用削弱了其本身的权威性,比如美国的塔斯基吉(Tuskegee)实验。在实验中,被梅毒病毒感染的黑人被误导,他们完全被当作医学实验的小白鼠,而且从始至终没有得到任何治疗。这也许就是为何有关"科学"的事实核查和以"科学"之名进行的威吓不怎么有效的原因之一。

曾几何时,"大数据"被认为是知识问题的答案。数据被誉为"新石油",以及"管理革命"的原材料。[1]通过将公司流程转换成可读的电子文档,不科学的管理技术、预感和直觉就能被事实的强大力量所取代。狂喜的谷歌老板埃里克·施密特(Eric Schmidt),将数据的革命性潜力描述为"强大到国家都会为了数据多寡而大打出手"。在为《连线》杂志撰写的一篇激动万分的文章中,前主编克里斯·安德森兴奋地表示,这种规模的数据收集迟早会淘汰理论,甚至是科学模型,他说:"只要有足够的数据,数字自己就能说话。"[2]

---

[1] 'The world's most valuable resource is no longer oil, but data', the *Economist*, 6 May 2017; Andrew McAfee and Erik Brynjolfsson, 'Big Data: The Management Revolution', *Harvard Business Review*, October 2012.

[2] Chris Anderson, 'The End of Theory: the Data Deluge Makes the Scientific Method Obsolete', *Wired*, 23 June 2008.

大数据的红利，是全知全能，也就是科学家卡洛·拉提（Carlo Ratti）和迪克·赫尔宾（Dirk Helbing）所说的那样："我们物理世界的完整电子副本"。[1] 我们将通过电子书写的形式一睹所有存在。而且如果不考虑物理世界中还存在许多未知和潜在的不可知的话，人们甚至曾一度对此信以为真。毕竟，数据生产的规模如此之大。在模拟电话通信时代，信息交换量已经相当巨大。1948 年，美国每天有 1.25 亿次的电话交谈。[2] 但这并不是被捕获和被商品化的信息。作为一台书写机器，互联网记录了一切。

2000—2003 年生产的数据就已经超过了整个人类历史。[3] 到 2016 年，世界上 90% 的数据都是在刚过去的两年内产生的。到 2017 年，人们已经在 Snapchat 上分享了超过 50 万张照片，发了近 100 万条推文，在脸书上留下了 50 多万条评论，而且还在 YouTube 上每天每分钟观看 400 多万条视频。[4] 同年，谷歌每天处理的搜索高达 35 亿条。[5]

有了这么多数据，当然无须任何应用理论就能开始运作一切。

---

1 Carlo Ratti and Dirk Helbing, 'The Hidden Danger of Big Data', in Dirk Helbing, ed., *Towards Digital Enlightenment: Essays on the Dark and Light Sides of the Digital Revolution*, Springer: New York, 2019, p. 22.

2 James Gleick, *The Information: A History, a Theory, a Flood*, Pantheon Books, New York: 2011, p. 13.

3 Paul Stephens, *The Poetics of Information Overload: From Gertrude Stein to Conceptual Writing*, University of Minnesota Press: Minneapolis, MN, 2015, Kindle loc. 83.

4 Bernard Marr, 'How Much Data Do We Create Every Day? The Mind-Blowing Stats Everyone Should Read', *Forbes*, 21 May 2018.

5 'There are over 3.5 billion searches per day on Google alone', *PRWeb*, 20 December 2017.

一个能很好说明这一点的例子，是谷歌曾运营了很长时间的流感趋势（Google Flu Trends）。从2000年中期开始，谷歌通过比较自己引擎上的搜索，开发了预测流感暴发可能性的工具。这一结果有段时间出奇的准。谷歌甚至能比疾控中心早10天预测下次流感。但好景不长，2013年，这一预测开始出现问题，谷歌对疾病传播的预测比实际情况夸大了近乎一倍。[1]当这件事发生时，谷歌的夸张承诺不攻自破。

数字从来不能自己说话。每一组数据都需要得到处理、分析和解读。数据的容量本身并不是判断数据是否有用的充分条件。[2]无论研究人员是否认识到这一点，对数据的处理都离不开对理论的使用。谷歌不愿承认其所做的事会用到理论，只是单纯依靠数据的体量就开发了一个根据相关性进行推测的模型。谷歌的研究人员从未试图解释搜索词和流感暴发之间到底有何因果关系，因为那是一个理论问题。讽刺的是，他们的方法不再奏效，正是因为他们只对什么能奏效感兴趣。

大数据无法取代科学方法，也不是什么灵丹妙药。正是这种依靠数据进行推测与分析的先锋做法，造成了今天已经退化的信息与研究生态体系。

---

[1] Tim Harford, 'Big data: are we making a big mistake?', *Financial Times*, 28 March 2014.

[2] H. V. Jagadish, 'Big Data and Science', *Big Data Research*, Vol. 2, No. 2, June 2015, pp. 49–52.

VI

如果我们现有的语言能为信息的迅速退化提供恰当的解释，我们也许能知道存在怎样的解决方案。"后真相"理论家可以责怪带来坏消息的人，但迁怒于他人无助于这些理论家解释当下这一处境的能力。

就"后现代主义"的意义来说，该词汇被一众理论家用来命名任何似乎出现了变化的事物。曾经一度流行于所有知识与文化领域的"后现代"策略，更像是一种判断标签而非某种宣言。一些后现代争论特有的解放风格，仿佛在标榜解放的内核就是极权式主张与宏大叙事的垮台。对后现代主义者中的前马克思主义者来说，这明显就是在试图为他们自己的历史性失败找一个好听的说法。尽管如此，对一个时代进行后现代主义的定位，实际上就是试图描述发生在资本主义身上的事。那些事——被称作"后工业社会"也好，被叫作"知识经济"或"信息资本主义"也罢——都体现了图像与符号在日常生活中与日俱增的重要性。

围绕着通信、符号与图像搭建的整个产业和信息科技的崛起，不仅改变了经济，也改变了意义结构。信息经济的增长与资本主义内在的、越来越快的速度相得益彰。在资本主义赚钱的道路上，时间与空间都是障碍；[1] 理想情况下，资本家希望他们的投资在此时此地就能被实现。而信息科技的发展让在世界范围内立刻传送符号与

---

1 David Harvey, *The Condition of Postmodernity: An Enquiry into the Origins of Cultural Change*, Blackwell: Cambridge, MA, 1989, pp. 284–307.

图像成为可能,正如马里内蒂(Marinetti)在《未来主义宣言》(*Futurist Manifesto*)中预见的那样,这代表了时间与空间的死亡。[1] 金融领域最常使用这些技术,但大数据现在宣称已通过"云技术"将类似的有利因素拓展至传统制造业,让它们也能精心安排自己在全球范围内的生产流程。

讽刺的是,信息经济的增长对意义来说是一场灾难。我们所面对的信息,无疑代表着我们经历了一场大规模信息爆炸。1986 年,美国人均每天接收 40 份报纸的信息量。20 年后,人均每天接收的信息量增长至 174 份报纸。到 2008 年,美国人均每天消费 36G 的信息量。[2] 而由社交媒体传送给我们的大部分信息,其设计理念就是为了让我们一直打字和滑动屏幕,不断地生产更多的信息。一篇头条文章告诉我们,一个男孩在火车上目睹自己的父亲被当面刺死;一条状态认为,应该给穷人和头脑不灵光的人做绝育手术;一段爆红视频里,一名政客正在跳舞;一则推文称,我们变穷是因为移民。这些信息片段以百万分之一秒的差距一个接一个出现,它们的共同之处就是为了让信息之轮不停地转,不停地刺激整天都处于工作状态的大脑与情感。

但如果我们认为信息增加就意味着知识增加,那我们就大错特错了。工程师克劳德·香农(Claude Shannon)所说的信息即熵

---

[1] "昨日,时间与空间消亡。我们已经生活在绝对之中,因为我们已经创造出了不再受时空限制的永恒永在之速", Filippo Tommaso Marinetti, *The Futurist Manifesto*, 1909.

[2] Stephens, *The Poetics of Information Overload*, Kindle loc. 83.

(entropy），指出了明显将在社交媒体时代变得十分重要的一点。[1]作为一个工程师，香农感兴趣的是信息的存储问题。抛一枚硬币可以被理解为包含2"比特"（bits）的信息量，而从扑克牌中随机选一张牌，则包含52"比特"的信息量。不确定性越高，信息含量就越大。同理，对语句来说，包含意义越少的话，信息含量越高。也就是说，信息的增加意味着意义成比例的减少。

社交媒体业的刺激在于不断生产更多信息：一台被机器一无所知的热情驱动的永动机。生产的目的不是创造意义，而是制造出能吸引我们这些用户注意力的效果，让用户充当为这台机器输送动力的渠道，保证被生产出来的效果不断循环。明星假死讣闻、网暴、色情标题党、广告、一波波的美食和宠物照、挑逗帖、没完没了的滚动信息——这一切都是表演，并没有多少意义。信息的增加意味着意义的减少。

此外，这一生产流程的事发地与后现代理论家让·鲍德里亚描述的拟像（simulacrum）很相似。[2]拟像，不是对现实的再现，它就是现实，虽然是由数字书写和仿真模型生成的现实。这种仿真与我们的生活交织在一起，其每一帧效果就像股市价值或对上帝的信仰一样真实。这种现实是一种控制论生产，就像电脑游戏或虚拟现实一样，拟像的完美与真实程度让人毛骨悚然：甚至可以说是超真实。无论是游戏还是推送，我们都已被深深地纳入图像与符号的系统之

---

[1] Gleick, *The Information: A History, A Theory*, A Flood, pp. 251–9.

[2] Jean Baudrillard, *Simulacra and Simulation*, University of Michigan Press: Ann Arbor, MI, 1994.

中；不过这种拟像的根源，在资本主义文化被粉饰的广告中，在好莱坞的明星梦中，在骗人有术的赌博游戏和资讯娱乐业中。

新的虚拟现实技术与增强现实技术的到来，或许将证明推特机器不过是拟像传播过程中的一个阶段——一个具有令人恐惧的反乌托邦潜质的阶段。作为虚拟现实技术的实际发明人，杰朗·拉尼尔指出，要想让这一技术奏效，这台机器需要与你有关的数据，其需求量要远多于社交平台，而结果可能就是人类历史上最精密的斯金纳箱。这台看上去像是为了冒险与自由而存在的装备，将成为人类迄今为止的发明中最"令人不寒而栗的行为改造装置"。[1]

VII

长久以来，我们生活在"后真相"政治之中：一言以蔽之，就是技术官僚主义。作为现今世界历史上最高产的原材料，"大数据"的统治并没有背离这一点：它只不过代表着，进行统治的是简单粗暴的事实，是技术，不是最近才被发现处于短缺状态的真相。或者，如王尔德在《谎言的衰落》(The Decay of Lying)中所形容的，处于统治地位的是"对事实的畸形崇拜"。

但如果拟像的确是技术官僚统治的典范，那么意义在信息的高压统治之下渐渐消失，其实也代表了一个权力问题。随着拟像世界

---

[1] Ian Hamilton, 'Jaron Lanier Explains What Could Make VR "A Device Of Nightmares"', *Upload* (www.uploadvr.com), 8 June 2018.

中的意义被渐渐抽干，这个世界也正在失去它表面上显而易见的合法性。政客、检察长、资深记者和学者们的权威观点开始显得模棱两可。但试图通过唤醒冷战意识形态和煽动舆论对"后现代主义"这个替罪羊的敌意，以达到为权威体系重新注入意义的举措，注定要失败。因为这些努力本身就是拟像的一部分，它们很容易就又会重新滑落至无意义的信息循环之中。更精于世故的宣传人员能认清这一点，因此他们不会反其道而行之，而是利用意义崩溃来进行宣传工作。例如，据英国广播公司报道，俄罗斯的不实信息散播活动不再纠结于推广某一单一叙事，而是在网上用同一故事的大量相互矛盾的版本让人不知道该相信什么。[1] 据此，假设现在所有涉嫌散播不实信息的政党都在使用类似的技术，也并非草率的结论。

问题并不在于互联网上只有谎言。互联网的确如此，2016年，一组研究人员发表的在线调查表明，承认自己在网上没有对自己的情况撒过谎的人不到三分之一。[2] 然而，互联网这台机器的发明初衷就是帮我们撒谎。从一开始，互联网用户在网上做的第一件事就是掩盖他们的身份，甚至在超前的法国公共部门网络 Minitel 上也是如此。匿名让人能换上新的文本皮肤。在硅谷早期的理想主义中，匿名与加密风靡一时。在自己的事上撒谎的能力，曾被认为能带来自由和具有创造力的独立性，还能帮人逃脱监控。撒谎，是伟大的镇

---

1 Joel Gunter and Olga Robinson, 'Sergei Skripal and the Russian disinformation game', BBC News, 9 September 2018.

2 Michelle Drouin, Daniel Miller, Shaun M. J. Wehle and Elisa Hernandez, 'Why do people lie online? "Because everyone lies on the internet"', *Computers in Human Behavior*, Vol. 64, November 2016, pp. 126–33.

定剂。嬉皮士与新右派意识形态的偶然结合,让硅谷得以在1980—1990年代兴起。抱着对公有制和管制的反感,被理查德·巴布鲁克(Richard Barbrook)和安迪·卡梅隆(Andy Cameron)称为"加利福尼亚意识形态"(Californian Ideology)的这一思潮,不仅以财产为基础,还具有自由主义与个人主义的特征。[1]互联网本应成为一个新的聚会场所,一个思想的自由市场。

撒谎与创造性自由之间的联系并不如乍看之下那样诡异。米兰·昆德拉(Milan Kundera)在反思斯大林集权体制时称,平等者之间永远都不可能存在不许撒谎的禁令,因为我们无权要求与我们平等的人诚实作答。[2]的确,只有当我们拥有了撒谎的能力,我们才算真的发现了思想的自由:因为只有那时,我们才能确定当权者无法读取我们的思想。正如《现实主义宣言》中的建构主义者所劝导的那样,只有当我们能对未来的事撒谎时,我们才能开始超越粗暴事实的统治。在此意义上,加利福尼亚意识形态中存在着货真价实的乌托邦内核,尽管这一理念在社交媒体中的化身,只有对喷子和其他反社会分子来说才算得上乌托邦。

问题不在于谎言。问题在于信息被简化为空洞的事实,被转化为通过信息轰炸的手段,就能以史无前例、无法被预料的强大威力对我们进行操控的技术。我们天真地以为我们自己要么"知识富有",

---

[1] Richard Barbrook and Andy Cameron, The Internet Revolution: From Dot-com Capitalism to Cybernetic Communism, Institute of Network Cultures: Amsterdam, 2015

[2] 摘自 John Forrester, *Truth Games: Lies, Money and Psychoanalysis*, Harvard University Press: Cambridge, MA, 1997, p. 81。

要么"知识贫穷"。但如果不是这样呢？如果信息像糖，而大信息量的饮食方案标志着文化贫困呢？如果信息一旦过量就变成了毒药呢？

因此，虽然"假新闻"、观念孤岛、过滤泡泡和"后真相"社会等司空见惯的判断明显让人感到胆怯与震惊，但这一传播学中的"酸葡萄"理论，其实是一种耸人听闻。[1] 然而，所有耸人听闻同时也是一种对现实的轻描淡写，就像所有道德恐慌都是一种轻描淡写一样，我们对"假新闻"的恐慌就十分显而易见地体现了这一点。问题不在于谎言，而在于意义的崩塌，也在于在互联网的废墟上翻动碎石试图寻找答案的幸存者们想相信什么。

认知危机的根源深嵌在迄今为止生产权威知识的制度之中。推特机器没有制造这场危机，但它呈现了这场危机积累至当下阶段的状态。推特机器是意义的熔炉。

---

[1] Evgeny Morozov, 'Moral panic over fake news hides the real enemy – the digital giants', *Guardian*, 8 January 2017.

6

We Are All

Dying

我们都在
消亡

> 有没有可能，人们在自愿交流与表达、在写博客与使用社交媒体时，他们其实是在助长而非反抗专制的力量？
>
> ——迈克尔·哈特 (Michael Hardt)
> 安东尼奥·内格里 (Antonio Negri)
> 《宣言》(*Declaration*)

> 硅谷不怕世界末日，硅谷指望的就是世界末日。
>
> ——吉尔特·洛文克 (Geert Lovink)
> 《社交媒体困境》(*Social Media Abys*)

> 人性牛逼！
>
> ——伊隆·马斯克 (Elon Musk) 在推特上
> 向山姆·哈里斯 (Sam Harris) 喊话

I

"我要杀了所有穆斯林，"他大放厥词，近12名穆斯林教徒和路人因伤倒地，其中有些已经死亡。紧接着，他说出了一句现实得令人感到可怕的话："我做了我该做的。"

达伦·奥斯本（Darren Osborne）撞死了一名穆斯林，51岁的马克拉姆·阿里（Makram Ali）。但他其实想杀了所有穆斯林，他心里满是种族灭绝的想法。

他开着租来的小货车行驶至位于伦敦北部一个工薪阶层社区里的芬斯伯里公园清真寺（Finsbury Park Mosque）。2017年6月19日午夜零点十五分，他经由七姐妹路（Seven Sisters Road）到达事发地，满脑子除了杀戮别无其他想法。事发前一晚，他在一个酒吧吹牛称他曾是"军人"，他打算"杀了所有穆斯林"。如果他不是碰巧遇到一群刚做完夜间祷告，在公交车站照顾一名晕倒的男子的穆斯林，谁知道他会做出什么。

正如之前几年发生的"独狼"恐袭，这次袭击也具备混乱无组织和技术含量低的特征。他就是开车上路，然后撞向人群。当小货车冲撞人群时，他正以每小时16英里的速度行驶。而在他取得臆想

6. 我们都在消亡

中的成功后，有人听到他说，"杀了我吧"。[1]

对英国极右群体来说，芬斯伯里公园清真寺象征着仇恨。事实上，就在恐袭发生的第二天，英国法西斯分子汤米·罗宾逊（Tommy Robinson）将其称为"复仇袭击"，并责怪是清真寺制造了恐怖分子。然而，在以伊斯兰极端主义教士阿布·哈姆扎（Abu Hamza）为首的领导层被清除后，清真寺已有近15年再没出过任何圣战分子领导人。即使奥斯本真是一个"复仇者"，也就是如他本人迫切想成为的那样，清真寺里或公交站上也没人能满足他任何复仇的念想。尽管如此，罗宾逊用复仇描述此次袭击的说法，与奥斯本自己颠三倒四的自我辩解一样，即他们都认为这次袭击是对之前极端圣战分子在伦敦桥上大开杀戒的复仇行动。

短短几周时间，居住在威尔士的一名无业男子成了对意识形态执迷不悟的杀人犯。据他的亲戚和已经疏远他的伴侣供述，奥斯本此前从未表现出任何种族主义倾向。他有自己的麻烦，酗酒、动粗、骂骂咧咧、抑郁——他甚至尝试过自杀，有次还想方设法进监狱，但没有成功。事实上，据他的邻居讲，他一直都是一个"十足的混蛋"，但他从来都不是种族主义者。他对政治几乎一无所知，他的姐姐说，

---

[1] 'Finsbury Park: Man "wanted to kill Muslims in van attack"', BBC News, 22 January 2018; Lizzie Dearden, 'Finsbury Park attack trial: Darren Osborne was "smiling" after running over Muslims with van, court hears', *Independent*, 24 January 2018; Vikram Dodd, 'How London mosque attacker became a terrorist in three weeks', *Guardian*, 1 February 2018; Lizzie Dearden, 'Darren Osborne: How Finsbury Park terror attacker became "obsessed" with Muslims in less than a month', *Independent*, 2 February 2018; Nico Hines, 'Neighbor of Terror Suspect Darren Osborne: "He's Always Been a Complete C**t"', *Daily Beast*, 19 June 2017.

他甚至都不知道英国首相是谁。[1]

但后来奥斯本开始如饥似渴地浏览法西斯群体"英国优先"（Britain First）与极右分子汤米·罗宾逊发布的信息，就像那些内容是他的抗抑郁药一样。他从酒瘾和药瘾直接发展到对"红药丸"[2]上瘾，只不过这些痛苦全被转化成政治武器。

就在实施袭击的几周前，奥斯本观看了英国广播公司的一档纪实性电视节目，节目讲的是发生在英格兰北部城镇罗奇代尔（Rochdale）的诱奸儿童丑闻。正如大多数此类丑闻一样，牵涉的案情多是中年男子诱骗未成年少女，其中不乏在犯罪事实败露前受人尊敬的人。这些女孩往往要么因其社会阶层尤其易受伤害，要么生活在儿童中心或寄养家庭。罗奇代尔的案件所牵涉的都是穆斯林男性和白人女孩。事实上，奥斯本似乎在看完该电视节目后总结出一条普世神学真理：他认为伊斯兰就是邪恶之源。

但奥斯本并非凭借一己之力得出上述结论。2018年，在英国长期以来被政客与媒体当作出气筒的伊斯兰群体，成了不论什么事都能被用来唬人的替罪羊，其他同样不受待见的群体就只有反民族主义者和移民。精神分析学家欧克戴夫·曼诺尼（Octave Mannoni）曾惊叹于竟有如此多的欧洲人，从未去过殖民地，也从未接触过被

---

[1] 'London Muslim attack suspect Darren Osborne: Pub fights and anti-Muslim rants', Agence France-Presse, 20 June 2017.

[2] 右翼分子用"红药丸"来形容意识形态转变的过程。这一词汇源自电影《黑客帝国》，表面上是指让人意识到残酷痛苦的现实。然而，正如在影片中一样，红药丸实际上承诺的不只是逃脱压抑的生活，还意味着开启一段冒险。

6. 我们都在消亡

殖民者，仅凭自身对他者的想象来理解他们。[1]同样的判断也适用于许多英国人，他们眼中的伊斯兰只是他们自身无意识的一种表现形式。推特上的纳粹分子和YouTube上的法西斯分子也加入了这一造梦活动，并呈指数倍地扩大了他们的影响范围。最能反映当时情况的，莫过于在芬斯伯里公园清真寺外谋杀袭击事发的第二天，汤米·罗宾逊利用独立电视网（ITV）平台声称《古兰经》鼓吹暴力的举动。对从未展现出具备任何《古兰经》相关专业知识的罗宾逊来说，这也是一场造梦活动。

消费这种种族主义宣传能获得怎样的补偿感和抗抑郁效果不难想象。它让人得以言说难以名状的悲惨和愤怒；它辨认出一种特有的邪恶，并为人们指明了补救办法和人们可能归属的团体；它告诉它的听众们——通常是比奥斯本更年轻的白人男性——他们心中满溢的愤怒之情是合理的、正当的。这不仅令人感到兴奋，也能短暂地增强人们的自信。在这个意义上，不难解释人们吞掉"红药丸"时的那种迫切，也不难理解像汤米·罗宾逊这样善于操弄人的法西斯分子所代表的邪教形象。红药丸对其许多使用者来说，是强有力的自我治疗方法，它比任何认知行为治疗和处方药的结合方式都更见效。

在这种情况下，法西斯宣传能在推特机器上运行良好的原因之一，就在于推特机器本身是一台药用设备。这台设备的经济模式以

---

[1] "人们只需回忆一下黑人曾经多么频繁地出现于欧洲人的梦境中，虽然他们可能从未见过任何黑人", Octave Mannoni, *Prospero and Caliban: The Psychology of Colonization*, Methuen & Co. Ltd: London, 1956, p. 19.

过剩的痛苦为前提,就像《格林童话》中将麦子变成金子的小矮人一样,它能将痛苦变现。自由派人士批评称,社交媒体业经营的并不是真理,这话说得一点没错,但没有抓住重点。社交媒体业经营的当然不是真理,而是让人上瘾的物质,抑郁之人都能得到它开具的处方。

II

拟像政治是一种怎样的政治?威廉·吉布森(William Gibson)所说的"共识幻觉"(consensual hallucination)指的是网络空间中,我们所体验的社会和政治现实正逐渐被数字书写的图像呈现方式所取代。[1] 只要掌握了这一系统飞速演变的术语,就能在虚拟现实的生产制造中分一杯羹。

事实证明,法西斯分子极其热衷于采用新技术。他们是第一批采用电子邮件的人,只有这样他们才能在不受政府当局干扰的情况下组织活动。1993 年,德国新纳粹通过使用电子邮件通信成功躲开了官方禁令,组织了一场纪念鲁道夫·赫斯(Rudolf Hess)的游行。整个 1990 年代早期,极右群体和否认犹太人大屠杀的群体均使用电子布告栏系统,后来兴起的各种"另类右翼"体系使用的则是名为

---

[1] William Gibson, *Neuromancer*, Berkley Publishing Group: New York, 1989, p. 128.

Usenet 的一种分布式互联网交流系统。[1]

对这种根基薄弱、支持者分散，如果不耍手段隐瞒自己的政治活动就很难获得广泛共鸣的团体来说，对新技术进行殖民不仅是当务之急，更是在有人察觉之前，在新媒体领域为白人至上主义者和纳粹意识形态打造活动空间的远见之举。例如，新纳粹分子阿拉巴马州三K党前大巫师唐·布莱克（Don Black），是极右活动网络枢纽风暴论坛网站（Stormfront）的创始人。他曾因企图武力推翻多米尼加政府而入狱，并在狱中学习了电脑技能。布莱克在1990年代早期以电子布告栏形式创立了风暴论坛，并在1996年将其改版为网站重新发布，之后该网站发展为拥有大约30万用户的网络论坛。据Alexa网站排名服务显示，该论坛曾一度能与商业媒体渠道比肩。这还是在考虑了该论坛自2001年以来，因变化不大而在其功能与外观方面已经过时这一事实的情况下。[2]

在随后社交平台的发展中，极右群体最为成功的地方可能就是YouTube。另类右翼视频博主像小网红一样将其"流量变现"，甚至"影响着"美妆博主们。像理查德·B. 斯宾塞（Richard B. Spencer）、斯蒂芬·莫里诺克斯（Stefan Molyneux）和汤米·罗宾逊这样的法西斯分子，都是"知识暗网"的明星，而例如乔·罗根（Joe Rogen）这

---

[1] Les Back, Michael Keith and John Solomos, 'Technology, Race and Neo-fascism in a Digital Age: The New Modalities of Racist Culture', *Patterns of Prejudice*, Vol. 30, 1996, pp. 3–27.

[2] Tara McKelvey, 'Father and Son Team on Hate Site', USA Today, 16 July 2001; David Schwab Abel, 'The Racist Next Door', *New York Times*, 19 April 1998; 'World's oldest neo-Nazi website Stormfront shut down', Associated Press, 29 August 2017; Eric Saslow, 'The White Flight of Derek Black', *Washington Post*, 15 October 2016.

样的自由派和戴夫·鲁宾（Dave Rubin）这样的保守主义者，就像是为官方车辆开道的摩托警卫一样向他们伸出援手——当然，助他们一臂之力的往往还有广播媒体。

极右群体借助的不仅是小有名气和"影响力"这些技巧，他们也从YouTube商业模式特有的功能中受益。记者保罗·刘易斯（Paul Lewis）和学者泽内普·涂菲奇（Zeynep Tufecki）均对YouTube推荐"下一个"的算法无底洞进行了调查。[1]这种算法的目的在于，通过可能会让用户们上瘾的内容，保持他们的在线状态。与其他社交媒体平台一样，YouTube算法的当务之急也是用户花在设备上的时间，对YouTube来说，就是"观看时间"。刘易斯和涂菲奇都发现，无论他们使用的账户观看历史有多么愚蠢，算法都会持续将他们逐渐推向更"极端"的内容：从特朗普到新纳粹，从希拉里·克林顿到9·11真相。

但"极端"内容为什么会让人上瘾？该问题的部分答案在于，在这一语境中被形容为极端的内容，其中许多都是把阴谋论作为一种资讯娱乐方式：例如，在2016年美国总统大选的准备阶段，算法推荐的是反希拉里的阴谋论故事。[2]当许多人不再相信新闻，并觉得新闻让他们感到泄气和困惑时，要接受资讯娱乐似乎就不再是什么"难事"。它以一种肉眼可见、简单又愉悦的方式，给人提供一种批

---

[1] Paul Lewis, '"Fiction is outperforming reality": how YouTube's algorithm distorts truth', *Guardian*, 2 February 2018; Zeynep Tufekci, 'YouTube, the Great Radicalizer', *New York Times*, 10 March 2018.

[2] Guillaume Chaslot, 'YouTube's A.I. was divisive in the US presidential election', *Medium*, 27 November 2016.

判性思维的感觉。它让人在面对官方的比较无知学时——一种刻意在重要问题上制造大规模无知的做法——充满力量感。不过，极端内容让人上瘾，也有可能是因为推荐算法捕捉到所谓政治共识表面下酝酿的黑暗渴求。

所以，极右 YouTube 博主们不仅建立关系网、合作，通过互相转发来扩大彼此的品牌效应，提高该群体所发布内容在浏览量榜上的排名，他们还小心翼翼地规避可能会触发反仇恨言论算法的敏感词。更关键的是，正因为他们的内容引人入胜，他们还能指望平台通过推荐算法推广他们的频道。泽内普·涂菲奇认为，"YouTube 可能就是 21 世纪加剧激进化最强有力的工具之一。"[1]

爱尔兰学者约翰·诺顿（John Naughton）曾写道："以前，如果你想发动政变，你要做的第一件事是占领电视台。如今，你只需要将 YouTube '变成武器'。"[2] 当然，政变是一项非常具有 21 世纪特色的专用语，而且就算极右群体建立起关系网，他们目前还远没有足够的资金来发动政变。尽管如此，如果有人因此认为我们大可忽略这种宣传产生的影响，那就太蠢了。像广告一样，如果对观众没作用，这个行业早就消失了。因此，自由派批评人士强调 YouTube 具有拟像一般扭曲现实的效果，其实说得在理。正如前谷歌工程师吉洛姆·查斯洛特（Guillaume Chaslot）形容的那样，YouTube "看起来像现实，

---

[1] Zeynep Tufekci, 'YouTube, the Great Radicalizer', *New York Times*, 10 March 2018.

[2] John Naughton, 'Extremism pays. That's why Silicon Valley isn't shutting it down', *Guardian*, 18 March 2018.

但事实上它为了让你在网上多花时间而扭曲了现实"。[1]

从推特革命到YouTube政变,技术决定论之所以吸引人,正是因为这一观点简化问题本身的方式。但如果我们向诱惑屈服,我们就错过了真相。显而易见的问题在于,为什么新纳粹的内容或者阴谋论式的资讯娱乐如此引人入胜?当专家权威们抱怨"激进化问题"时,他们似乎假设,只要接触极右内容,就会自然而然地被推向"极端主义"。不过,大部分看过这些内容的专家们当然不认为他们会因此表现出"激进化趋势",而且YouTube并没有刻意推广此类内容,只不过这些平台的本质决定了,这些戏剧性事件,无论事关政治或者个人,都会像磁铁一样牢牢地把握住平台。而平台用户则成了柴纳·米耶维(China Miéville)口中的"噬戏体"(dramaphage)[2]。

计算机资本主义的内容不可知论,具备政治价值,但算法的影响远超政治内容本身。艺术家詹姆斯·布莱德(James Bridle)曾在其文章中惊讶于YouTube上的儿童频道竟包含色情或暴力内容:例如小猪佩奇吃掉了自己的爸爸,或是喝漂白剂。[3] 此类内容是为了迎合算法而被创作出来的——换句话说,它反映了搜集自用户的数据:

---

[1] Paul Lewis, '"Fiction is outperforming reality": how YouTube's algorithm distorts truth', *Guardian*, 2 February 2018.

[2] "Dramaphage"或许是受"bacteriophage"一词的启发,后者意为"噬菌体",指在细菌体内生长并最终分裂、摧毁细菌的病毒。此处结合上下文,"噬戏体",即"dramaphage"表达的意思应类似于中文语境中的"吃瓜群众"。——译者注

[3] James Bridle, 'Something is wrong on the internet', *Medium*, 6 November 2017.

搜索、点赞、点击量和观看时间。[1] 在这一点上，它与前几年受算法驱动的商品没什么不同：例如印有"保持冷静，强奸多人""吻我，我脏话连篇"和"我爱煮女孩"[2] 标语的 T 恤。而平台行为遵循的是民族志学家杰弗里·朱瑞斯（Jeffrey Juris）所说的"聚合逻辑"（logic of aggregation）。[3] 该逻辑根据已有数据将用户通过临时分组聚集在一起，然后在整个数据人口中建立特定内容类型与特定行为之间的关联：刺激与反应之间的关联。这种方式正是因为用户对此有所反应才会奏效，也就是说，一些观众身上一定存在着某种等待被激活的东西。通过对真实行为做出反应，算法注意到可能连用户都不自知的欲望。算法正将无意识的东西数字化。

就这样，平台在我们吐露心声的时候全神贯注地倾听着我们的欲望，并为它们标价。在信息学的数学语言中，集体欲望能被操控、策划并与某一解决方案衔接在一起。而新技术正是将自己定位为万能解药后，才变得如此成功——不仅能解决个人难题，还能为晚期资本主义中更大的危机与功能失调提供良方。如果你认为大众媒体是单向的信息垄断，那么就切换到推送、博客和播客；如果新闻弄虚作假，公民记者能满足你对"无滤镜"真实报道的需求；如果你

---

[1] Tracy McVeigh, 'Amazon acts to halt sales of "Keep Calm and Rape" T-shirts', *Guardian*, 2 March 2013; Colin Lecher, '"Keep Calm And Rape", Plus 5 More Awful/Offensive/Hilarious Algorithm-Created Shirts', *Popular Science*, 6 March 2013.

[2] "I Heart Boiling Girls" 中的 boiling 既可作为形容词被理解为"滚烫的"，也可作为动词的分词形式与 heart 连在一起被理解为"喜欢煮（饭）/烧（水）"。——译者注

[3] Jeffrey S. Juris, 'Reflections on #Occupy Everywhere: Social media, public space, and emerging logics of aggregation', *American Ethnologist*, Vol. 39, No. 2, May 2012, pp. 259–79.

的工作不适合你，你可以去任务兔子网站（TaskRabbit）上竞标工作；如果你钱不多但有辆车，就用它来赚点外快以备不时之需；如果你在生活中感到不受重视，可以去网红圈里施展拳脚；如果政客让你失望，就去推特上向他们喊话；如果你正承受一种无名的饥饿感，就继续向下滑动屏幕。普遍存在的个人痛苦，以及一个坚信自己处于危机之中的社会，都是社交平台商业模式所依赖的前提条件。

Ⅲ

为什么极右群体能在 YouTube 上蓬勃发展？同样，为什么唐纳德·特朗普能在推特上呼风唤雨？为什么与他同在网上，通常比他知识更渊博的聪明人，拿他毫无办法？推特机器到底具备怎样的特质，竟能为特朗普的表演艺术创造出如此友善的环境？击败敌人不就是参与社交平台的一半乐趣所在吗？我们应该开始认真思考，社交媒体业是否有可能本身就具备早期法西斯特质，或者说，社交平台尤其适于培养早期法西斯主义。

互联网的"互联个人主义"（networked individualism）既具备社交属性，又具备机器属性，它将社交互动与网络协议连接在一起。信息并没有像加利福尼亚意识形态那股民间智慧所期待的那样向往自由，信息渴望的是控制，追求的是等级和永不犯错的指令：是稳健的领导特质。协议的设计方式虽反映出社会和文化价值，但用户对此一无所知，而且这些价值均具备鲜明的反社会倾向。作为学者兼前微软研究员，爱丽丝·马尔维克（Alice Marwick）指出，社交平台所依赖的加州北部技术界文化尤其热衷于竞争、等级与社会地位。[1] 主导这一技术界的大多为富有的白人男性，而该群体中最受尊敬、最具狂热崇拜色彩的人物形象就是成功的商人。

1990年代正值互联网被建设之时，硅谷基本上处于共和党右翼人士纽特·金里奇（Newt Gingrich）的职权范围内。金里奇按照"自由市场"的思路为互联网辛苦游说，称其将在初创公司、技术极客和勇敢的风投先驱的引领下推动创新，这一想法十分受到技术理想主义者的欢迎。同样，当时由克林顿领导的白宫也是互联网全球化的早期布道人。不出所料，这一理念其实最终导致的是一个由科技巨头和华尔街主导的互联网。马尔维克口中的社交媒体工具"实现了"新自由主义意识形态，实际上说的是，技术教会了用户如何按照被技术极客和硅谷商人理想化的"企业家"类型来审视自己。推特机器的组织方式是为了鼓励用户以相互竞争的姿态追求点赞数、保持对地位的欲望和对流量的痴迷，这完美地契合了营销和商业要求，可以算得上是老一代社交机器的技术翻版：一个地位股票市场。这正是文化批评家乔纳森·贝勒（Jonathan Beller）在把计算机资本体系称为"暴力构成方式"（formations of violence）时想要表达的内容之一。[2] 政治暴力的复杂历史生产出的不平等关系，现如今又得以通

---

1 Alice Marwick, *Status Update: Celebrity, Publicity, and Branding in the Social Media Age*, Yale University Press: New Haven and London, 2013.

2 Jonathan Beller, *The Message is Murder: Substrates of Computational Capital*, Pluto Press: London, 2018, p. 1.

过抽象的技术被呈现出来：种族主义与暴乱、阶级斗争与反主流文化、搞破坏与麦卡锡主义。这台机器不仅将暴力编码成自己的一部分，还将其作为自己存在的前提条件。

从产业角度来看，机器以政府和市场的当务之急为中心，生产社交生活；从技术角度来看，这台机器几乎是为后民主时代、技术官僚主义和残忍的行为量身打造而成的。在这种程度上，现存的模式为其打下了地基。算法的"如果……那么"逻辑本身算不上新事物。[1]这是制定政策时一直在使用的方法，而且往往还不用电脑帮忙：如果乘客去过某国，那么就需进行进一步搜查；如果申请人有存款，那么就扣发失业补助。迄今的许多算法控制形式都太过复杂，不能完全交由机器处理，例如边境管控和移民法。但是，大数据能够以前无古人的规模扩大协议控制的广度和深度。它能让平台的企业客户利用算法估计其受众群体，并为每个用户定制体验；它让政府能通过使用数据将其官僚手段精确到最细微的分析水平，从而在方方面面提高自身效率，无论是交通管控，还是空中轰炸。

在数字平台出现前，后民主潮流就已经在欧洲大部分地区和北美洲取得了很大进展。政治学学者克林·克洛奇（Colin Crouch）将后民主社会定义为，一个仍保留了大众民主机构，但这些机构对政策制定产生的作用微乎其微的社会。[2]在后民主社会中，选举沦为一场精心编排的辩论演出和通过民意调查对"选民需求"不断的刺激。

---

[1] Taina Bucher, *If ... Then: Algorithmic Power and Politics*, Oxford University Press: New York, 2018.

[2] Colin Crouch, *Post-Democracy*, Polity Press: Cambridge, 2004.

大众民主意味着民众的渴求与利益必须被认真对待,而后民主机构则是在进行人口管理。后民主机构就像控制论系统一样,它对他人意愿毫无兴趣,它在意的是如何在系统内削弱行为元素。正如数字平台的算法协议,后民主机构并非智力超群,它们专注的并非如何说服我们,而是如何将现实构造进我们的日常体验中。后民主社会不与我们的需求协商对话,它塑造我们的需求能力。就像意大利无政府主义者埃里克·马拉特斯塔(Errico Malatesta)曾说的那样,"所有一切都取决于人们的需求能力"[1]。

科技巨头们相当擅长以塑造现实的方式进行秘密游说。这与曾被称为霸权的情况十分不同。霸权是为了实现政治目标,而获取广泛公民社会联盟领导权的一种策略。这意味着一方要想与其他团体建立盟友关系,就必须认真对待他们的利益与需求,而不是胁迫他们。只通过物质刺激无法实现这点,参与方还需拥有道德领导能力。最成功的情况莫过于,统治团体能将其自身的利益解释为全社会的"历史使命"。在冷战期间,反共斗争指的就是这种使命。虽然这场斗争导致了对共产主义者、左翼工会会员和激进民权活动人士的监视与打压,但它还是赢得了大众的广泛赞同。

但这些平台的所作所为则要隐蔽得多。推特机器什么提议都没有,也不以好坏来评价任何事,其赖以运转的基础就是日常生活。或许,这一状态能被称作亚霸权活动。

---

[1] Errico Malatesta, *The Method of Freedom: An Errico Malatesta Reader*, AK Press: Chico, CA, 2014, p. 488.

IV

显然,这就是正在兴起的技术政治政体,但这并不是被人们吹得天花乱坠的在线民主参与形式或市场形式。而且目前也不清楚这种政体在10年、20年的时间里会呈现怎样的状态。

约翰·诺顿(John Naughton)曾写到,比较互联网与印刷媒体就能发现,当我们面对改变世界的科技时,我们总是倾向于夸大短期后果,低估长期后果。例如,早期的书籍读者怎么可能知道,他们手中捧着的技术将触发改革?更别说预见这一技术成为现代工业民族国家不可或缺的基础。相反,人们当时对此的第一反应可能是,这一技术将使天主教会变得更强大。印刷技术创造的第一个大众市场是标准化的赎罪券。[1]

导致推特机器诞生的价值并不一定会决定这一机器的命运。斯金纳幻想的没有冲突、没有人类权威的乌托邦已经崩塌。对控制论寄予的早期希望,即通过设计一个控制系统来组织交流的愿景,结果适得其反。如贾斯丁·犹克(Justin Joque)所说,控制论帮助建立的"全球联网系统复杂到我们没有已知的模型能对此进行描述,更别说对其进行管控"[2]。同样的道理,让硅谷大佬们和由奥巴马领导的美国政府联手的新自由主义价值,并不一定与社交平台真正的意

---

[1] Zeynep Tufekci, *Twitter and Tear Gas: The Power and Fragility of Networked Protest*, Yale University Press: New Haven and London, 2017, p. 641.

[2] Justin Joque, *Deconstruction Machines: Writing in the Age of Cyberwar*, University of Minnesota Press: Minneapolis, MN, 2018, Kindle loc. 2941.

识形态作用相同。或许我们可以说，如果推特机器有自己有意识的功用，那么它同样也有自己无意识的一面。我们自冒风险假装无所不知，这种"激烈反应"风格的乐趣之一，就是像预言女神卡桑德拉（Cassandra）一样，虽能洞察一切，但无能为力。"我早告诉过你"，其实是一句没什么把握的安慰。此外，在对话中谩骂、贬低他人和表现出多疑无益于沟通，这些仓促的指责只会徒增风险，让我们误认为我们知道自己处于何种困境。虚荣心以数字化的形式熊熊燃烧，腐朽的言语堆积成陈词滥调，"数字民主""互联网公民""推特革命"都统统化为乌有。我们这些站在火光中的人，应该对这些过于笃定的一时分析保持怀疑。

尽管如此，我们仍应严肃对待社交媒体的法西斯潜质，或者说，应当严肃对待社交媒体具备强化和加剧现在已小有影响的原始法西斯主义倾向的潜力。我们在21世纪看到的法西斯形式或许与过去不同。两次世界大战间的法西斯运动植根于帝国主义意识形态、民粹军国主义、准军事组织，以及一个由殖民帝国掌管并受到社会主义革命威胁的世界体系。这些历史条件已经一去不返：殖民地不复存在，大多数军队现已职业化，而且也没有任何形式的民兵组织大量存在，更别说准军事组织。不过，自由资本主义却表现出自身脆弱、充满危机并且经不起种族主义者和民族主义极右势力考验的一面。在这种情况下，现在对我们的社交生活进行大量生产制造的社交媒体，到底具备何种文化价值？什么样的倾向会被它选中，什么样的倾向会被它禁言？

不论我们在平台上干什么，我们特有的互动方式始终能够放大我们的暴力、我们对一致性的要求、我们的施虐癖、我们一心只能接受自己永远正确的怪脾气。讽刺的是,与这种蛮横的耿直联手的,正是曾一度被理想化、被视为代表了新的草根力量之所在的"集结"倾向。"集结"(swarm)最初被用来比喻有良知的公民对权力问责,但这个词也能被用来指代21世纪的法西斯街头帮派。

如果我们认为这是别人的问题,只与像网络喷子、黑客和右翼恶霸这些显而易见的坏蛋有关,那我们就大错特错了。相反,就拿在推文中转发批评他人这样简单又日常的行为举例,我们纠结于那些典型的落后思想,就是为了取笑它们是错的。我们邀请他人加入对话,但我们将分歧当作恶意与愚蠢的表现或是来自一事无成者的哭诉,而不是将其当作对社会有建设意义的声音。集体羞辱、愤怒的暴民们策划好的突袭,以及病态的诽谤中伤,让不同意见销声匿迹。这种环境正是黛芙拉·鲍姆(Devorah Baum)所说的,仿佛突然间,犯错成了世间最让人无法容忍之事,而说对话几乎成了一项人权。[1] 键盘侠、网络人肉、网红、玻璃心——都是无法容忍他人与自己意见不一致的人:这些说的是我们所有人每天的样子。当然,我们所有人并非完全一样,但只要我们还是社交平台用户,我们所有人就都牵涉其中。

我们并非栖居在城市里的人,而是安身于一台让我们保持上瘾状态的机器中的人,在无尽的枯燥滑屏中,会突然出现反复无常的愤怒与兴奋,以及因为恨意而飙升的肾上腺素——这些都以迷人的

---

[1] Devorah Baum, *Feeling Jewish: (A Book for Just About Anyone)*, Yale University Press: New Haven and London, 2017, p. 97.

方式被委婉地称为"浮动奖励"。这台机器让我们所有人都成了梦想出名的人,它一边嘱咐我们要敬仰那些在等级生态中高我们一等的人,一边控制利用我们的幸灾乐祸和愤怒,将这些情绪用激光一般的对焦方式集中在让我们每日一笑的蠢货身上。特朗普喷了我们一脸感叹号和大写字母,而这台机器则用被它降格为刺激工具的无意义信息对我们狂轰滥炸。这台机器让我们习惯于充当被信息权力操纵的渠道。而这,正是其法西斯潜质之所在。

V

社交平台本不应如此,平台新科技本应是现代的技术、自由开放的技术、促进人们参与的技术。第二波网络乌托邦主义与第一波很像,都由处于全球势力巅峰的美国民主党政府领导,该政府信奉科技,是硅谷"自由开放"之网全球化的积极推动者,认为"新经济"能让现代化更上一层楼。

如果说克林顿政府当初寻求的是将加州白人男性富翁特有的阶层文化强行改造成网络社交的普世框架的话,那么奥巴马政府试图达到的是将科技带入白宫。无论是奥巴马政府还是希拉里·克林顿领导的国务院都清楚,科技巨头对政府和经济的现代化,以及实现美国外交目标来说,至关重要。奥巴马在任时,美国政府每周都要与谷歌代表多次会面,而奥巴马也是首位主持推特"市政厅"会议的总统。谷歌的埃里克·施密特(Eric Schmidt)、推特的杰克·多尔西和脸书的马克·扎克伯格支持的都是奥巴马，也都与白宫关系密切。

在 2010 年的一场重要演讲上，克林顿老生常谈，通过抨击黑客和专制政府这样的敌人来维护她所说的"开放"网络。她在演讲中将所剩无几的加州嬉皮士理想主义歪曲得面目全非：她用嬉皮士企业家、硅谷传奇人物斯图尔特·布兰特（Stewart Brand）曾说过的话做文章，借此来影射"信息想要自由"的老套情怀。[1] 她还指责那些不信任互联网名称与数字地址分配机构（ICANN）全球监管的国家，称他们是开放互联网的敌人——该机构同时也是一家与加州科技行业保持步调一致的非营利组织。捍卫开放的互联网，不仅符合美国的自由主义自画像，还能突出美国的国力，同时也体现了一种合乎逻辑的政治同盟。民主党一直以来都与电信业资本走得很近，大众媒体行业内的垄断潮流更是拜克林顿政府 1996 年实施的《电信法》（Telecommunications Act）所赐，这最终使 6 家电信企业控制了约 90% 的信息流。[2] 不仅如此，这些新经济巨头们与布什政府时期的老经济巨头们完全不同，他们不仅外表光鲜亮丽，也不像哈里伯顿公司（Halliburton）那样与石油煤炭打交道。他们经营的貌似是一种

---

[1] Hillary Clinton, 'Secretary Clinton Speaks on Internet Freedom', US Department of State, 22 January 2010 www.youtube.com。布兰特的原话完整版如下："一方面，信息想抬高身价，因为信息极有价值。对的信息出现在对的地方，能改变你的命运。另一方面，信息也想成为免费品（free），因为获得信息的成本一直都在变得越来越低。"参见 '"Information Wants to be Free": The history of that quote', *Digitopoly* (www.digitopoly.org) 25 October 2015。

[2] Michael Corcoran, 'Democracy in Peril: Twenty Years of Media Consolidation Under the Telecommunications Act', *Truthout* (www.truthout.org), 11 February 2016.

神秘的物质——交流、云技术——是一种受所有人青睐的全新高端商品。

不过,新经济也有复杂的一面。对白宫来说,只要自由信息能给伊朗制造麻烦,那吹捧自由信息就不是一件难事;同理,在伊朗绿色革命期间游说推特,劝其推迟维护工作,对美国国务院来说也不是一件难事,只有这样他们才能宣称"推特革命"正在进行。[1]但当维基解密以虚拟图书馆的形式将国务院机密文件公之于众时,结果就显得令人尴尬。美国外交官讨好埃及总统胡斯尼·穆巴拉克(Hosni Mubarak),并没怎么让人感到出乎意料。可是,实情被披露的那一刻,突尼斯和埃及的政权刚好快要在人民革命浪潮中倒台,如果这一浪潮当时得以延续,类似的运动可能还会席卷巴林、阿尔及利亚、也门、利比亚、叙利亚,甚至沙特阿拉伯。

但突然间,信息不再想要任何自由了。美国忽然不得不进行一系列的外交政策转变。一开始,美国试图维护埃及的独裁政权,时任副总统乔·拜登(Joe Biden)对开罗解放广场上的示威者说,穆巴拉克不是独裁者,而是"我们的一位盟友",但这一策略没有奏效。当民众要求民主选举时,美国也曾短暂地改变过态度,但很快就转而支持由塞西将军(General Sisi)领导的血腥政变。美国支持沙特阿拉伯通过侵略巴林和空袭也门的方式,摧毁这两地的起义运动;它还凭借使用有限的军事力量干涉利比亚起义来扶植亲美政权上台,只不过这最终导致了灾难性的后果。

---

[1] Nick Bilton, *Hatching Twitter: A True Story of Money, Power, Friendship, and Betrayal*, Penguin: New York, 2013, p. 327.

在尴尬与困惑之中，美国政府试图起诉所有与维基解密活动有牵连的人。对老派华盛顿统治集团来说，维基解密体现了互联网不负责任的一面。这就是阿桑奇或海盗党活动人士所幻想的那种互联网：没有国家存在的无政府状态，也没有知识产权。如安全专家所说，这些人让泄密变得"性感"，连黑客团体"匿名者"都赶时髦地加入了这场泄密之战，这些情况提高了自由信息的风险，也要求政府以儆效尤作出表态。二等兵切尔西·曼宁（Chelsea Manning）被控泄露机密，她被单独关押在超高度安全级别的监狱中，其关押环境被联合国酷刑特派调查员形容为残忍、非人道和有失尊严。美国司法部要求获取访问维基解密志愿者推特账户的权限，并认为有关隐私和言论自由的担忧"荒谬"，不值得理喻。[1]

一时之间，白宫似乎误解了社交媒体的真正潜力是什么，似乎被自身对"推特革命"和科技优势的炒作所迷惑。事实上，无论过去还是现在，围绕着信息管理政治的紧张局势一直存在。安全国家的古老梦想是希望自己能垄断信息管理。[2] 信息加密、存储和控制的领先地位应被美国国家安全局攥在手里，而这一21世纪版本的利维坦将拥有能够访问任何信息系统的专属"后门"权限。但科技巨头们对此的看法完全不同，对他们来说，只有对内容和用户信息管理进行垄断，才能搭建出自己有利可图的私有财产体系。用户信息和

---

[1] Kevin Poulsen, 'Prosecutors Defend Probe of WikiLeaks-related Twitter Accounts', *Wired*, 8 April 2011.

[2] David Sanger, *The Perfect Weapon: War, Sabotage, and Fear in the Cyber Age*, Penguin Random House: New York, 2018, pp. 227–8.

数据本身就是有价值的财产，而一旦信息与数据不再安全，那么其价值也会烟消云散。

因此，华盛顿多次发现自己深陷与科技巨头们的直接冲突之中。在与美国公民自由联盟联合提起的诉讼中，推特拒绝为美国司法部提供维基解密志愿者的账户信息，但公司最终败诉；[1] 在一起有关《外国情报监察法》（Foreign Intelligence Surveillance Act）的秘密审理中，雅虎拒绝参与棱镜计划（PRISM），为美国国家安全局提供用户账户信息；在发现美国国家安全局与英国政府通信总部窃听公司通信后，谷歌为躲避监控无奈采取了内部加密的方法。苹果公司与美国联邦调查局就苹果手机的加密问题僵持不下，联邦调查局想迫使苹果公司解锁一部属于2015年12月圣贝纳迪诺（San Bernardino）枪击案凶手里兹旺·法鲁克（Rizwan Farook）的iPhone手机，但苹果公司在法庭上对此表示拒绝。最终，联邦调查局做出让步，转而使用第三方软件解锁手机，但并未就此事发表任何相关评论。联邦调查局局长詹姆斯·科米（James Comey）抱怨称，苹果公司"让人们能逃脱法律制裁"。[2] 这句话透露出某种真实想法，科米的意思似乎是，在他看来，生活中没有任何领域能回避法律的审查。如果说互联网就是一台制作精良的监控系统，那么受益的一方应该是法律才对。一直以来，美国政府不仅是科技的积极拥护者，也是其财产制

---

[1] Kevin Poulsen, 'Judge Rules Feds Can Have WikiLeaks Associates' Twitter Data', *Wired*, 10 November 2011; 'You Don't Sacrifice Your Privacy Rights When You Use Twitter', ACLU, 6 March 2013.

[2] Sanger, *The Perfect Weapon*, p. 227.

及其全球性商业成就的捍卫者。不过，其对财产的主张如今正在打乱美国自身对全知全能的安全国家的幻想。

尽管如此，科技巨头们依然能得到华盛顿的支持。事实上，美国政府觉察到，它能通过操纵社交媒体平台的功能来扩展自己的监控范围，这也导致了美国历史上规模最大的国内间谍活动。政府利用脸书开启了针对敌人的网络战计划，不仅植入恶意软件，还从个人硬盘上窃取文件。这场对平台安全性的打击让马克·扎克伯格勃然大怒，他致电白宫，抱怨美国国家安全局的项目缺乏透明度。他称这种违反安全措施的小动作不仅将用户置于危险之中，还会让用户倾向于"往坏处想"——他甚至暗示，这会导致用户注销账户。[1] 安全国家对平台的信息财产构成威胁。尽管存在这种紧张关系，社交平台与华盛顿的亲密关系却没有改变。而二者之间并不存在价值上的冲突，而是在信息控制权上争夺势力范围。如果不是谷歌、脸书和推特这样的平台首先创造出如此空前的监控规模，政府机构也不会拥有如此大量，或合法或非法的途径，来利用平台生产的数据。

垄断社交媒体行业的企业知道如何与安全国家发展合作关系，也一直在为潜在的结合方式建言献策。这就不得不提到利用"云"逻辑分散主权地位，将主权拆分成数据包政治，并通过领土与边界上纵横交错的网络扩大主权影响的这一网络未来主义概念。这一概念强调的不是网络化的信息流绕过中央化的官僚机构，而是官僚机构组织并严格把控信息流，以便至少能在短期内提升政府和企业这

---

[1] 'Mark Zuckerberg "confused and frustrated" by US spying', BBC News, 14 March 2014.

样的传统势力。这一概念同样意味着，以占领运动、匿名者和海盗党为标志的时代，虽然将解放的希望寄予"云"逻辑这样的主张，但这些希望，说得好听点，极其幼稚。因为人们虽寄望于网络能挫败老牌主权国家，但网络实际上也强化了主权国家的实力。

然而，正如哲学家吉尔伯特·西蒙东（Gilbert Simondon）指出的，只有在科技崩溃时，我们学到的才是最多的。[1] 因为崩溃能激发科学研究和新知识。而社交平台催生了存在于国家管理与控制的旧体系中的危机。在对全球化的热忱与科技现代化的驱动下，美国政府未能完全预料到它正在拥抱的到底是什么。无论是脸书声名狼藉的座右铭"快速行动，破除陈规"，还是谷歌不经允许就擅自行动的作风，都是一股能够、也定将扰乱传统国家与媒体这一根深蒂固的联盟的力量。这意味着，这股力量能够也定将扰乱美国的势力。

VI

推特制造的究竟是"推特革命"还是推特？从2009年的伊朗绿色革命，到2013年盖齐公园（Gezi Park）的土耳其反政府运动，新闻报道说得好像社交媒体才是这些动乱的主要驱动力。推特、脸书和YouTube不只是呈现故事的数字媒体，它们就是故事本身，是改

---

[1] 也可参见海德格尔就坏掉的锤子所做的论述：只有当科技崩溃时，我们才被迫反思这一科技本身所属的网络。Gilbert Simondon, *On the Mode of Existence of Technical Objects*, University of Minnesota Press: Minneapolis, MN, 2017.

变世界的戏剧性事件的科技先驱。在意义层面上，它们意味着进步、青春、新事物和下一起大事件。

"推特革命"对社交媒体行业的商业价值不可能被量化。媒体的本质就是将因果关系过度复杂化。单从数据上看，从绿色革命之初到盖齐公园的抗议进入尾声，推特的活跃用户基数从 3 000 万上涨到 2.2 亿，也就是翻了 7 倍之多；脸书本就不小的用户基数更是在这段时间从接近 2 500 万增长到 12 亿。[1] 不过，用户数上涨到底多大程度上是这些惊天动地的事件引起的，多大程度上是其他商业策略和"网络效应"造成的，没人清楚。但是，在极富感染力的青年起义这一全球事件中植入平台品牌的做法，表明平台用户增长是调控的结果，而且可能是大力度调控的结果。

"推特革命"一词当然掩盖了现实真相。无论是在伊朗还是突尼斯，社交媒体用户都只是一小群在当地总人口中占比不大的中产阶级。[2] 来自突尼斯的推特活跃用户只有区区 200 人。大多数社交媒体用户使用的是脸书，但这群人在总人口中依然是少数派。社交媒体在埃及的受众人群更广，30 岁以下的人口中有 60% 使用社交媒体，4 月 6 日青年运动正是通过脸书这个交流中心进行组织的。但其他活动人士则认为，对组织活动来说，移动通信软件远比社交媒体更重要。尽管如此，绝望的突尼斯商贩穆罕默德·布瓦吉吉（Mohames

---

[1] 'Number of monthly active Twitter users worldwide from 1st quarter 2010 to 3rd quarter 2018 (in millions)', Statista, 2019; 'Number of monthly active Facebook users worldwide as of 3rd quarter 2018 (in millions)', *Statista*, 2019.

[2] Peter Beaumont, 'The truth about Twitter, Facebook and the uprisings in the Arab world', *Guardian*, 25 February 2011.

Bouazizi）在被警察骚扰后自焚这件事之所以变得众所周知，正是因为相关图像在脸书上被分享，这让那些已经对当地政权满腔怒火的人产生共鸣。当社交媒体被开罗解放广场上示威人群的大胆行动和有趣的示威细节刷屏时，这些人不仅抬高了政府采取镇压手段的成本，削弱了其海外支持者的立场，他们还鼓舞了他人加入此类运动的信心。

然而，不论社交媒体用户们的政治目的是什么，最成功的用户是那些明白平台信息政治如何运作的人。脸书臭名昭著的"情感传染"实验于2014年被公之于众，该实验的理论基础众所周知，即情绪具有感染力。[1] 脸书发现，通过操纵用户的心情，它能在网络上大规模传播某种特定情绪。而信息经济的流行度和速度则借这一趋势大显身手：积累聚集情绪，以某种心情为基点组建临时社群，朝着集体狂欢的方向发展，然后一哄而散。该实验还表明，媒体能够编织和操纵用户的心情——当然，脸书已经通过管理推送内容在个人层面将这种可能性付诸实践。但它没必要非得大规模炒作某种情感：因为情绪自会在恰当的时间点形成规模。

2011年爆火的是一种示威形式。在解放广场上，伊斯兰主义者、自由主义者和纳赛尔主义者搭建了一座城中城，也就是一座提供照明、住宿、垃圾处理、药物、食物、水，并为抵御政府的频繁袭击设立的安全检查点，以及为祈祷中的基督徒与穆斯林提供社群间保

---

1 Adam D. I. Kramer, Jamie E. Guillory and Jeffrey T. Hancock, 'Experimental evidence of massive-scale emotional contagion through social networks', PNAS, 111 (24), 2014, pp. 8788–8790.

护的迷你都市。[1]这种情况让人禁不住想说，只要机会恰当，人们就能表现出自我管理、合作共存的技巧和能力。但解放广场上的组织者都是曾参与过反战示威和2008年埃及总罢工这些斗争的老手，他们已经在过去近十年的时间里积累了示威的技巧和社交媒体知名度，并构建了自己的联盟。此外，解放广场上这场位于中心地带的反抗必须将其象征意义传播至埃及其他地区，其中包括埃及的武装部门，这样才能推翻独裁政府。现在回头看，即便在那时，这场反抗也没能影响到埃及大部分人口，而这群人后来成了塞西将军武装政变的支持者。

但话说回来，埃及的革命运动还为其他人提供了灵感。他们为从纽约到尼泊尔的所有反紧缩、撑民主的活动人士展示了一种他们能采用的示威样式。这甚至都不只是一种示威，解放广场同时也是一个用于讨论其他行动、试探性联合多元运动要素的组织枢纽。更重要的是，它预见了示威者们想取得的自治形式，展示了一种虽处于萌芽阶段但能组织合法力量的替代方式。这场革命让"占领运动"的标签（#Occupy）流行开来，也让西班牙的反紧缩运动、尼日利亚的劳工抗议和马拉西亚的民主示威拥有了专属的关键字，以及可供其使用的一整套符号与战术。

示威人群以数字方式从马德里的太阳门广场席卷至奥克兰，这场运动的全球中心是占领华尔街。那里，由无政府主义者、"匿名者"喷子、共产主义者和自由主义者组成的反常联盟，将平民之箭

---

[1] Atef Shahat Said, 'The Tahrir Effect: History, Space, and Protest in the Egyptian Revolution of 2011', University of Michigan, 2014.

射向美国最富有的那1%人口。他们试图建立新的社群模式，也对更加民主与平等的社会制度有自己的预期——虽然他们在这种社会制度的含义问题方面并未达成一致。事实上，缺乏一致性甚至被看作一种美德。他们强调共识，而非意识形态，他们本着1990年代的反资本主义精神与萨帕塔主义信条高呼："许多是，一个不"（Many Yeses, One No）。

从组织角度看，这些示威与解放广场上的示威相差甚远。在某些情况下，例如西班牙与希腊，占领运动这一标签与其整套流程已经发展成了当下一种带有自身战术特点与传统的社会运动。但在大部分时间里，参与占领运动的是规模小但经验丰富的活动人士团体，他们安营扎寨，依靠数字手段联络并吸引仍散落各处、无组织的运动参与者。例如，在纽约，占领华尔街的组织者其实是当时另一场联盟"纽约人反对削减预算"（New Yorkers Against Budget Cuts）的老手；伦敦的占领运动组织者是环境保护主义运动"气候阵营"（Climate Camp）的活动人士。他们是少数有技术、有资源，也有时间的活动家，这些人当时的优势在于，他们精通技术，能利用无处不在的智能手机和社交平台。而在2010—2011年，组织示威运动看上去似乎只需要在脸书上创建活动、在各大平台上分享、使用关键字外加发送表情包，然后等就行了：发起活动，其他一切自然会来。表面上的成功让活动人士们兴奋不已，他们冲上了社交媒体流量浪潮的顶峰。

占领运动采用了解放广场抗议活动的抽象模式，但没能效仿这一活动实质上的组织基础，而是将其调整为符合网络自由主义意识形态，即"网络"与横向组织的解放可能性。这一思路方法又得到一众学术与新闻业对网络个体与民众力量的赞颂，以及数字民主降低集体组织成本这些陈词滥调的怂恿。这些积极支持主义虽识别出真实存在的趋势，但也低估了任何一种以如此廉价的方式就能建成的组织究竟有多么易碎。

降低的组织成本也压低了退出、渗透和扰乱的成本。[1] 此外，平台专门使用的算法是为了促进个人人际关系网而被设计出来的，不是为了组织集体活动。这种算法充其量能因其炒作热点话题的特质，迅速促成一种临时的个人情绪集合体。而且，正如保罗·杰尔博多（Paolo Gerbaudo）在他的《数字狂欢》（The Digital Party）一书中分析的那样，数字关系网并没有推动横向组织的发展；相反，它更倾向于在一大群被动的支持者中，宣传推广魅力领袖与肤浅的"参与"和"反馈"形式。[2] 这些结构的确能被转化成更持久的组织方式，不过数字平台的结构更适于商业模式而非促进民主，例如意大利民粹主义五星运动可能就是这种情况。一般来讲，数字狂欢过后，取而代之的就是士气低落。占领运动源于一种怀疑政党的政治情绪，但从组织方面来讲，它相当于一场发生在肉体世界的网络混战。它吸引了大规模的情感、能量与信心的迸发，激发了团结与信念的瞬间，还孕育了若干令人印象深刻的行动——但大部分都最终迅速转变成消极的绝望。

政府没有消失，消失的是占领。事实证明，只有少数几个地方的占领运动与已经成气候的社会运动相结合，而其他示威则无法延

---

1 Thomas Rid, *Cyber War Will Not Take Place*, Oxford University Press: New York, 2013, p. 28.

2 Paolo Gerbaudo, *The Digital Party*, Pluto Press: London, 2019, pp. 25–6.

续，不过是雷声大雨点小。人们对关系网的热情，消失得快得就像热搜一样。"广场运动"要么分解成意在夺得选举权的党派，例如在希腊与西班牙；要么灰飞烟灭，反而巩固了专制政府，例如盖齐公园示威后的土耳其。"阿拉伯之春"的命运很快证明，即使有更持久的组织保障，实现持续的社会和政治变革也绝非易事。

到了2014年，以赶时髦的年轻数字原住民为受众群体的政治动员被恶意扭曲。面对伊拉克战争，以及在叙利亚发生的公开屠杀不断恶化为一场由政府精心策划的世界末日，所有宣扬网络乌托邦的陈词滥调，都被添上了讽刺骇人的一笔。

VII

"放下手里的鸡翅加入圣战吧，老兄。"这是推特上一名伊斯兰国招募人员虽略带嘲讽，但又通情达理的言语。在社交问答网站Ask.fm上，另一名招募人员正在回答有关他最喜欢的甜点、他的胡子、他在战场上的生活这些问题。[1] 网上到处都是圣战战士抱着小猫、吃士力架、打游戏和斩首敌人的图像。

伊朗绿色革命五年后，也就是"阿拉伯之春"运动三年之后，网络乌托邦主义得以短暂重生，当时的确存在一场正忙着夺取政权的"推特革命"，也存在着由集结、占领和保卫公有领域逻辑等所组

---

[1] Laurie Segall, 'ISIS recruiting tactics: Apple pie and video games', CNN, 30 September 2014; Wendy Andhika Prajuli, 'On social media, ISIS uses fantastical propaganda to recruit members', The Conversation (www.theconversation.com), 4 December 2017.

建而成的临时神权政府,当时还有一场右翼的网络化社会运动、一种保守的游击营销、一队唯利是图的投机分子、一个品牌、一个标签——这些都意味着伊斯兰国已经完全掌握了社交平台的话术。

伊斯兰国脱胎于圣战分子核心成员,这些人在伊拉克被占领期间以及随后的内战中,与基地组织关系密切。自2006年起,这一最初由"外籍斗士"主导的群体在伊拉克逊尼派人口中建立起社会基础。他们发展成一股武装极右社会运动,执意要挑战占领当局遗留下的领土管辖权。到了2012年,叙利亚已陷入内战,为了在对峙中制造混乱,阿萨德释放了圣战分子。这些人在叙利亚内战中开辟了新前线,迈出了其挑战领土管辖权的第一步,并改名为"伊拉克和叙利亚伊斯兰国"(Islamic State in Iraq and Syria, ISIS)[1]。2014年,逊尼派反对其在政治上被排除在外的抗议遭到镇压,伊拉克政府甚至出动了行刑队,此举为伊斯兰国赢得了世俗派的阿拉伯复兴主义中坚力量的政治支持。[2] 此外,如果不是因为平民起义反对被认为是派系政权代理人的军队,伊拉克政府军不会在面对伊斯兰国的时候如此迅速地被瓦解。

2014年夏天,伊斯兰国开始进攻摩苏尔,他们当时就已经制定了精细的社交媒体战略。该战略中没有突如其来的惊喜,他们寻求

---

[1] 伊斯兰国原名"Islamic State of Iraq and al-Sham"与"Islamic State in Iraq and Syria"的简写均为ISIS。——译者注

[2] Martin Chulov, 'Isis: the inside story', *Guardian*, 11 December 2014; Michael Weiss and Hassan Hassan, *ISIS: Inside the Army of Terror*, Regan Arts: New York, 2016; Patrick Cockburn, *The Rise of the Islamic State: ISIS and the New Sunni Revolution*, Verso: London and New York, 2016, pp. 42–5.

实现的是挑起恐惧，让人们用#万众瞩目伊斯兰国(#ALLEyesOnISIS)这个标签散布、直播他们即将到来的消息。伊斯兰国开发了一款名为"喜讯破晓"（Dawn of Glad Tidings）的手机应用程序，该程序通过关联用户的推特账户，利用用户的手机来传播被精心编辑过、不会触发垃圾过滤器的信息。这款程序的下载量达到一万次，让伊斯兰国能在推特上进行复杂的信息风暴行动。当伊斯兰国武装力量向巴格达行进时，在推特上搜索"巴格达"得到的第一个结果是一张圣战分子端详飘扬在巴格达城市上方的伊斯兰国旗帜的照片。他们成功劫持了与世界杯相关的标签，并借此传播其宣传影片的链接。截至2015年2月，推特上支持伊斯兰国的推文据估计每天有9万至20万条。[1] 到了2015年中旬，美国政府向推特施压，要求其删除支持伊斯兰国的账户，推特最终注销了其中12.5万账户。这些账户分享的视频经过精心制作，专门面向西方国家的千禧年一代，其中一些视频极有可能出自投身圣战的德国说唱歌手丹尼斯·库斯伯特（Denis Cuspert）之手。[2] 圣战被成功营销为一种男性魅力的缩影。

---

[1] James P. Farwell, 'The Media Strategy of ISIS', *Survival: Global Politics and Strategy*, 56:6, 2014, pp. 49–5; Ben Makuch, 'ISIS's Favorite Hashtag Is a Weapon of War', Motherboard (www.motherboard.vice.com), 27 June 2014; Emerson T. Brooking and P. W. Singer, 'War Goes Viral', *The Atlantic*, November 2016; Emerson T. Brooking and P. W. Singer, *LikeWar: The Weaponization of Social Media*, Houghton Mifflin Harcourt: Boston, MA, 2018.

[2] Majid Alfifi, Parisa Kaghazgaran, James Caverlee and Fred Morstatter, 'Measuring the Impact of ISIS Social Media Strategy', MIS2: Misinformation and Misbehavior Mining on the Web (workshop), Los Angeles, CA, 2018; Matt Broomfield, 'Twitter Shuts Down 125,000 Isis-Linked Accounts', *Independent*, 6 February 2016; Lisa Blaker, 'The Islamic State's Use of Online Social Media', *Military Cyber Affairs: The Journal of the Military Cyber Professionals Association*, Vol. 1, No. 1, 2015; Jason Burke, '"Gangsta jihadi" Denis Cuspert killed fighting in Syria', *Guardian*, 19 January 2018.

在这一连串自我宣传推广当中，还混杂了一系列骇人的视频录像。视频中，伊斯兰国成员炫耀他们曾参与过斩首以及其他战争恶行，并展示了图片。虽然这一情况最初引起了伊斯兰国领导层的警觉，让他们担心这将对其穆斯林支持者产生的影响，以及可能从基地组织领导层处招致的责备，但伊斯兰国并没有放缓其宣传攻势，也没有缩小其网上招募的阵势。如果说该宣传策略取得了什么成绩的话，那就是伊斯兰国因其不加节制的展示暴力，以及拒绝接受任何底线的态度而臭名昭著。[1] 这些令人发指的图像甚至可能向某些伊斯兰国的支持者证明了，这些"狮子"的承诺真实可信：他们的#无滤镜现实，与到处弥漫的、以网红为代表的虚伪针锋相对。

五角大楼的报告显示，在美国领导的驱逐轰炸行动刚开始的头六个月里，有1.9万名新成员通过招募加入伊斯兰国组织，其中大部分来自中东以外的地区，3 000人来自欧洲、北美和澳大利亚。令人吃惊的是，他们当中很多人是入教不久的新信徒——其中至少有一个人对伊斯兰教的全部理解来自《伊斯兰教傻瓜入门》（*Islam for Dummies*）这本书。[2] 国际战争游客渗透进新兵训练营，表面上是为了通过奴役雅兹迪妇女和斩首异教徒来报复帝国带给他们的羞辱，但实际上，他们可能只是被弱肉强食这种极端自由的愿景所吸引。

---

[1] Laura Ryan, 'Al-Qaida and ISIS Use Twitter Differently. Here's How and Why', National Journal (wwwnationaljournal.com), 9 October 2014; Kyle J. Greene, 'ISIS: Trends in Terrorist Media and Propaganda', International Studies Capstone Research Papers, 3, 2015.

[2] 'ISIS drawing steady stream of recruits, despite bombings', Associated Press, 11 February 2015; Aya Batrawy, Paisley Dodds and Lori Hinnant, 'Leaked Isis documents reveal recruits have poor grasp of Islamic faith', *Independent*, 16 August 2016.

在将伊斯兰国的骇人行径报道为"生活方式"的新闻鼓动下,这些人对恐怖组织的病态痴迷,就像是因遭排斥而计划校园枪击事件的美国青少年,对纳粹或撒旦表现出的那种迷恋。这种情结刻意将自由主义现代性反对的一切具象化。

推特并没有在威尔士小城里,在瑞典青少年中,或是在法兰西岛大区城郊被呼来喝去的穆斯林少数群体中,制造出这一滩能被恐怖组织招募活动加以利用的苦难。该平台也不是社会不公的始作俑者,没有因此导致占领运动,它更没有制造那种出人意料地为恐怖组织赢得广泛消极支持的情绪。"事业"巅峰期时,伊斯兰国在欧洲比在中东更受欢迎。有争议的民调显示,有7%的英国公民和16%的法国公民对伊斯兰国怀有好感,这一比例远高于当地整个穆斯林人口的比例。[1] 引起国家崩溃,让伊斯兰国扩大领土管辖权的计划得逞,鼓动伊拉克政府派出行刑队镇压不受管束的逊尼派人口,最终导致其愿意暂时接受伊斯兰国管制的,都不是推特。推特没有在伊拉克反占领暴动期间建起刑讯室,也没有效仿20世纪的公审程序,以殴打恐吓被指控犯下恐怖主义罪行的"嘉宾"为噱头,制作电视节目——这一切都造就了那些冷酷无情的圣战分子。[2]

尽管如此,如果没有社交媒体,伊斯兰国不可能如此高效地在

---

[1] Madeline Grant, '16% of French Citizens Support Isis, Poll Finds', *Newsweek*, 26 August 2014.

[2] 'Iraq torture "worse after Saddam"', BBC News, 21 September 2006; Terrence McCoy, 'Camp Bucca: The US prison that became the birthplace of Isis', *Independent*, 4 November 2014; Neal McDonald, 'Iraqi reality-TV hit takes fear factor to another level', *Christian Science Monitor*, 7 June 2005.

其对手中散播恐惧、在其成员中散布兴奋。数以万计士气低迷、逃离摩苏尔的伊拉克政府军之所以放弃抵抗，原因之一就在于，他们确信有一股强大的武装力量即将到来。事实上，这股侵略势力只有2 000名圣战分子，相比之下，政府军有3万名士兵。[1] 这件事为伊斯兰国提供了一种新的意识形态传播方式，不同于基地组织那种按等级划分的领导型沟通方式。伊斯兰国按照好莱坞模式制作宣传短视频，自制翻版《侠盗猎车手》（*Grand Theft Auto*）游戏以迎合推特、Instagram和脸书平台上的不同受众，充分调用众包、应用程序、网络机器人和关键字劫持等方法。他们利用推特风暴的逻辑[2]，将自己简短易理解的宣传片含沙射影地植入流行文化中。

伊斯兰国并没有像基地组织那样提议任何全球化的千年政治哲学，而是散布一个有关从"压迫性的塔乌特"下被解放的现成叙事——"塔乌特"（Tawaghit）指的是从中东殖民分治时期遗留下来的政权体系。伊斯兰国组织以智能手机数据的形式，利用其应用程序用户的免费劳动力，更好地编排了他们想要的推特风暴。他们要求用户通过分享关键字、文章和视频参与到其宣传活动中。与伊斯兰国相关的账户一度要求其粉丝拍下自己在公共场合挥舞伊斯兰国旗帜的视

---

[1] Ned Parker, Isabel Coles and Raheem Salman, 'Special Report: How Mosul fell – An Iraqi general disputes Baghdad's story', Reuters, 14 October 2014; Matt Sienkiewicz, 'Arguing with ISIS: web 2.0, open source journalism, and narrative disruption', *Critical Studies in Media Communication*, 35:1, 2018, pp. 122-35; Steve Rose, 'The Isis propaganda war: a hi-tech media jihad', *Guardian*, 7 October 2014.

[2] "推特风暴"（Twitter storm）指突然间有大量关于同一话题的信息涌现。——译者注

频，并在社交媒体上分享。[1] 这带来了一种身份与归属感，正如那条鸡翅推文所展示的，伊斯兰国在社交媒体上与粉丝的互动是在向他们承诺，只要搬去阳光明媚的拉卡省建设伊斯兰国，他们就能找到生命的意义和价值。这说明伊斯兰国在社交媒体上进行招募活动不仅是为了军事目的，他们还意在为被他们称作人世间蓬勃发展的神选乌托邦网罗潜在的居民。

伊斯兰国是一个中央等级结构的分支，不是什么自治论团体，其乌托邦幻想也不是网络乌托邦主义。但它比2011年的抗议运动更有效地利用了社交媒体，它没有无意识地模仿或依赖在平台上能被找到的联盟模式，而是利用这一媒介快速传播和推波助澜的特质，借数字化联络手段煽动处于其领土控制之外、无法预知的恐怖行径，正如在贝鲁特与巴黎巴塔克兰剧院（Bataclan）发生的恐袭。但伊斯兰国并不依靠网络削弱中央权力，因为中央权力已经开始坍塌，而伊斯兰国已经开始在中央权力倒台的地方建立起新政权，已经开始对700万或800万人口的国民征税，已经将利润丰厚的油田攥在手中。伊斯兰国拥有武器，纪律严明，内部实施高压政策，并寻求意识形态统一。伊斯兰国清楚社交平台上的联盟模式并非"横向组织模式"，而是围绕着虽复杂但能被操纵的信息等级结构建立起来的，他们只是不说罢了。

美国的反叛乱行动在与伊斯兰国对峙时，同样对其所使用的媒介采取了机会主义态度。虽然根据美国军方的说法，该行动的成功，关键在于协调一致的空中轰炸在敌方中造成了数万伤亡，但奥

---

[1] Greene, 'ISIS: Trends in Terrorist Media and Propaganda'.

巴马政府开口讲的却是网络战。这是在当时的政府中已经流行开的说法。在对抗朝鲜的核武器计划时，美国政府使用的也是网络破坏。奥巴马政府与以色列情报机关合作研发了震网电脑蠕虫病毒（Stuxnet）——该病毒袭击致使伊朗位于纳坦兹（Natanz）的核设施被关闭。2015年，美国国务院反恐怖主义官员阿尔贝尔托·费尔南德兹（Alberto Fernandez）反常地没有用"思想市场"这一叙事自圆其说，而是称美国需要自己的"水军"来对抗伊斯兰国。[1]同年晚些时候，通过结合伊斯兰国的社交媒体信息流和与之相关的元数据，美国空军定位并轰炸了一幢"指挥控制"大楼。到了2016年，美国吹嘘自己有能力用"网络炸弹"入侵并扰乱伊斯兰国的计算机网络。[2]作为回应，伊斯兰国声称他们通过社交媒体收集了100名美军成员的背景信息，他们公开了一张"暗杀名单"供其支持者参考。但在典型的套娃式网络攻击中，一方永远无法确切知道敌人是谁，也不清楚他们在唱哪出戏。美联社后来揣测称，那次攻击实际上是出自俄罗斯黑客之手。就这样，在线网络的逻辑被叠加在比它更传统的非对称战争的逻辑之上。

导致伊斯兰国失去领土管辖权的不是该组织的社交媒体活动，

---

[1] Alberto M. Fernandez, 'Here to stay and growing: Combating ISIS propaganda networks', The Brookings Project on U.S. Relations with the Islamic World, U.S.-Islamic World Forum Papers 2015, October 2015; Richard Forno and Anupam Joshi, 'How U.S. "Cyber Bombs" against Terrorists Really Work', The Conversation, 13 May 2016.

[2] Brian Ross and James Gordon Meek, 'ISIS Threat at Home: FBI Warns US Military About Social Media Vulnerabilities', ABC News, 1 December 2014; '"ISIS hackers" threats against U.S. military wives actually came from Russian trolls', Associated Press, 8 May 2018.

而是别的因素。伊斯兰国的血腥残暴削弱了他们的社会基础,他们控制的伊拉克、叙利亚和利比亚领地上的重要人物不愿再与伊斯兰国合作。该恐怖组织的早期成功来得太容易、太快,这让他们对自己产生了神一般无所不能的错觉。但这一光环在他们第一次遭受到严重军事挫败时就烟消云散,其招募进度也因此大幅度减缓。当然,伊斯兰国幻想用他们摧毁伊拉克的那套战术进行一场非对称战争,并建立神权国家的计划本身就是好高骛远的痴心妄想。他们树敌过多,远不是他们招募来的那几万人能够对抗的。他们的计划从来都只是无法让人信服的自命不凡。

此外,伊斯兰国用来进行国际招募的技术基础也是他们的另一条软肋。根据 2017 年伊斯兰国丢掉拉卡后联合国的报道,大部分伊斯兰国招募来的人要么不信教,要么对伊斯兰的基本教义一无所知。这些人对伊斯兰主义思想家萨伊德·库特布(Syed Qutb)复杂的政治意识形态,以及极大地影响了这一派圣战主义思潮的埃及神学家和穆斯林兄弟会成员的理解更是无从谈起。被招募来的人大多是在社会中被边缘化的男性,在经济与学历上没有优势,他们虽然奔赴叙利亚或伊拉克,但他们并没有真的明白他们参与的到底是什么。研究显示,他们中的很多人是寻求救赎的罪犯。另一项乔治华盛顿大学的研究发现,甚至有一名从得克萨斯被招募进恐怖组织的人,搬去伊斯兰国只是为了找一份英语老师的工作。[1] 对那些通过推

---

[1] 'Enhancing the Understanding of the Foreign Terrorist Fighters Phenomenon in Syria', United Nations Office of Counter-Terrorism, July 2017; Lizzie Dearden, 'Isis: UN study finds foreign fighters in Syria "lack basic understanding of Islam"', *Independent*, 4 August 2017; Christal Hayes, 'Study: ISIS has lost territory but could still pose long-term threat', *USA Today*, 6 February 2018.

特风暴和劫持关键字被网罗进组织的人来说，伊斯兰国对他们的意识形态吸引力并不大，这也许在某种程度上解释了为何当战事变得更焦灼时，伊斯兰国的人员流失会如此迅速。

伊斯兰国已经落寞，他们目前控制的领土只占原先的4%，但众所周知的伊斯兰国组织还在。除去其他特点不讲，该组织代表的就是一种21世纪的法西斯主义。他们使用社交平台的方式，向我们展示了新法西斯主义在其文化、沟通与意识形态方面将如何运作。用乔纳森·贝勒的话来说，这是一种"不断重复的碎片式法西斯主义"（fractal fascism）。[1] 如果说社交平台上发生的一切是一种以图像为媒介的社交关系，那么被居伊·德波称作元首式明星崇拜的集中景观，在社交媒体业中已经让位于商品图像的分散景观。[2] 在社交媒体业中，不只存在一个元首，而是两个、三个，甚至更多。

从伊斯兰国到另类右派，新法西斯主义围绕着小网红、小组织创办人和同质化的信息流不断涌现。如果说在传统法西斯主义中，自恋者的力比多投入被引向作为人民及其历史命运化身的领导人形象，那么新法西斯主义则是通过推特风暴招来的认同感去收割由算法积累的情绪。如果说航拍的鸟瞰俯视图曾一度最好地呈现了法西斯的群体形象，那么现在，这张鸟瞰图有了分辨率更高的高清版。如果说传统法西斯主义建立组织的方式，是通过从像退伍老兵俱乐部这样的社交团体招募人员，那么还处于萌芽期的新法西斯主义，

---

[1] Jonathan Beller, *The Message is Murder: Substrates of Computational Capital*, Pluto Press: London, 2018, p. 5.

[2] Guy Debord, *The Society of the Spectacle*, Rebel Press: London, 1994, 2014.

则是通过社交平台这样的松散联盟活动吸收新血液。网络化运动收获了纳粹分子的芳心。

VIII

唐纳德·特朗普代表的是未来的样子吗?还是说只是一阵过渡期骚动?众多对社交媒体的担忧都聚焦于选举系统受到的影响:算法的黑暗面将"民粹主义者"(或者根据特朗普本人的风格,"独裁者"更恰当)推向权力的宝座。

世界上第一个"推特总统"的确是天生的社交媒体明星。作为推特网红,特朗普从他2011年的第一条实名推文开始,就已经在打造自己的政治影响力。他的那条推文显示出,他也是在网上指控奥巴马出生地不在美国,因此没有资格当选总统的人中的一员。事实证明,他十分擅长利用网上积累起来的情绪,在这一点上,他把他的对手远远甩在身后。作为总统竞选人,特朗普利用数字媒体牵着大众媒体的鼻子走。[1] 据他的一位前数字顾问透露,特朗普竞选团队的战略就是不断"即兴"发表再明显不过的疯言疯语,这将迫使媒体对他进行报道。他成功了,尽管大部分媒体对他充满敌意,但他的新闻报道量比克林顿高出15个百分点。

---

[1] Samuel C. Woolley and Douglas Guilbeault, 'United States: Manufacturing Consensus Online', in Samuel C. Woolley and Philip N. Howard, eds, *Computational Propaganda: Political Parties, Politicians, and Political Manipulation on Social Media*, Oxford University Press: New York, 2019, p. 187.

推特也让他能将自己的竞选活动塑造成一场他与自己的敌人之间惊心动魄的对手戏。一项对特朗普竞选期间所发推文的分析发现,这些推文有效地取代了竞选施政纲领。[1]特朗普的大部分推文没有提及任何政策立场,而是攻击华盛顿当局,称其应为失控的移民、恐袭和失业负责。他不让公众有太多途径了解他的施政方案。相比之下,克林顿的线上竞选团队试图通过关键字"#我与她同在"(#ImWithHer)营造热情氛围,通过像"#女套装"(#pantsuit)这样的表情包唤起与性别歧视对抗、为生活打拼的职业女性对希拉里的支持,但这些努力都没能激起太多水花。她的一些竞选策略甚至输得很难看,其中包括一篇将她形容为"你的祖母"的文章,文章使用的不是英语中的"grandmother",而是西班牙语的"abuela"。但此举没能成功拉拢拉丁选民,他们用"#不是我的祖母"(#NotMyAbuela)这一标签抨击克林顿支持边境巡查军事化,而这一标签却很快走红。

作为一名被敌对的媒体和国会包围,又受制于情报泄密和需要接受调查的总统,特朗普将推特当作不对自己的统治权作出让步的避难所。在推特上,他能宣布政策、谴责敌人、吹嘘自己的成绩、指责传统媒体不是"#假新闻"(#fakenews)就是"#骗局新闻"(#fraudnews)——轻快的极右早间秀《福克斯和朋友们》(*Fox and Friends*)当然是例外。特朗普很明显有能力借社交平台巩固自己的政治阵营,而这在大众媒体与自由主义国家之间的那套传统关系还

---

[1] Cora Lacatus, 'For Donald Trump, campaigning by Twitter limited the public's access to his policy positions and strategies', LSE Blogs, 21 January 201, *Civic Foundations of Fascism in Europe: Italy, Spain, and Romania, 1870–1945*, Verso: London and New York, 2019.

6. 我们都在消亡　　　　　　　　　　　　　　　　　　　　　　　　267

居主导地位时是不可能实现的。

尽管如此，特朗普与印度的纳伦德拉·莫迪（Narendra Modi）、菲律宾的罗德里格·杜特尔特（Rodrigo Buterte）和巴西的雅伊尔·博索纳罗（Jair Bolsonaro）一样，都主要受益于其对手的政治弱点。虽然莫迪、杜特尔特、博索纳罗和特朗普全都利用社交媒体平台和即时通信软件有效地绕开了传统媒体，但他们每个人都从政治建制派或捕风捉影或已被坐实的腐败和困境中捞到了好处。

作为总统，特朗普到目前为止主要表现出的是民族主义右派人士的弱点。在贸易上，除了拒绝能带来潜在收益的跨大西洋伙伴关系外，他没能在自由主义全球化制度方面提出任何严肃的替代方案。在外交政策上，除了公开维护普京，他在很大程度上同意了五角大楼要求在叙利亚和朝鲜采取的行动方针，它没有像奥巴马那样对这些行动进行细节管理，而是允许五角大楼用更激进的方式推进行动。他承诺的大型基建投资没了下文，他虽然在与中国的贸易战中提高了关税，但整体关税水平依然处于历史低点。他取得的许多成绩都需要共和党国会议员的默许，例如共和党典型的为富人减税的政策，或是向最高法院推荐强硬的右派联邦党人学会的法官。不出人意料的是，2017年夏，史蒂夫·班农，这位特朗普已经失势的盟友惋惜道，极右"奋斗赢来的"总统任期"结束了"。

极右面对的困难在于，他们在政治上的成功比其现有的社会及政治组织发展得更快。从历史上看，极右的成功源自在市民团体的紧密网络中打下基础，无论是美国南部的兄弟组织还是德国的老兵与军队俱乐部均是如此。[1]在这种情况下,极右发展出一种"草根"准军事现状,让他们能掌控街道。但今天的这种市民组织过于松散薄弱。用科技手段收割情绪虽然能为选举暂时聚拢足够的人群,以至于给建制派带来危机感,但是,与诺顿所说的那种能实现YouTube政变、有组织有武装的力量相比,这只能算是一个糟糕的替代品。而且,如果这就是未来法西斯主义的唯一基础,那么传统政府核心十分有可能因此重新巩固自己的主导地位。因为面对失败时,政府认为自己有权对抗议进行控诉的态度——用王尔德的话来说,就是卡利班(Caliban)在镜中看见自己丑态时的狂怒——应该会、也一定会被一个旨在稳固媒体与政治权力之间的关系,头脑冷静且足智多谋的行动计划取代。

社交平台的法西斯潜质不一定在于它能对大选结果造成短期影响,无论这一影响有多可怕,危害有多大。相反,社交平台更致命的特质,从"系统随机恐怖主义"(stochastic terror)现象这一时髦称谓中可见一斑。[2]此概念在2011年被匿名创造,指的是沟通能被用来煽动随机暴力与恐怖行为的方式。从数据的角度看,虽然既定人口内的暴力能被预测,但数据无法预测暴力发生在谁身上。推特机器就是为了这种随机影响而被设计出来的。使用算法定制用户体验这种做法所依赖的理念,从数据角度可以归纳为,X内容能在某

---

[1] Dylan Riley, *The Civic Foundations of Fascism in Europe: Italy, Spain, and Romania, 1870–1945*, Verso: London and New York, 2019.

[2] 对此概念的解释,参见 Heather Timmons, 'Stochastic terror and the cycle of hate that pushes unstable Americans to violence', *Quartz* (www.qz.com), 26 October 2018。

一既定人口中产生 Y 数量的 Z 行为。总会有人以某种方式对刺激因素做出反应，而算法机制通过管理数据组回避了个人责任的问题。

目前，伊斯兰国组织残余的部分策略是用社交媒体活动来组织并推动网上现有的情绪储备，并开发这一储备制造谋杀的潜力。就好比伊斯兰国曾鼓励其支持者挥舞伊斯兰国旗帜一样，该恐怖组织现在要求其支持者拓展自己的触手，将暴力投射至伊斯兰国本身无法触及的地区。大部分恐袭发生在伊拉克和阿富汗，也就是圣战分子自己的势力范围。但是发生在马赛、威斯敏斯特和加拿大埃德蒙顿的持刀伤人事件，发生在纽约、尼斯、巴塞罗那、俄亥俄、斯德哥尔摩和伦敦的货车冲撞人群事件，还有发生在多伦多、巴黎和奥兰多的枪击事件——这些全球范围内的伤亡，伊斯兰国均宣称对此负责。该组织用自己独有的关键字营销模式，给袭击者制造了一种全球一致、有方向有归属的假象，并借此鼓动那些动机迥异的随机袭击。

从"性别网暴"男权运动组织到高调的白人至上主义者，网络化的极右群体也有一群自己的"独狼"亡命徒：尤其在美国，这些人远多于圣战分子。反诽谤联盟的数据显示，在 2008—2017 这十年，导致死亡的个人恐怖袭击事件中有 71% 是由极右分子造成的。[1] 他们的战术策略既包括无组织低技术门槛的袭击，例如新纳粹分子詹姆斯·菲尔兹（James Fields）在夏洛茨维尔反法西斯游行上开车冲撞人群，造成希瑟·海尔（Heather Heyer）身亡，也包括有计划的武

---

[1] Aamna Mohdin, 'The far-right was responsible for the majority of America's extremist killings in 2017', *Quartz*, 18 January 2018.

装袭击，例如发生在魁北克市清真寺和匹兹堡生命之树犹太教堂的大规模枪击事件。媒体对此的评论认为，互联网对此负有部分责任，比如魁北克枪手亚历山大·比索内蒂（Alexandre Bissonnette）热衷于在网上浏览右翼分子本·夏皮罗（Ben Shapiro）和新法西斯分子理查德·斯宾塞（Richard Spencer）的种族主义内容。[1] 在生命之树犹太教堂的一场安息日聚会上枪杀多人的罗伯特·鲍尔斯（Robert Bowers），是模仿推特的右翼平台 Gab 上的活跃用户。被称为"让美国再次伟大投弹手"的不知名人士，试图用炸弹袭击乔治·索罗斯、希拉里·克林顿和巴拉克·奥巴马，此人最近对一名推特用户发出死亡威胁：但推特仲裁人认为该推文没有违反推特的社区准则，因此拒绝对此采取行动。

将这些杀人犯的行为以个人化视角直接归罪于社交媒体互动，只会让这其中的因果关系更加令人费解。例如，本·夏皮罗的种族主义内容在多大程度上让其追随者亚历山大·比索内蒂走上了种族主义谋杀的道路？罗伯特·鲍尔斯在 Gab 上浏览的所有内容中，又有多少让他坚信希伯来移民援助协会安顿难民的做法，其实是在"引狼入室""杀害我们的人"？如果说这些内容影响了他，那么他是如何失去理智，最终说出"我不会袖手旁观，看着我的同胞被屠杀。擦亮你们的眼睛，等着看我的好戏"这样的话？将责任推给社交媒体互动，从本质上来说无法回答这些问题。因为社交媒体上的内容，

---

[1] 这种风格的报道，参见 Amanda Coletta, 'Quebec City Mosque shooter scoured Twitter for Trump, right-wing figures before attack', *Washington Post*, 18 April 2018; Kevin Roose, 'The far-right was responsible for the majority of America's extremist killings in 2017', *New York Times*, 28 October 2018。

与广告一样，所要取得的就是集体化效果：它们被设计的初衷，就是要在广大的人口中奏效。

某种程度上，我们是在黑暗中摸索。目前，没有任何一个占主导地位的极右代号或组织，有能力将这些袭击收集汇编成某种全球叙事的一部分。也没有任何一个武装右翼招募中心能聚拢一大群臭味相投的好斗人士：法西斯分子中没人响应占领运动。在大多数情况下，法西斯主义不敢自报家门。法西斯恐怖主义之所以"随机"，就是因为法西斯主义还是由零碎的残片拼凑起来的：武装混战在媒体中实现的可能性，就像喷子出现在现实空间中的可能性一样，一切都还未发生。但现在，还是21世纪法西斯主义网络化的初期阶段。

结 语
CONCLUSION

We Are All

Scripturient

我们都是
书写动物

在很大程度上，书写就是赛博科技。

——唐娜·哈拉维（Donna Haraway）

但凡有人知道我在写下我的概念时有多么没耐心，多么心急火燎，他们就会确信，我不仅没有书写年代的通病，而且甚至没有能力患上这种病。

——亨利·摩尔（Henry Moore）
《试解神性的伟大之谜》（An Explanation of the Grand Mystery of Godliness）

I

"噬时兽"是一个吞食时间的怪物，一个趴在剑桥圣体钟上的多脚昆虫机器人，它机械地转动着齿轮，然后张开大嘴吞下每一秒钟。整点时，链条掉落进圣体钟背后的一个小木棺材里。

一个将"设备使用时间"变现的行业，是另一种秩序的噬时兽，它吞噬的不再是钟表的嘀嗒声，而是键盘的敲击声和轻触屏幕的声响。这台社交机器规划、丈量着我们稀缺的注意力，量化每一次滑屏、暂停、按键和点击的价值。这种濒死的体验，以秒为单位，丈量着最后一刻的来临。

这台机器让时间本身成了商品，还是一种分配十分不均的商品。每一次我们计算人的平均预期寿命时，我们都忽略了掠食者和猎物世界的不同，以及全球范围内生存机遇严重不均所集中体现的那几百年殖民和阶级历史。这其中真正普遍的共性，是稀缺的时间。一天只有那几个小时，一年只有那么多天，一辈子只有那几年。被虚构出来的"平均"地球人能活 70 年，或者说大约 60 万小时，其中约 40 万小时是清醒的时间。

如果说定义生命的是我们花费生命用来做的事，那么根据这一观点，屏幕时间、观看时间和设备使用时间，就能量化被社交行业，以及该行业在娱乐业、新闻业中的同类型产业当作原材料消耗的生命。而智能手机的普及，加快了这些追求注意力的产业对更多生命的殖民进度。它们挤进我们上班、吃饭、上厕所、社交或花在路上的时间间隙，然后逐渐地扩大它们的地盘。

推特机器占用的个人时间和累计时间均在逐年增加。全球互联网使用者平均每人每天在社交平台上花费 135 分钟。[1] 这意味着在有生之年，一个人花费在社交媒体上的时间长达 50 000 小时。据在线数据统计平台 Statista 保守估计，在 2010—2020 年，社交媒体用户从近 10 亿人增长至 30 亿。而这一增长的背景，是人们在生活中将更多时间花在与屏幕进行互动上，其中大部分互动发生在计算机化的工作场所。例如，美国人均每天花在屏幕上的时间是 11 小时，也就是说，他们大部分的清醒现实是一个拟像环境。当然，这样的数字水分很大，不应全信，它表明的只是一个人所做决定的大致规模和数量。

瘾，体现在选择上，但不知为何，当我们上瘾时，我们却对此毫无察觉。没人有意将自己献给机器，成为对它欲罢不能的瘾君子。这台机器从对用户来说看上去像是自由的选择之中，积累起自己将一切其他可能的注意力排除在外的能力。我们掉进了死亡区，在对推送上瘾的"收报机催眠状态"中越陷越深。这台吞噬时间的机器争夺我们注意力的方式，让人联想起曾被东方基督教称作阿塞蒂亚

---

[1] 'Daily time spent on social networking by internet users worldwide from 2012 to 2017', *Statista*, 2019; 'People spend most of their waking hours staring at screens', *MarketWatch*, 4 August 2018.

（acedia）的恶魔。这是现代概念"抑郁症"的前身，它曾在修道院中（也就是古老的书写机器）被用来形容虔诚之人所受的痛苦。在古希腊语中，"akedia"的意思是"缺乏关爱"；在由庞提克斯（Evagrius of Pontus）推广的拉丁化基督教用语中，这个词形容的是对自身生命漠不关心；一种无精打采、坐卧不宁的懒散状态。[1] 这种状态让人渴望分心，渴望持续不断的新东西，渴望开发利用自己琐碎的仇恨和欲望。它将人们注意的能力，以及把生命当作重要之事好好活着的能力，分解成一系列需要被搔的痒。最后的结果是人性消失，意义被腐蚀：这就是精神死亡。

这样描述我们所面临的困境，有妄想症的风险，这也是基督教魔鬼研究的内在风险。这种妄想症，与其说是"他们都是来找我麻烦的"，毋宁说是"我被邪恶附身，但我与它无关"。正如阴谋论一样，这种妄想症将恶外化。毕竟，社交平台不仅不是魔鬼，它们甚至把这一点当作自己炫耀的资本，正如谷歌"不要作恶"的标语。平台自身就像制药业一样，并不制造被它们变现的怠惰和普遍存在的抑郁与疲倦。它们提供给我们的是一种解决方案，一种用上瘾来放大和巩固这种怠惰的方式。但是，像所有瘾一样，它战胜了我们，就连我们的选择和理性都向它屈服。我们不过是用社交平台保持联系、看新鲜事、搜索新闻、找朋友、娱乐：能调节情绪，被委婉地称为"奖励变量"的平台本质，只会影响其他人。

考虑到这种瘾在我们生命中所占用的时间，我们应该扪心自问，

---

1 Jean-Charles Nault, OSB, *The Noonday Devil: Acedia, The Unnamed Evil of Our Times*, Ignatius Press: San Francisco, CA, 2015.

我们还能用这些时间做什么，我们还能对什么其他事情上瘾？在生命绝对难能可贵的前提下，濒死的体验让我们能从管理的角度更好地审视我们的微观决定。例如，如果我们还能再活一年，而且我们真的想好好生活，我们会将这一年中的多少时间用在推特机器上做我们现在在做的事？如果我们突然间成了"书写动物"，我们觉得我们必须以书写的方式与彼此沟通，我们能否找到一个更好的平台？如果网络乌托邦主义土崩瓦解，真正的书写乌托邦会是什么模样？

II

我们正在经历的变化规模，再怎么夸张也不为过。书写本身就是保守的，说得通俗点，这是一套必须被保留的传统标记体系。正如历史学家巴里·鲍威尔（Barry Powell）所说，这种保守主义得到政治力量的支持。[1] 书写的应用能稳定语言，压制方言变种，制造同一性印象。正如毛泽东意识到的，就连革命者都力图改变书写系统。

奇怪的是，这却让我们更难理解每一种独特的书写技术所具备的文化及政治影响力。对书写的可能应用来说，书写技术的物质属性——无论是用纸莎草纸和芦苇秆、纸笔、活字印刷还是电脑书写——绝非不存在倾向性。但书写技术越保持不变，可与之对比的对象就越少。用字母书写的方式主导了世界大部分地区2 500年的

---

[1] Barry B. Powell, *Writing: Theory and History of the Technology of Civilization*, Wiley-Blackwell: Malden, MA, 2012, p. 12.

时间，印刷书写占据主导地位的时间已有 600 年。某种程度上，这些书写技术的长寿导致我们无法直接理解它们在日常生活中深刻的文化影响：我们无法明白，我们的书写系统的物质属性究竟如何一方面有利于某类表达，另一方面却阻碍了其他表达。让这些大白于天下，一直都是考古学家和历史学家的工作。

随着近几十年的数字革命，能与书写技术进行对比的对象突然如洪流般涌来。超文本联想链接提供的便利，展示出线性书写——因此也就是线性思维——在印刷文化中有多么根深蒂固。[1] 互联网无意间对内容进行的那种剪辑和补救，在印刷时代是文化边缘品的专属领域：如剪贴簿和现代诗。实时书写沟通的存在让书写中的表意符号和象形符号因素重获新生，例如表情包，这能高效地传达口述语言的方方面面，比如语言风格和情感流露。这种沟通方式意外地凸显了只用字母进行书写的方式所占据的主导地位有多么牵强做作，以及这种书写方式要求我们在表达中遵循礼节与规则的程度有多么不自然。

由于复制成本被大幅降低，新兴的数字书写经济通过将书写划分为短评、致函、报道、文章、小说和百科颠倒了经济的比例。几句平平无奇的话可能价值连城，比如凯莉·珍娜（Kylie Jenner）的一条推文就让 Snapchat 损失了 13 亿美元的股价。这向我们表明，我们所继承的标点、提示和字体标准在多大程度上是现代早期对书籍进行重塑的遗产，用马歇尔·麦克卢汉（Marshall McLuhan）的话说，

---

[1] Marshall McLuhan, *The Gutenberg Galaxy: The Making of Typographic Man*, University of Toronto Press: Toronto, 2011, p. 455.

书成为"第一个能以统一格式被重复的商品,第一条流水线,以及第一次大批量生产"。[1]数字书写经济还颠覆了围绕着中心进行的书写等级,在这样的书写等级中,所有文本最终都与例如《圣经》或宪法这样唯一的神圣文本有关,其合理性也源于神圣文本。但在分布式的写作网络中,不存在唯一的中心。

首先,数字革命模糊了读者与作者之间的社会差异。推特机器的部分魅力,在于它扩大书写这种特权的方式。正如维吉尼亚·伍尔夫(Virginia Woolf)在她的散文《自己的房间》(A Room of One's Own)中写道的那样,虚构的女性在男性文学中"像灯塔一样"燃烧,但真实的女性却"被锁在屋里、被毒打、被来回推搡"。被禁止书写的奴隶,悄悄找到了发送私人信件的途径,或者偷偷学会了识字,最终却只能在被囚禁时怒火中烧。弗雷德里克·道格拉斯(Frederick Douglas)于1845年写道:"我读得越多,就越痛恨和厌恶我的奴隶主。"[2]

在夏洛特·伯斯金·吉尔曼(Charlotte Perkins Gilman)1892年的女权主义短篇小说《黄色壁纸》(*The Yellow Wallpaper*)中,男性迫切希望控制书写。他们告诉女主角,书写是她的病症。书写会让她的头脑腐烂,所有那些病态的幻想,都不是一位母亲、一位妻子应有的特质,书写只会让她患上歇斯底里的疾病。事实上,正如故事

---

[1] Marshall McLuhan, *The Gutenberg Galaxy: The Making of Typographic Man*, University of Toronto Press: Toronto, 2011, p. 455.

[2] Frederick Douglass, *Narrative of the Life of Frederick Douglass, an American Slave*, Literary Classics of the United States: New York, 1994, p. 42.

中清晰展现的那样，书写既是她的病症，也是她获得解救的唯一希望。书写是被压抑者的回归。拉康惊呼："主体透过他存在的各个毛孔大声喊出那些他不能谈论的事。"[1] 过剩的意义从女主人公的书写中冒出。就算作者有不能言说之事，这些事无论如何也会从她体内倾泻而出。

她生命中的男性，因对她的性向和其中潜在的暴力怀有恐惧而无法倾听她。所以，吉尔曼的女主人公必须书写。她难以遏制书写的冲动，当被禁止书写时，她会感到乏味，出现脱瘾戒断症状和焦虑的幻觉。能否书写成了悬在她生活上方的专制权力，与男性掌权者行使的权力不相上下。

恍然间，我们写得比以往任何时候都多，我们的"书写动物"疾病，也就是书写的病症，部分表现出在数字化剧变煽动大众读写能力的这场新革命之前，究竟有多少思绪等着被表达。在19世纪晚期大众读写能力第一次爆发之前，手写曾是少数人的特权。教读写的地方，书法技巧与社会阶级、性别和职业挂钩：商人、律师、女性和上流社会男性学习的字体风格完全不同。[2] 字母形态的外观和构造以及行距，让读者能很快明白所读文字的社会重要性。就连在印刷文字中也存在字体与社会阶级间的关联：只需想一想今天的"流行"报纸和大幅广告所选用的不同字体。一直以来，书写都充满了重要性与

---

[1] Jacques Lacan, 'Response to Jean Hyppolite's Commentary on Freud's "Verneinung", in *Écrits: The First Complete Edition in English*, W. W. Norton & Company: New York, 2006, p. 322.

[2] Tamara Thornton, *Handwriting in America: A Cultural History*, Yale University Press: New Haven and London, 1996.

意义的等级。

大众读写能力的新变革与其19世纪前身的区别在于书写的普及，也就是在电脑、智能手机和推特机器上用同一种字体进行书写。互联网之前的典型读写体验是读，而现在是写。[1]传统媒体的商业策略和政治隶属关系让他们离读者关切的问题越来越远，在人们的信任坍塌之际，曾经的读者成了生产者。我们虽依然阅读，但今非昔比。我们如今阅读，更多是为了浏览信息和推送流，并从中搜刮能让我们变得多产的材料，而不是为了学到什么。当我们这样做时，我们其实就是在暗中用数字脚本进行书写。电脑化的工作场所已经容不下这种生产方式，过剩的产量现在涌入了推特机器。

19世纪时，由于女性、奴隶与工人在书写中反抗他们的主人和上级的愿望与权限，书写的普及往往带有社会反叛的色彩。虽然仍有政权、制度和个人想让我们闭嘴，但权力更多地是通过让我们说话，劝诱我们打心眼里忏悔、作证和呐喊来发挥作用。而今天，吉尔曼的讲述者面对的不再是医生与丈夫的自大权威，而是网上一大群想入非非的大男子主义者和性别网暴者的围攻，他们也许不如医生与丈夫那么自大，但他们一样对讲述者可能要说的话心存忌惮。不过，吉尔曼的讲述者面对的还有推特机器：这种匿名程度更高的半超自然手段不断榨取着她的书写。

老故事讲的是，虽被压制但大喊着要求被诉说的关键真相，可老故事与推特机器讲的故事通常是两码事。如果我们没什么可写，

---

1 Deborah Brandt, *The Rise of Writing: Redefining Mass Literacy*, Cambridge University Press: Cambridge, 2015.

或者我们不知道要写什么，推特机器会刺激我们，总有东西能让我们有所反应。社交机器的内容不可知主义意味着，有时我们可以利用这一点来打破不公的沉默，例如"#MeToo"和黑命贵（Black Lives Matter）运动。但就连这种书写的发生模式都是被迫的，是为了利用无止境的书写生产。某种程度上，社交机器的超生产力可能会造成某种新的沉默。用书写对刺激做出反应，让精神在书写中找到了排遣的途径，这种效果能用可变现的喋喋不休填补空虚。在这种新形式的压制之下，我们将无处言说真正重要之事。正如科莱特·索勒（Colette Soler）所说，"塞在嘴里的布没有被取出：只是改了名字"[1]。

如果我们今天想要"自由表达"，那么废除政治束缚的要求已经远远不够。我们必须从冗言赘语的无尽生产中解放表达，从工作强迫症中解放我们自己。我们必须收回我们的劳力，夺回我们闲暇时写作的乐趣。

III

情况本可以完全不同。在加州科技界的网络乌托邦主义之前，有巴黎左岸银行；在互联网之前，法国嬉皮士曾尝试过网络匿名，他们将这一体验称为"淡化"（fading）；在推特机器之前，曾有一个对所有人开放，在通信技术方面处于领先地位的公共领域平台，这

---

[1] Colette Soler, Lacan: *The Unconscious Reinvented*, Karnac Books, London: 2014, Kindle loc. 3239.

一平台令硅谷好生羡慕。

它被称为Minitel，是法国网络"数字化电话信息交互式媒体"（Médium Interactif par Numérisation d'Information Téléphonique）名称的首字母缩写。但Minitel与互联网并不完全相同。其终端机是一个线条流畅的棕色小木盒，翻下键盘后，能看到屏幕。Minitel是一款可视图文服务，这种服务让用户能以类似于计算机的格式访问文本和图像页面。它所采用的技术原则与互联网略有不同，这也造成了该系统的局限性。例如，阿帕网使用的是分布式网络，而非中央化的信息系统。分布式网络采用分组交换的形式将一条信息拆分成数据碎片，然后通过最优路径分散这些碎片，并在终点将其重新组装。直到今天，这仍是互联网基本网络协议的组成部分。

选择这些系统的部分原因，在于其军事优势。有关互联网源起的一则有趣传说称，兰德公司（RAND Corporation）的保罗·巴蓝（Paul Baran）为了创造一种能在核战中留存下来的通信方式，发明了互联网。[1] 阿帕网的设计发明其实与巴蓝无关，他没有直接参与此事。尽管如此，阿帕网使用的理念却与巴蓝的极为相似，而且巴蓝是分布式网络与分组交换方法的主要发明者之一。发表于1964年的"分布式网络"论文中的根本思想就在于，核战一旦发生，非中央化的通信系统留存下来的可能性最高。[2] 这反而让网络中大量无关紧要的信

---

[1] Cade Metz, 'Paul Baran, the link between nuclear war and the internet', *Wired*, 4 September 2012.

[2] Paul Baran, 'On Distributed Communications: I. Introduction to Distributed Communications Networks', United States Air Force Project RAND, RAND Corporation, August 1964.

息成了必需品。桑迪·鲍德温这样说道："设计一个充满垃圾的分布式网络，就是为了保障该网络在世界末日之后还能继续交流。"[1] 就算所有人类生命都不复存在，依然会有网络机器人互相传递信息，比如微软公司的"TayTweet"和脸书的"Bob"与"Alice"一起大谈特谈新语言。

法国政府格外留意此事。1969年，也就是在阿帕网被投入使用的几年前，法国退出了北约组织，他们当时正试着提高自身经济的竞争力。法国迫切希望首先通过对经济进行现代化改造来超越英国和德国。[2] 为了更新其电讯系统，戴高乐政府将资金投入了先进的技术研究。1973年，信息与自动化研究所的工程师们开发出能与阿帕网竞争的网络系统：CYCLADES。该系统也以类似去中央化的网络操作为基础，并用路易·普赞（Louis Pouzin）发明的"数据包"充分发挥了自身分组交换版本的优势，该数据包曾对阿帕网的设计产生过重大影响。第一款带电视和键盘呼叫方式的CYCLADES终端机于1974年面市。这种电话与电脑的结合，是后来被正式称为"远程信息处理技术"的最早版本。

公共部门对这一系统的发展给予了大力支持。作为"全民计算机"基建方案的基础，法国电信通信部门总经理热拉德·特里

---

[1] Sandy Baldwin, *The Internet Unconscious: On the Subject of Electronic Literature*, Bloomsbury: New York, 2015, pp. 33–7.

[2] Antonio Gonzales and Emmanuelle Jouve, 'Minitel: histoire du réseau télématique français', *Flux: Cahiers scientifiques internationaux Réseaux et territoires*, 2002, Vol. 1, No. 47, pp. 84–9.

（Gérard Théry）制定了开发"全民电话"系统的计划。[1]1978年的一份政府报告预计"计算机化社会"将到来，并呼吁国家投资以加速这一未来进程。但CYCLADES计划最终不敌公共部门内部的政治斗争。法国的电信通信部门PTT（法语名称"Postes, télégraphes et téléphones"[邮政电报电话]的缩写）也在开发自己的Transpac系统。该系统用电路交换替换了分组交换网络。最初于1878年被设计用来处理电话呼叫的电路交换系统年代更久远，该系统在呼叫期间专门使用点对点的连接方式。在PTT的坚持下，CYCLADES计划资金链断裂，Transpac系统则成了新兴的可视图文服务Minitel的技术基础。

1981年，Minitel率先在法国韦利济（Velizy）进行小规模的试运行，此次服务范围连接了2 500户家庭。那次试运行的核心，也就是让家家户户接受这一装置的主要推动力，源于Minitel提供的一份电脑化的电话簿文件，这让通话变得更快、更容易。到了1983年，该服务项目已被成功推广至法国全境，而且终端机免费，统一由当地政府分发。法国电信公司敏锐地捕捉到，公众在事先不清楚都有哪些服务可用时，是不会自掏腰包的。用户会收到账单，但他们要付的不是订阅费，而是在先使用后买单基础上的使用费。终端机使用数量在1984年时飙升至53.1万台。到1990年代中期，也就是互联网被推出之时，市面上的Minitel终端机有650多万台。

Minitel的优势在于，它是一个由公共部门保障的开放平台。只

---

[1] Julien Mailland and Kevin Driscoll, *Minitel: Welcome to the Internet*, MIT Press: Cambridge, MA, 2017; Gonzales and Jouve, 'Minitel: histoire du réseau télématique français', *Flux: Cahiers scientifiques internationaux Réseaux et territoires*, pp. 84–9.

需注册和付费，人人都能提供任何服务，或推广任何理念。随着报业在这个新媒介中发现了推销自己产品的契机，媒体最初表现出的敌意也烟消云散。Minitel 提供的服务包括网购、聊天、订票、互动式游戏、核对银行账户——甚至还包括我们今天称之为"智能家居"的原始雏形，如远程控制温度调节器和家电。

新型的在线视觉艺术迎来了蓬勃发展，此外还有某种世界性的网络乌托邦主义。"我在做梦，"艺术家本·沃提埃（Ben Vautier）写道，"我梦想有一台 Minitel，让我们用法语发送的信息，在通布图（Tombouctou）被自动接收为班图语（Bantu），在巴约讷（Bayonne）被自动接受为巴斯克语（Basque）。"[1] 这一技术在左翼阵营以及社会运动中激发了令人屏息的激进热情。这是有原因的，社会组织从一开始就证明，他们能将技术转换为自身的优势。

例如，1986 年末，社会运动组织创建了一个名为 36-15 Alter 的新 Minitel 服务。该服务联合了 25 家代表精神病人、反种族主义学生、农民和其他各式群体的社团。他们共同承担 Minitel 的费用，共同管理信息公库。再加上当时的"自由广播"运动，老式的单向通信体系看上去正在坍塌。在传统大众媒体中，听众与观众沦为中介信息的被动接收者，媒体通过暗示将大众催眠。参与了 36-15 Alter 运动的哲学家菲利克斯·加塔利（Félix Guattari）对"暗示元素"的消失

---

1 Vautier quoted in Annick Bureaud, 'Art and Minitel in France in the 1980s', in Judy Malloy, ed., *Social Media Archeology and Poetics*, MIT Press: Cambridge, MA, 2016, p. 144; Emmanuel Videcoq and Bernard Prince, 'Félix Guattari et les agencements post-média: L'expérience de radio Tomate et du minitel Alter', *Multitudes*, Vol. 2, No. 21, 2005, pp. 23–30; Félix Guattari, 'Toward a Post-Media Era', *Mute* Magazine, 1 February 2012.

与"后媒体时代"的兴起充满期待。"信息、通信、智能、艺术与文化的机器",能被集体与个人重新占领。[1]

在 36-15 Alter 被推出的同年,抗议的学生们利用在 Minitel 上发布内容的左翼日报《解放报》的留言系统,组织了反对教育部长阿兰·德瓦奎特(Alain Devaquet)改革大学体系的大规模示威活动。政府当时计划在大学中强制推行学生选拔制度,并在此基础上收取费用。在持续数天的大规模抗议中,一名抗议学生马利克·乌赛金(Malik Oussekine)在被警察拘留期间死亡,改革法案最后被撤销,德瓦奎特也因此辞去了教育部长一职。1988 年,法国护士用 Minitel 网络组织了反对削减医疗费用、员工短缺与低薪酬的罢工活动。罢工期间,他们形成了名为"全国医务工作者协调委员会"的新工会,在他们手中,Minitel 成了社会学家丹妮埃勒·克格特(Danièle Kergoat)所说的"改变社会现实的工具"。[2] 在 Minitel 上,他们能对自己的境况进行集体讨论,分享记录了不满的笔记,维持共享状态更新。加塔利对护士们"知道该如何用 Minitel"跨越旧有界限"实现横向交流"津津乐道。他们有能力在不同领域的不同职业间"建立对话"。他们能够将"个人观点与集体运动"结合在一起,让"少数人的立场"占有一席之地。

---

[1] Mailland and Driscoll, *Minitel: Welcome to the Internet*, pp. 289–90; Videcoq and Prince, 'Félix Guattari et les agencements post-média: L'expérience de radio Tomate et du minitel Alter', pp. 23–30.

[2] Danièle Kergoat, 'De la jubilation à la déreliction, l'utilization du minitel dans les luttes infirmières (1988– 1989)', in *Les coordinations de travailleurs dans la confrontation sociale*, Futur antérieur, Paris: 1994.

但 Minitel 并非左翼乌托邦。事实上，它更像是互联网发烧友后来会庆祝的那种集会场所。抛开其他方面，Minitel 是一个由国家维持的自由市场。[1] 因为这个市场是开放的，人们在这个平台上进行性交易就像用它来煽动革命一样容易。事实上，迅速发展的在线性交易成了 Minitel 主要的活跃产业之一。电信企业家格扎维埃·尼埃尔（Xavier Niel）就是通过在 Minitel 上经营网络性服务发了财。[2] 据一位前 Minitel 性工作者的描述，网络性服务是一个要求产业工作效率的行业。比如，他不得不同时在 4 台终端机上用 4 种身份（通常为女性）尽快"处理"客户要求。当时的基础设施本身还未被商业化，无法通过点击和输入赚钱，因此也没有技术刺激带来的上瘾、网红化、网暴，以及由积累起来的情感引起的定期爆发，后者可谓推特机器的特色所在。

Minitel 也受限于自身狭窄的国家基础，法国技术曾有望被全球化。[3]Minitel 曾短暂地获得了加利福尼亚科技界、其文化领袖、社交常客、技术极客和其他任何可能对此感兴趣的人的关注。1990 年代，也就是在互联网被推出前，法国电信与颇具影响力的美国西海岸领袖约翰·寇特（John Coate）进行了接触，在线电子布告栏系统 The WELL 正是在此人手中被普及开。寇特成功获得了科技界的注意，

---

1 Mailland and Driscoll, *Minitel: Welcome to the Internet*; 'The French Connection', Reply All, Gimlet Media, 21 January 2015.

2 Mailland and Driscoll, *Minitel: Welcome to the Internet*; 'The French Connection', Reply All.

3 Julien Mailland, '101 Online: American Minitel Network and Lessons from Its Failure', *IEEE Annals of the History of Computing*, Vol. 38, No. 01, January/March 2016.

Minitel给该领域的带头人留下了深刻印象。紧接着,名为"在线101"(101 Online)的系统被正式开发出来,但问题在于,Minitel并没有提供其在法国提供的那种类似于"电子'会面场所'"的开放平台,而是沦为了一版被CompuServe和AOL提供给少数富人的专属服务。

Minitel的失败还有其他原因。它的技术基础没能做到与时俱进,它过于依赖使用电路交换的法国国家通信基础设施。过时的Minitel无法与万维网匹敌,其陈旧的视频传输服务不敌超文本的威力。另外,法国电信不再免费提供终端机,这使用户增长首次出现下滑。意识到互联网全球潜力的欧盟委员会,建议欧盟将加州"自由市场"模式用作推广Minitel的基础。法国电信虽着手将Minitel网络接入全球互联网,但个人计算机操作的发展让人们不再需要这些终端机,而且其局限性也太强。信息处理技术的普及,以及不久后的移动电话取得的成绩都远远超过了Minitel。

尽管Minitel有以上这些缺点,但人们对它的持续喜爱意味着它并没有立刻退出历史舞台。数百万用户仍继续使用这台老式的"信息处理计算机",该平台直到2012年才最终被关闭。

IV

硅谷流传的说法是,Minitel失败是因为它的计划经济色彩过浓,国家控制力度过大。但正如朱利安·迈兰德(Julien Mailland)指出的,无论是 Minitel 还是互联网，都是由不同比例的国家投资、私人资本、欣欣向荣的业余发烧友文化，以及改善并宣传技术的专家共同创造的产品。[1]

Minitel 与互联网都表明，并不存在没有公共部门大力干涉和支持的"自由市场"。互联网的历史还向我们证明了，如果我们只依赖私人领域及其空洞毫无新意的"创新"，这往往会导致被设计用来操控、监视和剥削的技术创新。

那些逃税、用离岸账户囤积财富、垄断数据和侵犯个人隐私的硅谷巨头们，从互联网的"自由市场"神话中获益颇丰，但 Minitel 的短暂繁荣为我们展示了其他形式的网络、世界和平台并非天方夜谭。问题是，我们无法改变历史，那我们要如何才能实现这些其他可能性？我们有怎样的力量？事实证明，作为用户，我们非常弱小。我们不是平台上的选民；我们甚至连客户都算不上。我们是原材料的免费劳力。如果我们能被组织到一起，我们或许能夺回我们的劳动力，以一场社交媒体自杀结束这一切：但那时，还有哪些平台能让我们实现同样的影响范围？

脸书的极简主义替代款 Ello 网站的命运，说明了用户的两难处境。2014 年成立的 Ello 当时获得了近 50 万美元的风投资金。该网站的独特卖点在于，它不会把用户变成商品，"你不是产品"——这是它对用户的承诺。但大部分用户却懊恼地反驳道："其实我们是"。100 多万人在 Ello 注册了账户——用户数量并非微不足道，但它几

---

[1] Mailland and Driscoll, *Minitel: Welcome to the Internet*, pp. 18–19; Julien Mailland, 'Minitel, the Open Network Before the Internet', *The Atlantic*, 16 June 2017.

乎无法给脸书庞大的社交媒体帝国造成任何损失。任何想与脸书竞争的企业都必须有自己的特殊之处，才能对抗在"用户效应"和上瘾倾向上占据优势的垄断企业。而实际情况是，Ello很无聊，因为它无法让人上瘾，也没有多少吸睛之处，Ello的社交模式也不基于创造一群一受鼓动就陷入狂热的用户。很难想象会有人在交谈中或在火车上，不停地拿出手机，急躁地点开Ello查看通知。简单来说，这就是问题所在。

互联网有民主潜质，虽然其本质是商业化的监视控制系统，但一直以来都出现过背其道而行之的做法。从伯尼·桑德斯（Bernie Sanders）在美国的选举活动到杰里米·科尔宾（Jeremy Corbyn）领导下的英国工党，这些激进运动利用专业的社交媒体活动来挫败和颠覆传统的媒体垄断机构。

或许也有办法反抗社交行业对社交媒体平台日益增长的控制力。英国反对党工党正在尝试由英国广播公司运营公共服务平台的想法，英国广播公司是少数在全球范围内可能比脸书更有影响力的品牌之一。该平台在一定程度上由用户管理，并剔除了现有社交媒体平台收集数据与侵犯隐私的癖好，被认为是大众媒体民主化这一更加长远的计划的组成部分。如果公共部门能在与脸书和谷歌的竞争中取得成功，这对这些巨头们以及依赖他们的广告商们来说都将会是不可小觑的问题——脸书上最富有的4 000万活跃用户均来自英国。不过，无论此公共平台能拥有怎样的优势，它面对的问题或许与现存的商业竞争者并无两样：一种在文化上被强化了的集体上瘾，以及上瘾所导致的自我强化的隧道视野，人们只能看到关注度和满意度。

而这就是为什么推特机器并不是一个只事关企业与技术的故事。它或许是一个恐怖故事,但我们所有人都是与故事有关的用户。我们是这台机器的一部分,我们在机器中获得满足,无论这种满足的破坏力有多大。而这则恐怖故事只有在一个忙于制造恐怖的社会中才可能存在。我们愿意对调节情绪的装置上瘾,是因为我们的感情貌似需要管理,如果需要的不是连续不断的强烈刺激所带来的击打的话。我们兴高采烈地陷入死亡的催眠,只是因为我们对活人的世界感到失望。推特的毒性之所以持久,就是因为与那些替代物相比,它看起来没那么糟。"研究药物,"弗朗西斯·斯布福德(Francis Spufford)写道,"永远无法解释任何一种瘾。因为造成上瘾需求的,不是药物。这就好比参观酿酒厂无法解释为什么有人会酗酒一样。"[1]

神经学家马克·刘易斯认为,戒瘾,是一种独特的创新行为。[2]它需要具备创造性的一跃。瘾君子不是通过突然停止吸毒,或服用药物替代品而戒掉冰毒,而是通过打破习惯的强制力。戒瘾,不是在"交叉路口"做一个决定,它不像投票或购物,所有一切都能瞬间被分析得清清楚楚。它是一个变化的过程。对个人瘾君子来说,这可能意味着经历高强度的心理治疗,学习一门新艺术或新技能,或是皈依某种信仰。刘易斯说,神经可塑性的奇妙之处在于,虽然人上瘾时,注意力通道剔除和修剪未被使用过的神经元突触会让人失去大脑组织,但一旦戒瘾成功,失去的物质不仅会被替代,事实上还会有所增加。康复中的瘾君子不是简单地找回他们失去的东西:

---

[1] Francis Spufford, *The Child That Books Built*, Faber & Faber, London: 2010, Kindle loc. 120.

[2] Marc Lewis, *The Biology of Desire: Why Addiction Is Not a Disease*, Scribe: London, 2015.

他们往往还会发展出全新的、更复杂的能力。这就是他们在这个世界上存在的新方式。

问题是，对集体上瘾来说，这种创新行为会是什么样？我们如何能够养成更好的新习惯——互相书写的新习惯？如果我们的书写造成了我们今天的状况，那我们要如何才能通过书写走出这一困境？

V

书写的乌托邦会是什么样？这个问题没有答案，也不可能有答案。如果有人知道乌托邦的模样，那就不再是乌托邦了：而是我们将生活于其中的地方。

字面上，乌托邦是一处非地（non-place），这意味着，乌托邦往好处说是人类欲望在想象中的代表，而不是什么解决办法。往坏处说，网络乌托邦主义就是 1960 年代新自由公社主义的升级版，它折射了从嬉皮士斯图尔特·布兰特（Stewart Brand）及其《全球概览》（*Whole Earth Catalog*）杂志到《连线》杂志的发展历程。根据这一信仰体系，地球就是一个"围绕着我们震动的全球大规模互联技术系统"，如《连线》执行编辑凯文·凯利（Kevin Kelly）所说的那样。[1] 被凯利称为"科技体"（Technium）的概念，让他、布兰特和他们的同道中人受到了风险资本和达沃斯的赞誉。但对凯利来说，科技体

---

[1] Kevin Kelly, *What Technology Wants*, Viking: New York, 2010, pp. 26 and 515.

还有一层更神秘的含义。他用为上帝唱赞歌的口吻告诉《今日基督教》(*Christianity Today*)杂志,科技体"实际上反映的是上帝的神圣现象"。他在书中的口吻虽然更谨慎,但他仍斗胆称"如果上帝存在,那么科技体的弧线对准的就是他"。这简直就是为硅谷在全球范围内的成功赋予了神圣的意义。

不过,网络乌托邦主义充其量只是让人陶醉于无法描述的可能性之中。不论是马努埃尔·卡斯特尔(Manuele Castell)庆祝的网络"创新自主权"(creative autonomy),还是克莱·舍尔基(Clay Shirky)的平等主义"实践社区"(communities of practice),网络乌托邦主义欢迎的,与其说是某种理想的终极状态,不如说是对新视野的拓展。[1] 网络的开放性与不确定性,看似让约翰·斯图尔特·密尔口中的"生活实验"(experiments of living)成为可能。[2] 这是自由主义带有乌托邦色彩的一面。从这个角度看,平台模式的优点在于,它能让所有人如其所需、所愿的那样,进行或独特或古怪的书写。

毫无根据的网络乌托邦主义的破灭,以及对平台资本主义的政治经济及其弊病的关注不足,引起了反乌托邦之声的反扑。如《远离社交媒体改变了我的生活》这样的文章,凯尔·纽波特(Cal Newport)的"为什么你应该远离社交媒体"这样的TED演讲,以及像杰朗·拉尼尔《你现在就应该注销社交媒体账户的10个理由》

---

[1] Manuel Castells, *Communication Power*, Oxford University Press: Oxford, 2009; Clay Shirky, *Here Comes Everybody: The Power of Organizing Without Organizations*, Allen Lane: London, 2008.

[2] John Stuart Mill, 'On Liberty' in *The Basic Writings of John Stuart Mill*, The Modern Library: New York, 2002, p. 174.

(*Ten Arguments For Deleting Your Social Media Accounts Right Now*)这样的书纷纷涌现,就很好地说明了这一点。此外,还有不计其数持否定态度的评论文章告诉你要如何打击"假新闻",要如何制止俄罗斯水军破坏民主。社交平台上的富人越来越少,他们将自己的社交媒体账户交给专业团队打理,平台大佬们当然也从不对自己的产品上瘾:没有社交媒体不是困扰穷人的问题,而是贫富之间的文化差异。

"没有乌托邦存在的世界,定将追忆过往",历史学家恩佐·特拉维索(Enzo Traverso)这样写道。[1] 一旦乌托邦不复存在,我们受挫的渴望就会变质,甚至倒行逆施。尽管反社交媒体之声的出现不无裨益——这让我们是否会被不可避免地同化为博格人(Borg)充满争议——但其本身极度保守。这种声音的危害在于其潜在的幻想,即规劝他人远离社交媒体足以解决问题。而这一幻想背后的理念也同样不切实际,即只要"回到过去",就能解决社交媒体业一而再再而三凸显出的网暴非理性、多疑、虚无主义和施虐倾向等问题。就像这些现象再没有比社交媒体更深层次的症结所在。

这种立场被错误地嘲讽为新卢德派(neo-Luddite)。卢德派在历史上被歪曲现在已经是众所周知的事,他们反对剥削、反对贫穷的抗争被不公正地讥讽为技术恐惧症。他们反对的不是机器,相反,他们都是能熟练使用机器的好手。例如,他们的乌托邦不是前工业时代的世外桃源,而是早期的社会主义理想,也就是工人主导机器,而非机器主导工人。他们砸坏工具是为了掐灭虽还处于萌芽状态中,

---

[1] Enzo Traverso, *Left-Wing Melancholia: Marxism, History, and Memory*, Columbia University Press: New York, 2016, p. 9.

但已经将他们当作生产过程中无关紧要的零部件对待的社交机器。

卢德派也是十分善于策划言论的人。与几年后在彼得卢（Peterloo）举行运动失败后遭屠杀的人一样，卢德派发起的也是典型的阶级暴动：只不过他们带着极大的魄力完成了反抗。"Luddite"这个名字故意让人联想到一个虚构的领袖，奈德·卢德（Ned Ludd），他是传说和幻想的产物，英国政府对他的恐惧让当局和间谍四处寻找他的踪迹。他的支持者决定对外宣称卢德先生住在雪伍德森林（Sherwood Forest），也就是旗鼓相当的传奇人物罗宾·汉（Robin Hood）的故乡，并将"雪伍德森林，奈德·卢德的办公室"用作信件签名。他们还男扮女装，将自己打扮成"卢德将军的妻子"举行游行。[1]

在 21 世纪，卢德主义是完全合情合理的立场，甚至可以说是令人向往的立场。但 21 世纪的卢德主义会是什么样？这一立场几乎不可能动手破坏任何一台机器，因为机器过于分散，全球到处都是。而且无论怎样，许多我们称为工具的东西，其实只是抽象的表达：我们无法"砸烂"点赞按键。而且推特机器带给我们最直接的问题，不是它让我们失业，而是它让我们为它无偿工作，只为了能更好地将我们作为产品出售给我们自己。它用赌场游戏的模式给我们布置任务：它走在游戏资本主义的最前沿。如果在这种情况下，我们能做的不过是以大型数字自杀的方式切断社交平台，那么媒体、消遣

---

[1] Katrina Navickas, 'The Search for "General Ludd": The Mythology of Luddism', *Social History*, Vol. 30, No. 3, August 2005, pp. 281–95; Richard Conniff, 'What the Luddites Really Fought Against', *Smithsonian Magazine*, March 2011.

和娱乐情结，将会以更高效的方式与风投资本结合后卷土重来。我们需要的不只是这些。我们需要一种逃生术，没错，一种在一切都还来得及时如何才能脱身的理论。我们还需要抽出我们的时间和精力，给予它们更好的用途。我们需要能被我们渴望的东西，因为更好的理念才能让我们设想出更出色的逃生术。我们需要天主教诗人夏尔·佩吉（Charles Péguy）所说的"夹缝喷涌"（intercalary gush），也就是我们的日常习惯中断的瞬间，从这一裂缝中，我们不仅能从推特机器中脱身，还能摆脱被这台机器成功变现，但对我们来说却绝非必要的痛苦的重负。[1]

网络空间是梦的空间，是探索与遐想的地方。遐想也是梦，而梦实现的是愿望；即便那一瞬的快乐只能满足部分欲望。这值得我们保持乐观，但要谨慎。如果人类特有的品质是欲望，而不是需求或某种直觉的安排，那么通过幻想间接满足欲望的能力也是如此。其实，正是因为大多数欲望无法通过其他方式得到满足，遐想对愉悦的生活来说才显得如此重要。因此，社交产业窃取遐想能力，利用游戏技术将我们带入被牵着鼻子走的催眠状态，引入被虚拟的奖励之光照耀的歧途，绝不是一件小事。我们可能会问，现代生活中是否存在其他能让人遐想的技术，新卢德派又会对此抱怎样的态度。

我们感受到了参与、反应、保持进度和了解情况的冲动。但拒绝知情并非毫无道理。罗伯特·弗罗斯特（Robert Frost）1916年的诗作《选择如星辰之物》（Choosing Something Like A Star）所描述的，

---

[1] Traverso, *Left-Wing Melancholia*, p. 226.

就是某种既显露又隐藏自己的存在。它出没于遥远黑暗的隐蔽处，说的话只有"我在燃烧"。即使它向我们显露自己，弗罗斯特也认为，其存在之中仍有神秘、难以表达之处。它不要求我们理解，但要求我们达到"某种高度"。弗罗斯特说，当"众人被操纵，把赞美或责备搞过了头"，那时"就让我们选择如星辰之物"来守护我们的心灵。只有这样，我们才能从信息的热点洪流中脱身，从不断的变化与轰炸、表情包的泛滥和史无前例的信息接收中全身而退，从数据末日和任何可被理解之事终将被攻占的命运中逃出生天，奔赴至远方那点未知之处。

如果我们采用德兰尼（Delany）的"愚蠢"策略会怎样？也就是说，如果我们吸收的信息量绝不超过我们能够传达的能力，如果我们不知情，如果我们的遐想没那么高产，如果我们为了戒掉智能手机，故意只拿着笔记本和一支漂亮的笔在公园里溜达，如果我们闭着眼坐在教堂里，如果我们躺在睡莲上什么也不干，会有人因此报警吗？

图书在版编目（CIP）数据

推特机器：为何我们无法摆脱社交媒体？/（英）理查德·西摩著；王伯笛译. -- 上海：上海文艺出版社，2022
（拜德雅）
ISBN 978-7-5321-8500-9

Ⅰ.①推… Ⅱ.①理… ②王… Ⅲ.①互联网络—传播媒介—通俗读物
Ⅳ.①G206.2-49

中国版本图书馆CIP数据核字(2022)第176427号

发 行 人：毕　胜
责任编辑：肖海鸥　李若兰
特约编辑：邹　荣
书籍设计：李雨萌
内文制作：重庆樾诚文化传媒有限公司

书　　名：推特机器：为何我们无法摆脱社交媒体？
作　　者：[英] 理查德·西摩
译　　者：王伯笛
出　　版：上海世纪出版集团　上海文艺出版社
地　　址：上海市闵行区号景路159弄A座2楼 201101
发　　行：上海文艺出版社发行中心
　　　　　上海市闵行区号景路159弄A座2楼206室　201101　www.ewen.co
印　　刷：上海盛通时代印刷有限公司
开　　本：850×1092　1/32
印　　张：10
字　　数：214千字
印　　次：2023年1月第1版　2023年1月第1次印刷
I S B N：978-7-5321-8500-9/C.094
定　　价：58.00元
告 读 者：如发现本书有质量问题请与印刷厂质量科联系　T：021-37910000

The Twittering Machine, by Richard Seymour, ISBN: 9781999683382

Copyright © RICHARD SEYMOUR 2019
This edition arranged with The Marsh Agency Ltd through BIG APPLE AGENCY, LABUAN, MALAYSIA.

Simplified Chinese translation copyright © 2022 by Chongqing Yuanyang Culture & Press Ltd.
All rights reserved.

版贸核渝字（2021）第 299 号